北京市哲学社会科学规划课题

U0733779

应用型大学人才队伍建设的研究与实践

滕祥东　孙权等　著

华夏出版社
HUAXIA PUBLISHING HOUSE

编委会成员名单

目　录

前　言

　　高等教育是社会发展的产物,社会需要是高等教育发展的源泉。伴随着我国社会经济发展对人才多样化的需求和文化教育大众化的实现,应用性高等教育应运而生。发展应用性教育,培养应用型人才成为我国教育发展的一个必然趋势。要培养出适应社会经济发展需要的高素质应用型人才,就必须有一支与之相适应的高素质人才队伍,尤其是教师队伍。这支队伍的整体素质和水平制约着应用型大学的教育质量和发展水平。因此,如何建设一支高素质、高水平的人才队伍,是应用型大学发展和建设过程中的一项重要课题。而这支队伍建设,既有对高校队伍建设的普遍要求,又有与应用性教育相适应的特殊要求,这正是本研究的重点和必要性所在。

一、应用型大学人才队伍建设研究的意义

(一)是落实"人才强国"战略的重要体现

　　当今时代,经济社会的发展,综合国力的竞争,归根到底是人才的竞争,人才是最宝贵的资源。党中央、国务院把人才工作提高到战略高度来对待,提出"人才强国"战略,并要求将此作为党和国家的一项重大而紧迫的任务抓紧抓好。高等学校作为培养人才的重要基地和实施科教兴国、人才强国的生力军,推行"人才强校"的战略,把人才资源作为学校建设与发展的第一资源。加快人才队伍建设,是一项义不容辞的战略任务,是将党和政府"人才强国"战略落实在基层的重要体现。"人才强国"的战略只有扎扎实实落实在基层,才能真正得以实现和充分体现。否则就会成为无源之水,无本之木。应用型大学是高等学校的重要生力军,是伴随着我国经济社会发展和高等教育大众化的客观形势应运而生的。在人才强国的战略中,应用型大学担负着为我国培养高素质应用型人才的重要任务,这类人才是我国经济建设和社会发展必不可少的一类人才。应用型大学的发展水平、人才培养的质量、可持续发展的能力,在很大程度

上取决于教师队伍和管理队伍的整体素质,培养高素质的应用型人才,必须要有一支高素质的人才队伍。面对经济社会发展对应用型人才需求的大幅增加,加强应用型大学教师和管理人才队伍建设成为当务之急。加强应用型大学人才队伍的研究也就显得尤为必要。

(二)发展应用性教育的必然要求

进入二十一世纪,伴随着我国经济社会的迅速发展,高等教育也进入了新的发展时期。高等教育的发展,从根本上讲取决于经济和社会发展的要求和高等教育自身的发展规律。我国的经济和社会健康快速发展,一方面为高等教育的快速发展提供了物质基础,创造了条件,同时也对高等教育在办学层次、类型、规格等方面提出了新的要求。在近十几年我国高等教育的发展中,一个最突出的成效就是实现了高等教育大众化,高等教育大众化的深层意义在于高等教育类型结构的调整,即高等教育从精英教育的一元结构向大众化教育的多元化结构转变。这也是由经济社会发展对高等教育培养人才的多元需求所决定的。在高等教育进入大众化阶段,发展应用性高等教育是结构调整的重要组成部分。

为什么要发展应用性高等教育?这是不以人的意志为转移的教育发展需要,是我国经济社会发展到此阶段的必然要求。在过去相当长的一段时间内,我国的高等教育走的是精英化为主的路子,满足了那个时代对人才的需求。科学技术的进步促使社会经济形态发生变革,产业结构也发生了重大变化,致使社会生产活动过程呈现出更加复杂、广泛的局面。社会生产活动对职业岗位和人才的需求也呈多样化趋势,专业技术人才的分工也更加细致,不仅需要大批高精尖的科研学术型人才,更需要大批应用型人才。要培养应用型人才,就需要与之相适应的应用性高等教育。国际高等教育的发展经历告诉我们,在高等教育大众化阶段,高等教育规模的扩大主要体现在应用性高等教育上。实施这类教育的载体,就是应用型大学。发展应用性教育,培养应用型人才,建设应用型大学,与办传统的高等教育有相同的要求,但又有很大的不同。由于培养目标和任务的不同特点,使得培养这类人才的教师、管理人才队伍也应具有自身的一些不同的特点。而目前国内对于这种人才队伍建设的研究不多,成果甚少,这正是本课题研究的价值所在。

(三)建设高素质应用型人才队伍的必要探索

建设一支能适应培养应用型人才的教师、管理队伍并非易事,当前在队伍建设上还存在着诸多问题。由于应用型本科院校多为地方大学,有的还是新办的或是专科院校升格的,基础相对较弱,办学经验不足,加上这类教育任务新,要求高,在办学过程中自然会遇到不少难题。总的看,应用型大学的教师队伍和管理队伍的整体素质尚不能完全适应人才培养的需要。这些问题不解决,培养应用型人才的任务就难以完成。当前存在的主要问题表现在如下几方面:

其一是底子薄。应用型大学多为近年来发展起来的,这些学校构成复杂,有的是专科学校"升本"升上来的,有的是数所不同类型的小型学校合并而成的,有的是地方新建的,也有的是一些较早建立的以本科为主的教学型大学等等。这些学校突出的问题一是教师队伍中领军人物缺乏,高学历高职称的专业技术人员比例偏低,有行业工作背景和较强实践能力的高层次人才不多,有经验、有成就、有影响的名师偏少等。二是从硬件条件看也有不足。培养应用型人才需要有大量的实验实训基地,这是办应用性教育最显著的特点之一。这些实验实训基地既有校内的,也有校外的,共同承担学生实践动手能力的培养任务,也是教师提高自身实践动手能力的基地。而目前一些应用型大学的校内硬件条件无法满足应用型人才培养的需要。

其二是不适应。一是在办学定位上存在不确定、不准确的现象,一些"专升本"的院校和新办地方本科院校,往往在办学定位上追求身份的所谓正式、正宗、正规。眼睛老盯着研究型大学,甚至出现盲目攀比,盲目跟随和照搬照抄研究型大学办学模式的现象。这直接影响着教师、管理人才队伍建设的目标和方向。因此在教师、管理人才队伍建设上,就没有在应用性的要求上下功夫,也就没什么建树可言。二是受习惯势力影响。有一些本科层次的地方院校,致力于积极发展应用性教育,培养应用型人才,建设应用型大学,并进行了不懈的探索,成效显著,但由于这些学校往往也脱胎于研究型大学,固有的习惯势力不时地产生着影响,加上发展应用性教育的时间不长,办学实践经验不足,因此待研究、待实践、待发展的空间还很大,建设任务还很重。三是引进人才的"水土不服"问题。为提升办学实力,不少应用型大学引进了一些高学历、高职称的教师和管理人才,这本是十分必要的,但也存在着一些引进人才长期不服水土的问题,这些引进的人才往往来自研究型大学,他们身上都深深地打着研究型大学精英教育的烙印,他们往往不自觉地去按照他们熟悉的观念、方式、习惯去施教,这和办应用型大学的理念大相径庭,引进人才的培养、引导、适应的任务也不轻。四是教师能力素质有所缺欠。应用型人才的一个突出的特征是实践动手能力要强,这就决定了应用型大学的教师队伍必须具备较强的实践动手能力,打铁先得自身硬。教师除了应有比较强的理论素质、专业知识素质外,还需具备知识应用能力、技术操作能力、实践教学能力、应用创新能力等特有的能力素质要求。但当前不少应用型大学教师队伍的现状不容乐观,这成为办好应用型大学的软肋。五是管理队伍的不适应。面对高等教育大众化形势下的生源状况和应用型大学的培养目标、任务,在教育管理方面也与传统的教育管理有很大的不同。但我们的管理队伍往往忽视了这一点。无论在观念上还是工作实践上,都存在诸多的不适应。

其三是政策不配套。主要表现在两个层面:一是政府层面,二是学校层面。表现在政府层面的是,各级政府对于应用型大学办学评价还没有制定适合的标准,而是沿用普通高校的标准,对教师的科研教学成果的评估也往往比照研究型大学的条件来衡量,更关注其学术性价值,忽视应用性成果的价值等等;表现在学校自身层面的是,职务晋升、培训、实践能力培养、考核等方面的政策、条件、标准与建设应用型大学的要求之间还不完全配套,不少院校没有制定出自己的一套政策、条件和标准等等。队伍建设的现状和存在的问题不容乐观。要解决存在的问题也并非易事,需经认真研究,提出建设性意见。本课题试图破解这些难题。

二、本书的主要内容

(一)本书的主旨

本书是北京市哲学社会科学规划课题《应用型大学人才队伍建设策略研究》的成果汇集,是在北京联合大学发展应用性教育、培养应用型人才、建设应用型大学实践的基础上,经调研和专题研究后编著的,全书体现以下主旨:

1. 坚持尊重实践勇于探索的原则

本书的作者,都是北京联合大学走应用型大学办学之路的参与者、实践者,在办学过程中不断进行着应用性教育的探索。北京联合大学是在1978 年 36 所重点大学分校的基础上,于 1985 年组建的。在办分校时期,基本上是按照各大学总校已有的专业进行设置,总校有什么专业,分校就办什么专业,教学内容、教学要求、人才培养规格基本沿用总校的。1985年北京联合大学建立后,就提出面向地方,背靠老大学,培养适合首都需要的复合型、应用型人才的方针,并进行了有益探索。1992 年,在以本科教育为主体的基础上,开办了三年制的高职,并开始了对应用型人才培养的进一步探索。2003 年学校正式明确了"三个应用"的办学宗旨,即发展应用性教育,培养应用型人才,建设应用型大学。此后在全校开展了大讨论、大研究、大实践,初步形成了一批理论成果和实践成果,也总结出一些办学经验。这些都有力地促进和推动着应用型大学的发展。但由于应用型大学是新事物,当前的办学水平距离成熟的应用型大学的要求还有很大差距,任重而道远。已走过的路需要认真总结提炼,未来的路需要继续研究探索,这正是推进应用型大学的发展所需要认识、总结和研究的。作为应用型大学建设的关键环节,以教师队伍为重点的人才队伍建设研究恰逢其时,其研究工作有了一定的实践基础,又有很大的空间面向未来的发展去探索。

2. 坚持创新的指导思想

我国从本世纪初开始的应用性本科教育,是高等教育领域中的新生事物,本身就是教育的创新。它包含着从理论到实践一系列的创新要素,如培养目标、课程设置、教学模式、队伍建设等,人才队伍建设的创新是其中的重要组成部分。本课题中人才队伍建设的创新研究是紧紧围绕应用型大学的办学特征和建设的任务而进行的,具有鲜明的针对性和相关性。也就是说,是以应用为本的,因而课题研究不能简单套用其他类型高等教育队伍建设的理论和研究成果。在借鉴的基础上,必须要有新意,要有独创性和独特性。

3. 坚持调查研究的科研作风

科研的价值取决于科研成果的真实性。其真实性又源于扎扎实实的调查研究,即根植于广泛的考察访问,收集信息,交流研讨,查阅资料等过程。本课题组在调研过程中,走访了北京、上海、南京、浙江的十几所同类院校,与这些学校的校领导及相关职能部门的同行进行了深入的交流研讨,交换了有关的信息资料,在很多方面形成了共识。同时在研究过程中,查阅了国内外大量的信息资料,汲取和借鉴了不少有益的成果。本书是课题组的主持学校——北京联合大学的一些相关工作和研究的成果,其中不乏课题组成员自身的工作实践成果和研究成果。成果论文大都在核心期刊上发表,课题已经过成果鉴定,并已结题。

(二)本书研究的范围

本书重点研究应用型大学教师队伍和管理队伍,每支队伍都必须适应应用型大学的办学要求,都得围绕应用性教育办学的特点来提高自己的素质和能力。当然从教育教学的角度看,教师队伍是第一线的更为直接的队伍,管理队伍是负责实施和保障的队伍,故而在本书重点研究了应用型本科院校教师和管理人员的能力素质要素、能力素质模型,教师队伍和管理队伍的结构要素和结构模式,在此基础上提出了教师队伍及管理队伍建设和管理的策略。

(三)本书的主要内容

本书共分九章,大体分四个部分。

第一部分包括第一章应用型大学人才队伍概述。该部分从应用型大学概念提出的背景入手,描述了应用型大学的类别、应用型大学的特征、应用型大学的人才培养目标,以此为基础提出了应用型大学人才队伍的特征,本部分是以下各部分的前提和依据。

第二部分包括第二、三、四、五、六章,主要内容是应用型大学教师队伍的建设与实践研究。

第二章内容为应用型大学教师能力素质模型的构建。本章在教师通用胜任特征和应用型大学工作分析的基础上,提出了实施应用性教育的教师需具备的 7 个关键能力素质,构建了针对应用型大学学科带头人、专业带头人、学科专业骨干、基础课程负责人、实践教学中心主任等 8 个类别岗位的教师能力素质模型。该模型所含胜任能力素质反映了应用型大学的战略发展理念和对教师能力素质的特殊要求,对教师能力素质的发展能够起到很好的导向作用。

第三章内容为应用型大学教师队伍的结构模式。本章分析了应用型大学教育教学特征在教师队伍结构上的体现,提出了教师队伍的"二元结构"新思路,在一般性教师队伍结构要素的基础上,对应用型大学教师队伍构成要素及其内涵进行了拓展,提出了特殊性结构要素。基于我国应用型大学的教师队伍现状,从系统优化整体教师队伍结构和提升教师能力素质的视角,给出了各结构要素的量化标准,形成了应用型大学教师队伍的结构模式。该模式是在研究和试点取得经验的基础上形成的,具有推广和借鉴价值。

　　第四章内容为应用型大学实践教学队伍配置与优化。本章分析了应用型大学现有教师队伍存在的问题,并从应用型大学的实践教学工作分析入手,提出了应用型大学实践教学队伍配置方案。其特点在于:一是突破现有的岗位设置定式,构建了实践教学为主型岗位设置方案;二是提出了胜任不同层次岗位所需的关键能力素质;三是提出了建立健全实践教学队伍的具体建议,并以试点大学实践教学队伍建设的具体实践案例为同类大学提供了经验借鉴。

　　第五章内容为应用型大学的团队建设。本章从团队概念入手,深入剖析了教学团队和学术创新团队的内涵和构成要素,系统地提出了应用型大学团队建设的标准。同时提供了团队建设的策略与有效提升团队的建设绩效的成功案例。其特色在于应用型大学团队建设标准的构成要素中,既体现对高等学校团队建设的共性要求,又体现了符合应用型大学办学定位的特殊要求,为团队建设提供了具有可操作性的参考依据。

　　第六章内容为应用型大学教师的专业发展。本章在比较研究的基础上提出了我国应用型大学教师专业发展的整体性目标和个体性目标,构建了由制定生涯规划、实施绩效管理、构建培养体系、完善激励保障"四环节"有机结合的教师专业发展支持保障体系,并以试点大学基于专业团队系统规划教师实践教学能力发展、基于能力素质模型全面提升教师能力素质的具体实践案例为同类大学提供了经验借鉴。

　　第三部分包括第七、八章,主要内容是应用型大学管理队伍的建设与实践研究。

　　第七章内容为应用型大学管理队伍能力素质。本章从知识、技能、品质三个方面探索和分析了应用型大学党政管理队伍、教学管理队伍、学生管理队伍的能力素质要素和结构要素,从中可以看出应用型大学的管理队伍需要什么样的能力素质和组成结构,培养、选拔管理队伍需要从哪些方面入手。本章在应用型大学管理队伍建设的理论性、系统性和应用性方面进行了拓展,同时提供了党政管理队伍建设的相关案例。

　　第八章内容为应用型大学的管理队伍建设和管理。本章主要研究管理队伍如何建设及管理,如何使之既符合应用型大学办学模式对管理队伍的需要,同时又有利于管理队伍个人管理能力的提高及职业发展规划。本章研究从管理队伍的选拔、培养、激励、考核及管理人员职业生涯管理等方面展开。

第四部分包括第九、十章。主要内容是应用型大学整体队伍建设的制度建构和应处理好的若干关系。

第九章内容为应用型大学人才管理的制度建构。本章内容是应用型大学人才队伍管理的制度建设与实践研究。系统地介绍了高等学校的用人制度——聘用制度和岗位管理制度,梳理了用人制度中的相关概念。特别强调解决应用型大学在用人制度改革方面的若干关键问题的方式内容与以往的人事制度改革的区别、强调充分发挥政策导向功能、应用型大学怎样有效地实施用人制度改革。对聘用制度和岗位管理制度的实施提出了具体的操作性方案。

第十章内容为应用型大学人才队伍建设中应处理好的关系。本章阐述了建设应用型大学人才队伍,必须处理好人才队伍建设数量与质量、培养与引进、高层次人才与基层队伍、青年教师培养与总体师资队伍建设、人才流动与队伍稳定等关系。特别突出要坚持应用为本,质量为先,突出特色,重视高层次人才和青年教师队伍的发展,并形成良好的人才工作机制。

第一章　应用型大学人才队伍概述

第一节　应用型大学的提出

一、应用型大学是高等教育大众化发展的产物

美国高等教育社会学家马丁·特罗 1973 年在其著名论文《从精英向大众高等教育转化中的问题》中第一次提出了高等教育发展的分段理论，并为世人所接受。依其观点，高等教育毛入学率在 15% 以下的为高等教育的精英阶段；毛入学率超过 15% 的为高等教育的大众化阶段；毛入学率达到 50% 的则进入了高等教育的普及化阶段。改革开放以来，我国高等教育呈现出两个宏观层面的基本特点：一是为主动适应社会经济发展对人才的新要求，各类高校不断调整办学定位和优化人才培养规格；二是各类高校招生规模的不断扩大和地方院校的大量兴办，加速了我国实现高等教育大众化的进程，我国的高等教育开始由精英化教育迈入大众化教育。我国 2005 年全国高等教育总规模已达到 2000 万人，毛入学率为 19% ，进入到了国际公认的高等教育大众化发展阶段。而北京市在 2003 年高等教育的毛入学率就已达到了 55% ，在全国率先进入了高等教育的普及化阶段。高等教育大众化阶段，需要不同类型、不同层次的高等教育。

二、应用型大学是高等教育深化改革的必然结果

上世纪 90 年代，随着高等教育改革的深化，在我国高等院校普遍开展了教育思想大讨论。人们在深刻反思和总结我国高等教育发展的过程中，一方面肯定了建国以来我国高等教育事业取得的巨大成就，培养了大量的社会主义建设人才，对我国的经济、科技和文化的发展起到了奠基性作用;另一方面也反思了高等教育在长期计划经济体制下所产生的一些弊端,有专家学者将这些弊端概括为"教育观念过时、教育内容陈旧、教育方法落后",主要反映在教育脱离社会经济,高校封闭于社会办学。

针对我国高等教育的这些弊端,2001 年教育部《关于加强高等学校本科教学工作提高教学质量的若干意见》(教高[2001]4 号)中强调"以社会需求为导向,走多样化成才培养之路。高等学校要根据国家和地区、行业经济建设与社会发展的需要和自身特点,科学定位,办出特色,办出水平。要根据不同专业的服务对象和特点,结合学校实际和生源状况,因材施教,探索多样化人才培养的有效途径"。同年,教育部又在《关于做好普通高等学校本科学科专业结构调整工作的若干原则意见》(教高[2001]5 号)中,再次强调"大力发展与地方经济建设紧密结合的应用性专业。随着我国高等教育规模的扩大以及产业结构调整步伐的加快,社会对高层次应用型人才的需求将更加迫切。高等学校尤其是地方高等学校,要紧密结合地方经济建设发展需要,科学运用市场调节机制,合理调整和配置教育资源,加强应用性学科专业建设,积极设置主要面向地方支柱产业、高新技术产业、服务业的应用性学科专业,为地方经济建设输送各类应用型人才"。

教育部的指导精神推进了高校应用性专业的建设和应用型人才的培养。2001 年 4 月,教育部在长春召开了应用性本科人才培养模式研讨会。本次会议探讨了应用性本科人才培养目标的定位、应用性本科人才的素质设定,以及应用型人才培养方案和途径等具体问题。

2002 年,党的十六大报告指出"要造就数以亿计的高素质劳动者、数以千万计的专门人才和一大批拔尖创新人才"。该报告不仅提出了国家发展需要的人才培养的战略目标,而且明确了按不同层次类型对人才进行分类培养的战略思想,从而在一定意义上指明了不同的高校应该具有不同类别的人才培养功能。应用性教育、应用型人才、应用型大学和应用性专业的概念及其内涵,在我国社会和高等教育界逐渐清晰明确。改革开放以来,为适应地方经济的快速发展,我国兴建了近 400 所本科教育层次以上的高校,这些高校根据中央对人才培养发展战略的部署,基本上都将培养应用型人才作为办学定位。近 30 年来,新建的高校,大体上都属于应用型大学。

2007 年 5 月,在上海举办的应用性本科教育学术研讨会上,潘懋元教授指出,目前越来越多的高等院校将原来的综合性、研究型的大学定位转变为多学科性、应用性或职业性、技能型院校。他强调,每所高校在制定发展战略时,必须实事求是地研究地方经济、文化、高教、生源等客观环境和不同类型、层次、专业的社会需求,并结合文化积淀和社会声誉、师资力量与特长等自身的特点和优势,在各自层次和类型中争创一流。应用型大学则是其中的一个重要类型。会上朱高峰院士在报告中谈到,"教育要面向生产、政治、科学、文化,其中,生产是主体",他进一步明确"生产与研究有交叉现象,生产中有研究,我们的教育绝大多数都是应用性的,是面向生产的,不是面向科学的。科学活动并没有产生直接生产力,要变为生产力,必须利用一定的技术","社会需求的结构中,存在对人才需求的层次、类型、数量的差异,人与人之间也存在兴趣取向等个体差异,因此,应用性本科作为高等教育多元化的表现之一,应该大力发展"。这些专家学者的论点,支持了应用性教育和应用型人才的培养是教育改革与教育发展的需要,是多元化教育的体现这一论点,所以,应用型大学在我国的出现既是社会经济需求的必然,也是改革发展的结果。人们在深刻总结我国高等教育发展的有效经验和丰富成果的同时,也认识到我国高等教育的一些弊端,教育与社会和经济发展相脱节成为典型性弊端。改革和消除这一弊端的重要举措,就是要调整和优化高等教育结构,培养社会需求的生产、管理、服务等一线方面的应用型人才,而应用型人才培养的主体任务承担者则是应用型大学。

第二节　应用型大学的类别

构建科学合理的高等教育体系,有利于对不同类型、不同层次的高等学校进行分类建设、管理、评价。在高等教育类型的划分上,有多个分类方法,其中最有借鉴价值的是联合国教科文组织于 1997 年重新制定的《国际教育标准分类法》,将各级各类教育划分为 7 个层次,其中第五层次包括了第三级教育(高等教育)中的专科、本科和硕士研究生教育,并分为 5A 和 5B 两类教育。5A 是理论性的,5B 是实用技术性的;5A 又分为 5A1(按学科分设专业,着重培养学术研究人才)和 5A2(按行业分设专业,着重培养专业人才的教育)两种。归纳上述分类得出:5A1、5A2、5B

三种类型的教育分别对应的是:研究性教育、应用性教育、实用性教育。应用性教育的独立存在使应用型大学逐渐从普通大学中分化出来,成为一种独立的高等学校类型。从人才培养目标和人才类型判断,应用性高等教育应属于5A2,是培养面对职业或行业的高级专业人才的专业教育。"应用型大学"作为一类新型的大学,在教育、科研、社会服务的三项功能中均是应用性的,也就是说,在教育方向和培养人才方面始终坚持的是应用性教育,培养的是应用型人才;在自然科学、人文社会科学、教育科学的研究上着力于应用性项目的研究和开发,重点放在先进技术的引进、传播、改造与应用上;在社会服务上要加强与行业、企业、社区、社会团体的合作,为对方提供教育、培训、咨询、技术等实用性的服务。

第三节　应用型大学的特征

一、学以致用、应用为本的办学定位

根据教育部在本科教育与教学评估的有关文件中的明确规定,学校的办学定位一般包括办学目标定位、学校类型定位、教育层次定位、学科专业定位和服务面向定位五个方面。目前,我国的应用型大学,多是改革开放以后新建的大学以及适应地方经济发展需求兴办的地方性大学。办学目标是培养为地方经济或区域经济服务的具有适应现场、基层、一线生产、服务、管理等方面专业能力的应用型人才,学科专业的学制以地方经济发展需求或行业对人才的需求为导向,这些大学多以本科层次教育为主体,兼顾高等职业教育和少量研究生层次的教育。总的说来,学以致用、应用为本是这些大学的办学宗旨和基本定位。

二、面向地方和行业需求的学科专业设置

应用型大学产生的历史背景和社会背景,决定了这些大学必须适应我国经济改革所推动的产业结构变化和地方经济迅猛发展对人才的需求。因此,应用型大学的学科专业设置必须符合地方和区域经济的发展需求,做到学科专业布局合理,面向地方或行业的迫切需要培养人才,才能保证专业的生源和专业建设的活力。

三、突出实践教学和培养应用能力的教学体系

应用型人才的培养,要由应用性教学来实现。应用性教学的显著特征,是以能力为本位的教学体系,通过教学行为过程,使学生获得适应基层工作岗位所需要的知识、能力和素质。教学的定位和教学的目标决定了教学体系的设计应该是:保证学科知识的同时,强调专业能力的培养;既要保证课堂理论课程使学生获得现实经济技术发展所必备的信息,还要突出实践课程对专业能力、工程技术、技术技能等实践能力的培养。因此,在课程体系设置中,除了理论课程体系外,实践教学环节、实践性教学体系在整个课程体系中占有特殊的重要地位。

实践能力的培养应该贯穿于整个教学体系中,是教学体系的主线。教学设计中,能力的培养是设计的重心。在理论课教学中,能否启发和培养学生分析问题和解决问题的能力,以及能否适时地在理论教学中引入新思想、新技术和新的管理方法,是评价理论课教学质量的重要指标。在毕业设计(论文)中,选题是否联系社会实际,是否具有应用价值,以及毕业设计作品(论文)能否反映学生运用专业知识解决实际问题的应用能力,是衡量毕业设计(论文)的重要判据。

四、具有应用能力和实践经验的教师队伍

教学是由教师完成的。应用性的教学体系,需要由具有应用能力和实践经验的教师进行设计和实施。我国教育界有"双师型"教师队伍的提法,其简单含义是指既能教学又能动手的学校教师队伍。教师来源渠道的多元化,是实现"双师型"教师队伍的有效途径。多元化的途径包括:从生产、服务、管理的一线岗位聘请一批具有教师素质的人员作为教师,还可以从社会的企事业单位聘请一批具有实践经验的人员作为兼职教师,另外从教师中选派一批人到企事业一线岗位做实践性进修,使其提高实践应用能力。总之,能够承担并能实现应用性教学任务的教师队伍建设,是决定应用型大学办学定位和办学质量的关键。

五、产学研合作教育成为常规的人才培养模式

从理论上人们都承认并接受产学研合作教育是培养现代人才的重要途径。无论是应用型大学还是其它类型的大学都在强调校企合作,推进产学研合作的模式。改革开放以来,高等教育的改革推进了各类高校的产学研合作教育,并取得了一定的成效。不同的高校,根据自身的特点和

教育需求,与社会、行业、企事业单位进行着不同方面的教育合作,有的侧重于学生实习、实训、毕业设计和社会实践,有的侧重于科学研究、技术研发、教育培训。然而,近年来的实践证明,校企联手,使产学研合作成为高校一种常规的培养模式并不多见。

产学研合作教育对于校企双方的稳定性、长期性取决于能否做到"双赢"。对于应用型大学而言,校企合作教育的根本意义在于,将人才的培养由学校的单一培养模式转化为校企合作、双轨培养的模式。所谓常规的培养模式是指,从培养方案的制定到教学内容的选择,从教学时数的分配到教学方法的确定,从考试到毕业设计的选题、范式和评价标准等全部教学过程,不再是学校独家的运作,而必须还有社会、企业以人才培养为目标为指向的直接参与。

第四节　应用型大学的人才培养目标

应用型大学的培养目标包含着两方面的内容,一方面是要明确人才培养类型定位,另一方面要明确这类人才的基本规格。

一、人才培养类型定位

应用性高等教育主要培养技术应用型、复合应用型、服务应用型和职业应用型四类应用型人才。技术应用型人才一般指工作在经济社会发展的一、二产业领域的一线或工作现场的高技术人才,承担生产组织或技术指导性工作;复合应用型人才一般指具有两种以上不同专业知识,能适应有复合性要求的岗位工作的人才;服务应用型人才一般指在第三产业中从事服务工作的高级管理人才或技术人才;职业应用型人才一般指一些特殊职业岗位或职业性比较强的岗位所需要的人才。

二、人才培养基本规格定位

应用型大学人才培养的基本规格应当包括"知识、能力、素质"三要素。2007 年,中国高职教育研究会应用性本科教育工作委员会在上海举办的应用性本科教育学术研讨会中对这三个要素内涵解释形成的共识是:"以技术学科为依托的技术理论基础更加扎实;经验性知识和工作过程知识构成的隐性知识不可忽视;职业道德和专业素质以外的素质养成

更加突出;应用能力和关键能力培养同等重要。"具体讲这三个要素的内涵是:

第一,应用型大学人才知识要素的要求。知识要素一般分为素质性知识和专业性知识两部分。素质性知识一般指我们对学生进行素质教育所传授的知识,包括哲学社会科学知识、人文科学知识、党团知识、法律知识等。这些知识体现了社会主义大学办学方向的要求,也是学生未来工作、生活所应具备的必要知识。这类知识的要求与其他类型的本科要求没有太大区别。专业性知识一般指在书本和课堂上所获得的专业理论知识,以及在实践教学和实践活动中所获得的实践知识,要求二者并重,统称为专业知识。应用型大学在专业知识素质的要求上,与研究型大学本科教育有所不同,前者不太强调学科知识的系统性和知识的高深性,而强调扎实宽泛的知识面,不以精深见长,而以宽泛为特点要求学生具有分析工作中出现的问题和解决问题所需要的理论基础和知识,更强调知识的适用性、可应用性。因此在专业设置和专业学习过程中,特别强调与社会需求的符合度。

第二,应用型大学人才能力要素的要求。能力要素对任何类型的大学的学生来讲都是重要的,因为学习知识的目的就是为了提高能力,但应用型大学所培养的应用型人才更强调能力素质的具备和提高,形成"以能力为本位"的人才培养格局,形成知识加技能再加工作能力的素质结构。能力素质要素包括以下几方面:一是所学专业的应用能力,能用所学的知识解决工作中的实际问题,做到"学以致用"。二是正确认识社会、融入社会的能力,具有正确处理各种工作中遇到的问题,找到正确解决矛盾的方法的能力,与人沟通的能力,语言和文字表达能力等。三是团队合作能力,具有团结协作、分工合作和主动配合的能力,具有组织协调能力。四是具有继续学习不断掌握新知识和新技能的能力。五是具有开拓创新能力等等。这些能力概括起来也可以用一个能力来代替,那就是较强的解决问题的能力,这应当成为应用型人才的强项,使其无论在业务工作上、为人处事上、与人交往上都能有明显的优势。

第三,应用型大学人才素质要素的要求。应用型大学人才素质要素也是十分重要的,因为它从深层次上反映了人才的质量,应用型人才也应当是高素质的人才。这里讲的人才素质要素,着重指人文素质要素。人文素质是构成高素质人才的重要内涵,它体现大学生的思想道德素质,包括世界观、人生观、价值观等;体现大学生人文精神,包括开拓精神、创新精神、锐意进取精神等。应用型人才不是单纯的技能工匠,而必须具备良好的综合素质。他们在生产管理、技术开发等工作环节中对其专业知识和技能的运用,往往与他们的事业心、责任感、道德素养、心理素质、意志品质具有密不可分的联系。因此在应用型人才培养过程中一定要避免只重视专业知识和技能的培养,而忽视人文素质培养的倾向。而人文素质的培养与学校的学风、校风建设,人才培养方式、教学模式等有着直接的关系。

应用型大学人才培养类型定位和基本规格定位,决定了应用型大学教育工作者的责任和任务,也决定着他们自身建设的脉络和方向。

根据以上的分析,应用型大学人才培养的目标可以这样概括描述:根据社会特别是地方或区域经济建设和社会发展的需要,培养具有良好道德,扎实宽泛的文化知识功底,适度的专业知识和技能,较强的解决问题能力,面向生产建设、管理、服务一线的高级应用型专门人才。

第五节　应用型大学人才队伍的特征

一、人才队伍的基本概念

改革开放初期,《国务院批转国家计划委员会关于制定长远规划工作安排的通知》(国发[1982]149号)首次提出了人才的概念:一是具有中专或以上学历者,二是具有技术员或相当技术员以上专业技术职务者。在当时,这一概念在人才规划和人才预测方面发挥了很大作用,但从发展的角度、用发展的眼光看,这种仅以学历或职称作为标准来衡量人才的概念,是一种狭隘的人才界定方法。2003年全国人才工作会议在总结以往人才定义的基础上,第一次通过中央文件对人才概念作了表述,即"只要具有一定的知识或技能,能够进行创造性劳动,为推进社会主义物质文明、政治文明、精神文明建设,在建设中国特色社会主义伟大事业中作出积极贡献,都是党和国家需要的人才"。这是对传统人才概念的重大突破,体现了科学的人才观,对人才发展具有重大意义,也为社会各方面所接受。《国家中长期人才发展规划纲要(2010 – 2020年)》中提出,人才是指具有一定的专业知识或专门技能,进行创造性劳动并对社会作出贡献的人,是人力资源中能力和素质较高的劳动者。这一人才的概念,体现了人才思想的又一次突破,是站在新的历史起点,对人才概念的进一步丰富和完善。

应用型大学人才队伍应该包括学校中具有一定的专业知识或专门技能,进行创造性劳动并对学校发展作出贡献的各类人员。本书重点研究教师队伍和管理队伍的相关内容。

二、人才队伍的构成特征

(一)人才队伍构成的设计依据

1. 遵循国家和地区的有关政策。人事部和教育部于 2007 年联合发布了《关于印发高等学校、义务教育学校、中等职业学校等教育事业单位岗位设置管理的三个指导意见的通知》(国人部发〔2007〕59 号),此后各地区也根据本地区的情况发布了类似的文件。这些文件第一次对高等院校的人员结构、岗位类别作了明确的规定,对高等学校人才队伍的建设具有指导意义,同样对应用型大学的人才队伍建设也具有指导意义,是应用型大学在设计建设人才队伍时必须要遵循的。

2. 以应用型大学的办学特征为依据。如前所述,应用型大学作为我国高等教育的一种类型,较之传统的高等学校有着许多特有的办学特征,因此其人才队伍的构成必须要与之相适应,并依据这些特征来组建人才队伍。

(二)人才队伍的构成特征

应用型大学人才队伍应由专业技术人员、管理人员、工勤人员组成,其中专业技术人员是这支队伍的主体。按人事部和教育部文件的规定,专业技术人员应占高等学校教职工总数的 70% 以上,其中教师不低于 55% 。由于近年来高等学校进行的后勤社会化的改革,工勤人员处于逐年减少的趋势,新补充的可能性较小,因此,工勤人员所占比例应较低,一般不应超过高等学校教职工总数的 10% 。管理人员占 20% 左右。

专业技术人员在应用型大学中具有分布广、比例大的特点,涉及学校中教学、实验、工程技术、经济管理、会计、审计、医疗卫生、档案、图书资料、编辑出版等等多个专业技术领域,这些专业技术人员可以归纳为教师系列和非教师系列专业技术人员,其中最重要的部分是教师。一般来说应用型大学不像研究型大学那样,有专门或主要从事科研工作的教师,因此在应用型大学中,教师中一般不设专职的科研岗位,主要是从事教学工作的教师。但根据应用型大学的人才培养目标的要求和教师队伍的人员特点,在教师中又可以根据其承担的主要职责分设教学为主型、教学科研为主型和科研为主型三类教师。无论是哪一种类型的教师,都应能够从事理论教学和一定比例的实践教学,同时,应用型大学要创造条件培养更多的教师成为"双师型"教师。

三、教师队伍的素质特征

应用型人才的培养必须要有应用型的教师队伍来完成,否则人才培养目标只能成为培养方案中的文字表述,而无法得到实现。常言道,什么样的师父就会教出什么样的徒弟。然而,适应于应用型大学教学需求的教师严重匮乏,而现实的状况又难以在短期内得到改观,所以建设一支胜任应用型人才培养任务的教师队伍,是亟待解决的重要问题,是对办好应用型大学的重要考验。根据应用型大学人才培养目标的要求,应用型大学教师队伍的素质的总体要求为:既有坚实的理论基础,又有丰富的实践经验,既能够教授学生学科专业的系统理论知识,又能够指导学生进行具体的实践,既能够在教学环境中进行实验和训练,又能够在生产环境中进行操作,在教学和科研中取得较大成果。应用型大学教师队伍的特色主要体现在:

(一)强调将"具有丰富的行业企业专业实践经历"作为应用型大学教师的入职条件之一

目前应用型大学教师的主要来源,一是普通高校博士、硕士应届毕业生;二是普通师范院校师范专业的博士、硕士应届毕业生;三是从教育系统其他高校或各企事业单位专业人员中引进或聘用到校工作。可以看出,教师来源的主渠道是应届博士或硕士毕业生。对应用性教育而言,上述来源方式至少存在两个弊端:一是普通高校毕业生在现有培养模式下,因为没有或者很少经过专业实践的锻炼,实践能力和经验严重不足。在教学中,通常都采用知识授受的方式组织教学,不能很好地理论联系实际,应用能力较弱,尤其是新入校的应届毕业生更是如此;二是普通高校在人才培养模式上,都朝研究型大学的方向发展,他们非常重视基础知识和基本理论的学习,对应用和动手能力方面的要求不是那样突出,而目前应用型大学的教师大部分来自于研究型高校,他们在教学管理和其它活动上模仿研究型大学的做法,不符合应用型大学办学理念和人才培养模式的要求。而应用型大学的特殊性要求教师尤其是专业教师要具有较强的应用能力,应用能力是应用型大学的教师必须具备的核心能力之一,而只有在真实的工作环境下从事职业岗位实践才是应用能力获得的最佳途径。因此,具有丰富的专业实践经历是应用型大学教师入职必须要考察的条件之一。

(二)强调教师的应用能力

在现实的教育教学活动中我们不难发现,许多学历层次和专业技术职务相同、教龄和经历相近、责任心和工作态度相似的教师,其教学效果却存在很大差异。可以看出,在教师队伍整体素质提高到一定水平之后,教师应用能力的高低对教育教学质量起到至关重要的作用。应用型大学的人才培养目标强调学生的实践能力和职业意识的培养,实践教学环节是应用型大学教学质量好坏的重要标准之一。这种特殊性质要求教师除具备教师职业的一般能力外,还强调教师必须具备较强的应用能力。应用能力包括专业实践能力和实践教学能力。只有教师具备了较强的专业实践能力才能做好实践教学中的示范和指导,使学生真正理解、掌握知识,进而转化为学生自身的实践能力。因此,教师专业实践能力是教师实践教学能力的基础,而实践教学能力的高低直接影响着学生实践能力的培养。承担实践教学的教师应具备专业实践能力与实践教学能力,专业理论课教师同样应具备这两项能力。专业实践能力是指教师要熟悉相关职业领域内的生产一线或工作现场,掌握相关职业领域内的成熟技术和管理规范,有丰富的实践经验和处理现场复杂问题的能力,并具备相关的操作技能;要能够理论联系实际,具有较强的技术开发和技术创新能力;要具备良好的行业、职业修养,能将行业知识、能力和态度融合于教育教学过程中。实践教学能力包括示范能力和指导实践的能力。教师需要借助实践或模拟教具来进行教学,使用现代化的模拟仿真设备特别用于生产现场难以安排实习任务的生产过程的数学。教师除了自己应具备示范能力外,还应该通过规范的指导和训练,逐步提高学生实际操作的技能。由此可见,作为应用型大学的教师,不仅要具备较高的学术水平,还应具备较强的应用能力,才能够培养出合格的应用型人才。应用能力是应用型大学专业教师必须具备的核心能力之一。

（三）强调兼职教师是应用型大学教师队伍不可或缺的组成部分

应用型大学应以为地方或区域经济发展服务为宗旨。随着经济领域内职业与技术的不断变化，社会对人才的需求也在不断变化，应用型大学的专业设置就要随地方经济发展的需求不断调整。因此，建立一支兼职教师队伍，能及时弥补因专业调整所导致的教师暂时短缺的问题。与此同时，从行业企业聘请的兼职教师都具有很强的实践能力，他们更了解社会对人才的需求，同时又非常熟悉本行业企业前沿技术，在教学中可以发挥专业优势，对培养学生的实际应用能力起到不可替代的作用。

四、管理队伍的素质特征

应用型大学要营造出理论与实际密切联系的氛围，为培养出合格的应用型高级专门人才创造一个适宜的环境，使学生在应用型大学中不仅能从课堂上、实验室中受到应用性教育，而且能够在学校的整个环境中受到熏陶，受到潜移默化的影响，逐渐形成一种思维模式和办事风格。应用型大学的管理队伍除了具备普通高校管理队伍的普遍素质能力外，还应符合以下特殊要求，总体要求是：热爱应用性教育事业，勤于学习研究应用型大学的办学思想理念和办学规律，具有开创性思维和开拓创新精神，具有符合应用性办学内涵要求的管理能力。应用型大学管理队伍的特色主要体现在：

（一）建立应用性教育思想、理念

应用型大学的管理队伍首先要建立应用性教育的思想、理念，深刻理解"发展应用性教育，培养应用型人才，建设应用型大学"的办学定位内涵，应用性教育的思想、理念作为管理队伍素质的一部分，应该是队伍建设的思想基础和指南针，所以应将教育思想和理念置于首要的位置。

（二）把握应用型大学的办学规律

应用型大学的管理队伍要认真研究应用型大学的办学规律。当前应用型大学在办学方面仍然还有许多问题需要研究和探讨，比如：在制定政策时怎样遵循应用性高等教育培养目标的特殊要求，支持教师参加行业的实践，提高实践能力、怎样开展实践教学环境建设、学生管理教育如何才能更有效等等。应用型大学的管理人才必须比较透彻地研究这些问题并能按应用型大学的办学规律运作，才能使学校真正办出特色，办出水平。

（三）具有符合办学要求的管理能力

管理能力是管理队伍素质要素中的一个重要要素。不同的人员应有不同的要求，但必须都应具备与本职工作相适应的能力。如高层领导事关学校的战略发展，就应当具备较好的顶层设计和宏观管理的能力；中层管理干部就应当具备将新的办学理念、办学思想拓展延伸的能力和宣传推广这些理念到工作队伍中，并组织工作队伍、带动工作队伍进行实施的能力。

第二章　应用型大学教师
能力素质模型的构建

第一节　应用型大学教师能力素质模型的内涵

　　什么是能力素质模型？能力素质模型的英文表述是 Competency Model,也有人将其译为"胜任特征模型"。谈及能力素质模型,须先说明"Competency"一词的含义。1973 年,美国哈佛大学教授戴维·麦克米兰(David McClelland)在《美国心理学家》杂志上发表文章《测量胜任特征而非智力》,提出了"Competency"一词,译为"胜任特征"或"胜任能力素质",之后,许多研究者从工作任务、工作成果、组织文化等不同角度对这个概念进行了定义,但这些定义的本质内涵是一致的。普遍采用的"胜任能力素质"定义是美国 Spencer 教授 1993 年作出的。他认为,"胜任能力素质"是指能将某一工作或组织中的卓越成就者与表现平平者区分开来的个人潜在的特征。它可以是动机、特质、自我形象、态度或价值观、某一领域知识、认知或行为技能,即任何可以被可靠测量或计数并能显著区分优秀与一般绩效的个体特征"。这一概念包括三个方面的含义:深层次特征、因果关系和效标参考。深层次特征是指个体潜在的胜任能力素质,它能保持相当长一段时间,并能预示个体在不同情况和工作任务中的行为或思考方式;因果关系是指胜任能力素质能够引起或预测行为或绩效;效标参考是指胜任能力素质能够按照某一标准,预测效标群体的工作优劣。一种能力素质如果不能预测有意义的差异,与参考的效标没有明显的因果关系,则不能称之为胜任能力素质。

　　Spencer 还同时提出了能力素质模型,即著名的冰山模型(Iceberg Model)。冰山模型中提出,人的能力素质由六个要素构成,即知识、技能、社会角色、自我概念、特质和动机,这些能力素质被划分为"浮于水面之上"和深藏于"水面之下"两部分。将知识、技能归于显现于水面之上的冰山上半部,属基准性能力素质(Threshold Competency),是决定一个人绩效高低的表层特征和外显要素,易于发现与评价;将社会角色、自我概念、特质与动机归于水面之下的冰山下半部,是鉴别性能力素质(Differentiating Competency),是决定一个人绩效高低的深层次特征,较难发现和测量,但却是决定一个人行为及表现的关键因素。"能力素质模型"是指承担某一特定任务角色需要具备的胜任能力素质的总和。能力素质模型由能力素质名称、能力素质定义、行为表现和效样刻度四个重要部分组成。能力素质模型已在人力资源开发与管理领域得到了运用,也受到教育界的重视。

由于不同行业对从业人员的能力素质有其特殊要求,因此其构建的能力素质模型中虽含有一些与其他行业人员相同的胜任能力素质,但也有所区别。那么,什么是应用型大学教师的能力素质模型呢? 我们可以根据上述"能力素质模型"的定义,将应用型大学教师的能力素质模型定义为"能够将应用型大学中表现优秀教师与表现平平教师区分开来的教师胜任能力素质的总和"。

第二节 应用型大学教师能力素质模型的用途

《国家中长期教育改革和发展规划纲要(2010 – 2020 年)》对高等教育发展提出了新的目标、任务和要求,明确提出:"引导高校合理定位,克服同质化倾向,形成各自的办学理念和风格,办出特色,争创一流。"应用型大学要办出特色,其学科专业建设必须走特色建设之路,它的教师队伍的能力素质要与之发展要求相适应。

从人力资源管理的角度看,一所大学的战略规划是否能够得以有效实施并达到既定目标,取决于学校的战略执行力。而战略执行力是在目标与责任、愿力和能力的共同作用下产生的,可以用以下公式表述:

战略执行力 = 目标与责任 + 愿力 + 能力

要获得良好的战略执行力,一是必须明确学校的战略目标,并把它作为全体教师的共同愿景,通过"责任机制"将其分解转化为各层级的责任子目标。二是要建立健全教师激励机制,培育积极向上的校园文化氛围,将教师职业生涯发展与学校的发展规划有机结合起来,对提升教师"愿力"起到正确的引导作用,激励教师主动地为实现学校的"愿景"和自身的责任子目标付诸行动。三是必须提高教师的"能力",学校的战略规划能否得到有效实施并达到既定的目标,关键在教师的能力。倘若教师缺乏执行学校战略的能力,即使有明确的目标与责任、教师有为之付出努力的积极态度,依然无法取得预期的成效。

"教师能力素质模型"可以揭示影响教师执行力水平的能力素质,为教师的能力提升与养成建立一个标杆,为教师的专业发展提供指南;可以促使学校着眼于教师的优秀绩效,并通过对各级行为指标的描述使教师了解从合格的行为等级到优秀的行为等级的表现差异,为教师发展提供内在自我完善的动力;还可为学校构建教师专业发展体系奠定基础,它有助于促使教师现有能力素质得到充分发挥,潜在能力素质得到有效挖掘,并促进教师的能力素质水平得到不断地提升和发展。

第三节　应用型大学教师胜任能力素质

应用型大学教师的胜任能力素质应是那些优秀教师身上所特有的能力素质,正是这些能力素质使他们能够在应用型大学的建设中做出与众不同的工作业绩。哪些能力素质是应用型大学教师的胜任能力素质? 我们可以采用文献分析法,总结出通用胜任特征和大学教师胜任特征,并对国际上应用型大学对教师能力素质的要求进行对比分析,总结出共性特征。另外,采用工作分析法,从我国应用型大学的工作任务和特征入手,分析产生教师的关键能力素质。在此基础上,通过调查问卷法和专家研讨法以及行为事件访谈法,从这些基准性能力素质中选择确定那些既能反映应用型大学教师特殊要求,又能区分优秀教师与一般教师的能力素质,作为应用型大学教师胜任能力素质。

一、大学教师应普遍具备的能力素质

从教育学对"素质"的定义看,它主要表示人在先天生理的基础上,受后天环境、教育的影响,通过个体自身的认识和社会实践,养成的比较稳定的身心发展基本素质。从广义的"素质"概念看,它是指完成某项活动所必须具备的基本条件,即包括各种能力、品德、文化水平、专业知识、思想修养等。高校教师的素质则是指教师能很好地履行大学所赋予的教学、科研和社会服务职责所应具备的基本条件,它包含知识、能力、素质一体化的全面素质,我们用"能力素质"一词来描述。

大学要为人类创造知识、传授知识、传承人类文明,推动社会的不断进步。随着社会的不断进步,教师在社会变革中所担负的使命及角色也在发生变化,现代的大学教师不再只是知识的传授者,而且还应是学生学习的引导者、组织者、协调者。大学教师必备的基本能力素质应包括以下几个方面:

1. 道德素质:具有良好的职业精神。表现为对教育事业具有责任心和使命感,具有师德修养、职业奉献精神、团队精神和合作意识。

2. 文化素质:具有较高的学历水平、深厚的专业知识和人文素养以及必备的教育学知识。

3. 教师专业素质:具有组织管理能力,可以担任教学过程的管理者;具有有效运用现代教育技术的能力,不断改进教学方法与手段,实现教学过程的最优化;具有教会学生学习的能力,不仅要使学生学会知识,更要教会学生学会学习;具有教学实施能力,能为实现教学方案而灵活、有效地组织教学;具有教学反思能力,能对所选教学目标的适用性及教学策略的有效性做出判断,反思和不断改进自己的行为,提升教学实践的合理性;具有教学监控能力,能不断对教学活动进行积极主动的计划、检查、评价、反馈、控制和调节;具有教学研究能力,能跟随教育发展的动态,掌握现代教育理论、开展教学研究与改革;具有终身学习能力,能有意识地不断更新自身知识体系,提高职业能力,保证职业适应性;具有科学研究能力,能站在本学科专业领域发展前沿,开展相关的科学研究。

4. 身心素质:具有坚强的意志、较强的认知能力、广泛的兴趣、良好的性格特征(自信、正直、诚实、热情、宽容、慈爱、情绪稳定、善于沟通、理解他人等)。

二、国际同类大学教师能力素质借鉴

应用型大学的任务特点和应用性教育特征决定了应用型大学教师所应具备的能力素质。在具备大学教师应普遍具备的能力素质外,他们还应具备实施应用性教育所特需的能力素质。究竟哪些能力素质是应用型大学教师所特有或特别强调的？我们可从国外同类大学的比较研究中获得一些启示和借鉴。

应用型大学是实施应用性高等教育的大学，而应用性高等教育属于《国际教育标准分类法》中的5A2类教育(即专业性教育)，依此，德国的应用科技大学、澳大利亚的科技大学联盟、美国的专业学院、我国台湾地区的科技大学等均属于应用型大学。对这类大学的教师队伍构成、教师入职条件、聘任条件、晋升条件、职责要求和职后发展特点等进行研究分析，有助于总结出可借鉴的应用型大学教师胜任能力素质。

(一)德国应用型大学教师能力素质要求

在德国高等教育体系中，应用科技大学(Fachhochscule. FH)是重要组成部分，它以培养本科生和硕士研究生为主，其教学目标和教学实践都是以应用为导向，理论和实际紧密结合，并立足于专业性或地区性的应用研究与开发。这些大学属于应用型大学范畴，其教师的能力素质要求有如下特点：

1. 从教师队伍的构成看，具有专兼结合的教师队伍。除专职教师外，学校还配备有稳定的兼职教师队伍，兼职教师的比例一般占教师总数的60%左右。兼职教师是从社会和行业企业中聘任的具有大学毕业文凭、学有专长、实践经验丰富的专家学者和工程技术专家。兼职教师分为三种类型：第一类是教授，有客座教授和名誉教授之分，所占比例相对较低；第二类是兼职讲师，他们是兼职教师的主体，担任一定的教学任务；第三类是助教，他们承担教学和科研的辅助工作。教师队伍中还设有实训教师，由企业中具有较强教学能力的技术人员担任。

2. 从教师的职责看，教师的工作包括教学、科研和社会服务，重点是教学。学校对不同层次教师的学术研究和教学研究也有明确要求。而对于一个学科和专业的教授，不但要求其承担学术研究的职责，还要求其承担教学及行政管理等方面的职责，包括组织教学和科研活动，决定科研方向并筹措科研经费等工作。

3. 从教师的招聘和晋升条件看，要求教师是"双师型"的，对教师的实践能力要求高，尤其对教授的实践能力要求更高。我们从德国《高等教育总法》的有关规定可以看到，应用型科技大学教授的聘任条件是：①博士毕业；②具有较强的教学能力；③具有从事科研的能力(一般以博士学位加以证明);④具有至少 5 年的职业实践经验(其中包括至少 3 年高校以外领域的工作经历),并取得突出业绩。学校对聘用的实训教师也有严格要求,要求其须是技术员学校或师傅学校毕业生,有 5 年以上的专业实践经验,并经过规定学时的教育学专业培训及考核。

4. 从教师的职后发展看,学校强调教师要参加教师专业发展活动,定期参加校外研修活动,尤其要参加企业实践活动和应用性课题研究。要求教师每四年须有半年的企业实践,要求教授加强与企业的紧密合作,从事应用性开发或技术转让等活动。

(二)澳大利亚应用型大学教师能力素质要求

澳大利亚的高等院校大致分为三类。第一类是一流大学,一般为研究型大学,亦称八大大学集团;第二类是 20 世纪 60 年代伴随澳大利亚的工业化进程而建立的,这类学校有 9 所,称为 9 所大学联盟;第三类是由技术学院升格为大学的学校,称为科技大学联盟(University for Application)。澳大利亚的科技大学实施以学科为基础,面向职业和产业的学位教育,它们可以提供面向研究的大学教育,但更强调面向行业、结合企业开展的教育与培训,属于应用型大学范畴,如墨尔本皇家理工学院、悉尼科技大学、科廷科技大学等。这些大学对教师的能力素质要求有以下特点:

1. 从教师队伍的构成看,具有专兼结合的教师队伍,拥有比例合理的稳定的兼职教师队伍。

2. 从教师的职责看,对教师从教学、科研和社会服务三个方面提出要求,三者的比例约为 40%、40%、20%。学校非常重视科研成果的转化及应用推广,鼓励和奖励教师将最新的研究成果引入教学中,以自身的知识和科技优势服务社会,同时,大学还在对教师在外兼职兼薪进行规范管理的前提下,鼓励并支持教师以学校的名义申请校外研究课题经费或开展服务咨询活动。

3. 从教师的招聘和晋升条件看,教师任用条件严格。一般要求具有博士学位,且须具有 3~5 年从事本行业工作的实践经验。

4. 从教师的职后发展看,学校重视教师教学能力和实践能力的培养,通过培训促使教师了解本校的定位和历史文化、更新教育理念、加强质量意识和责任意识;重视教师跨学科教学能力、现代教育技术运用能力、信息搜寻等能力的培养。为了保证教师能够跟上技术发展的步伐,努力完善和更新自身的知识结构,学校除要求教师参加反映最新前沿理论和科技发展动态的知识讲座和新技术培训外,还要求教师定期参加企业技术实践和企业培训。大学还强调对教师的对外交往能力及其行为准则的培训。

(三)美国应用型大学教师能力素质要求

根据美国卡耐基教育促进基金会 2006 年公布的高等教育机构分类法(The Carnegie Classification of Institutions of Higher Education),美国的高等教育机构可划分为六种基本类型:(1)授予博士学位的大学(Doctorate – granting Universities),这类大学提供从学士到博士的完全教育,但重点是博士研究生教育和高水平的基础研究工作。(2)授予硕士学位的大学(Master's Colleges and Universities),这类大学只能授予学士和硕士学位。(3)授予学士学位的学院(Baccalaureate Colleges),这类大学只从事本科教育,对于修业合格者授予学士学位。(4)授予副学士学位的学院(Associate's Colleges),这类学院是两年制专科学院。(5)专业学院(Special Focus institutions),其中包括社区学院(Community Colleges)。它们提供从学士到博士学位的教育,以培养职业和应用型人才为目的,至少有75%的学位授予给一个单一的专业领域。(6)部落学院(Tribal Colleges),这类学院是适应某些部落的需要而建立起来的,具有明显的地域和民族特点,培养适应地域发展需要的人才。由此可见,在美国高等教育体系中,实施应用性高等教育的主体是专业学院和授予学士学位的学院,属于应用型大学范畴。这些大学对教师的能力素质要求有以下特点:

1. 从教师队伍的构成看,强调专兼结合的教师队伍,兼职教师要占有相当比例,主要承担专业课程和实践课程的教学。在专业教学中聘用一定比例的专业技术领域专家兼职学校的教学工作。

2. 从教师职业伦理看,对教师提出了明确而详尽的要求,并从中反映出对教师探索精神、奉献精神、诚实、学术操守、尊重学生、理解他人、服务集体、影响力等素质的强调。美国大学教授学会通报的"职业道德宣言"中要求大学教师要坚信知识进步的价值和尊严,探寻真理,并如实根据自己的所见发表成果,把精力奉献给学术竞争力的开发和改善,在知识活动中保持诚实。在享有学术自由权利的同时,要遵守社会公德和国家法律。该宣言从作为一名教师、作为同事、作为单位的一员、作为社会的一员四个方面对教师提出要求:(1)作为一名教师,应在学生面前保持最好的学术操守;充分尊重学生个性,并充当知识指导和咨询的角色;培养诚实的学风;不因谋取私利或偏见影响对学生成绩的评价;保护学生的学术自由。(2)作为同事,应遵守学界的共同准则,尊重同事,客观评价他们的专业见解;分担教师成员对单位应担负的管理职责。(3)作为单位的一员,应致力于成为一名有影响力的教师和学者。根据责任至上的原则,处理好主职与兼职的关系。(4)作为社会的一员,享有公民所有的权利和义务。根据对专业、对学生、对职业和对单位的职责来衡量这些义务的重要性;担负起改善自由探索知识的条件并使公众进一步了解学术自由的使命。

3.从教师的职责看,主要包括教学工作、研究工作与其他创造性工作、大学服务与公共服务三个方面。(1)教学工作:要求教师不但要讲授一定门次的课程,还要承担本科生或研究生的毕业设计(论文)指导工作。(2)研究工作与其他创造性工作:要求教师争取科研经费并开展科学研究,发表论文和著作等。(3)大学服务与公共服务工作:要求教师为社会服务,提供与其专业相关的咨询、顾问工作等;要求教师积极参与学校和院系的其它各项工作,包括管理工作。

4.从教师的招聘和晋升条件看,教师均须具有博士学位,且具有海外留学背景的教师须占有一定比例,以增强国际交流和避免"近亲繁殖"。在教师招聘条件中,不仅关注应聘教师的学历水平,更关注教师的实际工作经验,要求须具有本专业技术领域 5 年以上的实际经验。在教师晋升条件中,对教师的教学能力、科研能力和取得的学术成就等均有较高要求。如:晋升教授须具有 8~10 年以上的教学经验,并在科学研究中有重大成就,具有一定的管理能力。晋升副教授须具有 8~10 年的教学经验,并在本专业方面做出公认的成就。晋升助理教授须具有 2~3 年的教学经验,并具有从事科研工作的能力等。

5.从教师的职后发展看,学校形成了良好的追求学术卓越的质量意识和文化氛围,采取多种途径提升教师的教学理念、人文素养、教学技能、教学研究和科学研究能力、实践能力、信息技术运用能力、跨文化交流能力等。(1)通过教学技能培训中心培训课程和教学研究讨论会等活动提升新教师的教学技能和教学研究能力,强调提高学生的学习效能和培养学生的批判性思维。(2)实行导师制,通过导师引领,提升新教师的科研能力。(3)学校均设有多媒体教学中心,为教师提供教学工具和资源,注重提高教师的现代教育技术和信息技术运用能力,给予教师教学策略和技术的具体指导。(4)开设教师教育教学理念和人文素养的研修项目,提升教师的跨文化交流能力、网络交流能力、写作技能和指导学生阅读的能力等。(5)鼓励教师利用假期到企业实习实践,了解本领域技术在企业中的运用情况。(6)资助和支持大学学者多渠道开展国际交流和校际联系。(7)为教师提供发展性学术休假。

(四)我国台湾地区应用型大学教师能力素质要求

我国台湾地区的高等教育包括研究生教育、大学与独立学院教育、专科学校教育三个层次。台湾的各科技大学,如台湾国立云林科技大学、建国科技大学、朝阳科技大学等属于应用型大学。这些大学对教师的能力素质要求有以下特点:

1.从教师队伍的构成看,教师队伍由专兼职教师组成,有的学院(系/所)的兼职教师数量甚至多于专职教师。兼职教师多由从企业聘请的具有丰富的经营管理与实务经验的技术专家担任,他们同时具有教师资格证书。专职教师中多数具有业界经验,专职教师中取得职业资格证照的教师多达70%,助理教授以上的教师均具有丰富的实务经验。

2.从教师的职责看,教师工作的评鉴指标包括对教学、研究和服务三个方面的绩效评鉴,突出应用型大学特色的要求。如在"研究绩效"的评鉴指标中,产学合作内容(包括产学合作计划、技术转让、专利等)占评鉴分数的比例较大,教师制定参与产学合作计划或企业产学合作案与制定参与专题研究计划一样可以得到认可。

3.从教师的招聘和晋升条件看,对教师的学历水平要求高,对教师的教学能力、研究能力和实践能力的要求并重,并注意教师的国际化教育背景。教师的学历水平高,其中70%以上具有博士学位;学校注意从欧美一流大学招聘教师,教师的国际化程度很高,50%左右教师拥有国外名校博士学位。在教师的职务晋升条件中,研究成果所占权重较高(达到70%左右),其中体现了应用性特色,如研究成果的认定范畴与研究型大学存在很大的不同,研究成果可以是学术专著(论文),也可以是作品、成就证明,或能够体现专利、技术转让或产学合作方面研究成果的技术报告。针对不同特长和不同专业的教师,晋升条件设置各有不同。如以理论研究见长的教师可以凭借理论基础扎实的学术著作(论文)晋升,而像体育、艺术、应用技术等以技术为主的教师可以提交作品、成就证明、技术报告,以此替代学术著作(论文)作为晋升条件。

4. 从教师的职后发展看,学校设置有协助教师成长的教学卓越中心,通过教学专业知能研习等活动,提高教师"以学生为中心"促进学生学习的能力。响应数字化时代的要求,重点提升教师 E – learning 教学平台应用和网络辅助教学的能力,加强师生的互动与沟通等。

(五)各国和地区教师能力素质要求共性特征

综合上述德国、澳大利亚、美国和我国台湾地区应用型大学教师队伍的比较分析,我们可以看出,各校人才培养目标的一致性使其对教师能力素质要求及整体队伍的结构要求也呈现相似性,归纳如下:

1. 对教师须具备的能力素质从职业伦理与个性特征、文化素养、教学能力、研究能力、社会服务五个方面提出要求:(1)教师的职业伦理和个性特征方面,把教师遵守职业伦理放在突出位置,要求教师诚信和遵守学术操守,具有敬业精神、责任心、进取心、团队合作精神、学习能力、创新精神等。对不同层次的教师,能力素质要求有所不同,对学科或专业带头人等高层次教师,要求其具备一定的领导能力,如影响力、组织协调能力、督导与管理能力、决策能力等。(2)教师的文化素养方面,要求教师有较高的受教育程度和专业知识水平,一般应具有博士学位。为顺应教育全球化趋势,须具有跨文化交流能力。(3)教师的教学能力方面,要求教师具备"双师素质"和现代教育技术运用能力。不论对专职教师还是兼职教师,均要求掌握较为全面的教育学专业知识,做到因材施教,同时须具有丰富的业界实践经验(3～5 年以上)与较强的实践教学能力。为应对和数字化时代的要求,强调教师提升网络交流与互动的能力。(4)教师的研究能力方面,要求教师具有较强的应用研究能力和创新能力。(5)教师的社会服务方面,要求教师重视为社会服务,运用专业知识为社会提供咨询服务,积极开展校企合作、应用性科研和技术推广等。

2. 对教师整体队伍结构的要求包括专兼结合、学缘结构国际化、业界经历普及化三个方面:(1)教师队伍注重专兼结合,来自企业行业的有丰富实践经验的兼职教师是教师队伍中不可缺少的一部分,主要承担实践课程的教学工作。(2)强调聘任有海外留学背景的教师,优化学缘结构,增强国际交流。(3)对教师的工作绩效评价强调应用性导向,对具有应用特色的成果(产学合作计划、技术转让、专利等)予以认可,敦促教师不断积累实践经验,提高实践能力,服务社会。

上述教师能力素质要求共性特征为我们进一步研究构建我国应用型大学教师能力素质模型提供了参考。

三、应用型大学教师的胜任能力素质

应用型大学的任务特征决定了应用型大学教师的能力素质要求,因其对人才培养起关键作用,故可以作为确定教师胜任能力素质的重要参考。

(一)应用型大学的任务特征

应用型大学与其他大学一样承担着人才培养、科学研究、社会服务三大任务,但更强调应用性及特色发展。其在学科专业设置、人才培养目标、人才培养模式、课程体系、人才培养途径、学生工作特征、科学研究等方面的特点:一是专业设置紧紧围绕地方社会经济发展需要合理调整布局,强调适应性。注重新兴学科和交叉学科的发展,以培育新的学科生长点。二是人才培养目标定位于培养基础扎实、实践能力强、综合素质高、具有较强创新能力的高级应用型人才。三是人才培养模式注重学思结合、知行统一,要求教师根据课程的不同特点采用先进的教学方法,如基于问题的教学法、基于行业的教学法等组织教学。四是课程体系构建以应用能力培养为核心,强调要整合教学内容,在教学过程中把传授知识、培养能力、提高素质有机地结合起来,体现多层次、个性化的培养特征,达到优化知识结构、强化能力培养、提高综合素质。五是将产学研合作作为人才培养的必然途径,紧密依托行业、企业的实践教学基地,将课堂学习与有计划的实际工作结合起来。聘请行业、企业专家参与专业建设和课程开发等方面的决策,使学校的专业建设更加贴近社会经济发展的需求。六是生源特点随着高等教育的大众化发生了显著变化,要求教师加强教学研究,探索行之有效的方法传授知识并促进学生自主学习,教会学生如何学习。七是科研活动以应用开发和技术转化为主要目标,与行业企业紧密合作进行横向课题研究,重点解决科技成果转化问题。应用型大学开展的社会服务主要是为社会提供专家咨询、举办高新技术职业证书培训,培训行业企业技术人员等。

(二)应用型大学教师的关键能力素质

从我国应用性教育的实践出发,根据上述应用型大学的任务特征,借鉴国际上应用型大学教师能力素质要求的共性特征,初步确定我国应用型大学教师的关键能力素质如下：

1.先进的现代教育观，即全面发展的教育观、"以学生为本"的民主观和个性化发展的教学观。要培养适应地区经济发展、基础扎实、实践能力强、综合素质高、具有较强创新能力的高级应用型人才，教师的教育理念是先导。教师必须转变教育观念，从以教师为主体向以学生为主体、教师为主导的方向转变，在教学过程中把传授知识、培养能力、提高素质有机地结合起来。根据高等教育大众化阶段学生的特点，研究行之有效的教学方法。由于人才培养模式、规格已向适应地区经济发展的方向转变，向多样性、多层次、突出各校办学优势和特色的方向转变，教师需根据人才培养的要求，研究构建与之相适应的课程体系，整合教学内容，以达到优化知识结构、强化能力培养、提高综合素质的目标。教师在教学中不仅要传授给学生知识，更要注重培养学生良好的职业素质、严谨的科学态度、终身学习能力等。

2.因材施教能力。我国高等教育已由精英教育阶段向大众化教育阶段转变，并逐步向普及化阶段转化，应用型大学的学生生源发生了很大变化，人才培养目标也与精英教育时代不同，它强调培养学生的应用能力，提高学生对实际工作的适应能力。如果教师仍然采取精英阶段的教育方式和教学内容，学生则很难适应。因此，如何根据应用型人才培养强调培养学生综合应用能力和职业素养的特点来实施教学？这成为每位教师必须研究的课题。教师要善于发现学生的个性优势，因材施教，使学生发挥潜能，树立自信。教师要在教学中建立和谐互动的师生关系，不断进行教学改革，选择适当方法对学习效果进行评估，充分调动学生的学习积极性，促进学生自主学习，并加强学生学习指导与反馈。

3.专业实践能力。应用型人才培养注重学思结合、知行统一，重视学生综合应用能力，尤其是实践能力的培养，这要求教师必须具备丰富的实践经验和较强的专业实践能力，以保证知行统一的人才培养模式得以践行。在教学中，教师应能根据不同课程的特点采用行动导向教学法，如基于问题的学习(PBL)教学法、基于行业的学习(IBL)教学法等组织教学。教师除教学外，还承担着为社会服务的职责，较强的专业实践与应用能力，使其能够更好地解决地方经济社会发展面临的技术难题，承接应用性开发项目和提供技术服务等。

4.课程开发能力。应用型人才培养在强调必需的学术基础的同时，更强调要面向社会需要和学生的现实与未来发展需求,改革课程体系和课程教学内容,加强实践教学。因此,教师须具有较强的实践课程开发能力,能够根据应用性教育特点和人才培养要求把与社会科技发展同步的最新技术、最新标准和最新管理理念等吸收内化,不断更新教学内容,开发出能反映行业主流与成熟技术的新课程。

5.驾驭课堂的能力。应用型大学的学生总体来看具有这个年代青年人积极向上、富有朝气和活力等特点,但无需讳言,他们与重点大学学生相比存在着自信心不强、学习基础不够扎实、学习动力不足、自我约束能力和自主学习能力较差等缺点。教师需针对他们的特点,有效地控制课堂秩序与节奏,加强与学生的互动与交流,加强学生管理。促进学生自主学习,培养学生独立思考的能力和竞争与合作精神。

6.信息技术运用能力。现代信息技术的飞速发展对高等教育和高校教学产生了深刻影响,信息技术在教学中的应用已十分普遍。教师要具有信息系统的基本操作和软件使用能力、利用和开发信息资源的能力,能够在教学设计、教学实施与教学评价过程中熟练和有效地运用信息技术,用先进的教育技术来辅助教学,加强与学生的网络互动与交流,主动关心学生的成长。

7.社会交往能力(即关系建立能力)。一方面,应用型大学学生的特点决定了教师要与学生家长保持保持良好的沟通,与学生建立相互信任的师生关系,关爱学生,善于倾听,主动了解学生的学习和生活,帮助他们树立信心并指导他们解决面临的问题。另一方面,应用型人才培养必须采用开放办学的方式,为地方或区域经济发展提供社会服务。这决定了教师要面向社会开展针对行业企业实际的应用技术开发,成为"产学研"结合的纽带。教师只有具备较强的社会交往能力,才能与相关行业企业建立广泛联系并做好应用技术的吸收和转化。

(三)胜任能力素质相关研究的借鉴

自戴维·麦克米兰(David C. McClelland)提出胜任能力素质以来,胜任能力素质的评价技术得到了广泛应用,其影响延伸和扩展到各行各业。多年来,研究者们针对不同领域工作人员开展构建能力素质模型的研究,取得了相关研究成果,这些成果可为构建应用型大学教师的能力素质模型提供借鉴。

1. 通用胜任特征

1981 年,理查德·鲍伊兹(Richard Boyatzis)开展了管理人员胜任特征模型的研究,归纳出一组用来辨别优秀管理人员的胜任特征(即胜任能力素质),模型包括 6 个胜任特征群以及下属的 19 个胜任特征,这些胜任特征能够同时适用于不同公司及工作岗位。1989 年起,Spencer 等人根据对科技、教育、制造业、销售业、服务业、政府机构、医疗保健等行业或组织中 200 多种工作人员的行为观察记录,建立了由 286 个胜任特征组成的数据库,从中提炼形成了 20 个通用胜任特征,分为六个胜任特征群,如表 2-1 所示。这 20 个通用胜任特征能够解释各个领域工作中 80% 以上的行为及其结果,从而构成了胜任特征辞典(Competency Dictionary)的基本内容。

表 2-1 能预测各领域优秀工作绩效的通用胜任特征

序号	胜任特征群	胜任特征	
1	成就特征 (Achievement and Action)	(1)成就欲	(2)主动性
		(3)关注秩序和质量	
2	助人/服务特征 (Help and Human Service)	(4)人际洞察力	
		(5)客户服务意识	
3	影响特征 (the Inpact and Influence Cluster)	(6)影响力	(7)组织意识
		(8)关系建立	
4	管理特征 (Managerial)	(9)指挥能力	(10)团队协作能力
		(11)团队领导能力	(12)发展他人
5	认知特征 (Cognitive)	(13)分析性思考	(14)概念式思考
		(15)信息收集能力	(16)专业知识与技能
6	个人特征 (Personal Effectiveness)	(17)自信	(18)自我控制
		(19)灵活性	(20)组织承诺

2. 大学教师胜任特征

国内外研究者研究产生的大学教师胜任特征及其模型中,有的侧重研究教师的教学胜任特征,有的侧重研究教师的科学研究胜任特征,有的则从全面履行教师职责的视角研究教师的胜任特征。Dineke 等人运用德尔菲法研究构建了大学教师教学胜任特征模型。该胜任特征模型包含作为教师的人、主题知识专家、学习过程促进者、组织者、学者/终身学习者五个维度的胜任特征。"作为教师的人"维度包含擅长沟通、对学生态度积极、尊重学生三个特征;"主题知识专家"维度包含信息收集与运用能力、专业知识水平、获取新知识能力三个特征;而"学习过程的促进者"维度则强调"以学生为中心"课程的开发能力、给予学生学习指导与反馈的能力、选择适当评价方法对学生学习效果进行评估并据此调整自身教学活动的能力;"组织者"维度包含合作能力、沟通能力和对课程的贡献能力三个特征;"学者/终身学习者"维度包含教学反思能力、对创新持开放态度等特征。

　　一些学者对教师的科学研究胜任特征进行了研究。2005年,艾瑞欧拉(Arreola)基于博耶(Ernerst L·Boyer)理念重新对教师的胜任特征进行了诠释。美国当代教育家、卡内基教学促进基金会主席欧内斯特·博耶针对当时美国大学重科研轻教学及大学学术功利化倾向,在1990年发表了专题报告《学术的反思:教授的工作重点》,对学术内涵进行了拓展,提出要结合大学的使命,以全面的学术观来看待教师的工作,即大学学术不仅仅意味着探究知识,应包括相互联系和相互促进的四个方面,即探究的学术、整合的学术、应用的学术和教学的学术。艾瑞欧拉把博耶的理念应用于教师教学、学术与创新活动(即科研)、服务三个维度的胜任特征研究之中。他认为,教师要在"学术与创新活动"中取得显著成果,须具备四个胜任特征:精通(Proficiency,在专业领域内保持领先水平)、发现(Discovery,在各种形式的研究中有所突破)、传播(Dissemination,通过出版、报告、展览等形式传播推广研究成果)、转化(Translation,将研究成果转化为面向专业领域或公众的产品、服务、有价值的演出或展示)。我国的李群、彭琼芝等从美国国家研究委员会提出的科学研究领域中隐含的基本原则出发,提出了研究型大学教师的基本素质要求,包括为科学研究奉献的精神(兴趣驱动、探索精神)、良好的科学道德(诚实、承认他人成果、团结协作)、研究的持久性和专注性、知识的共享和传授(发展他人)。程文、吕传萍等关于大学高级研究人员胜任能力模型的实证研究给出了大学高级研究人员胜任能力模型,包含科研品质、科研能力和管理能力三个维度的胜任特征,由自信、学习能力、合作能力、信息挖掘、创新能力、培养他人、团队管理能力、督导能力、抗压能力、成就导向10个胜任特征构成。上述研究对我们研究如何构建应用型大学学科带头人和学科骨干的能力素质模型、分析一般教师完成研究工作的胜任能力素质有借鉴意义。

更多的相关研究关注教师全面履行职责的胜任特征。一些学者对博耶学术观进行分析,提出了大学教师的职业素质应包括发现的素质、整合的素质、应用的素质和教学的素质。发现的素质等同于通常所说的科学研究素质;整合的素质是对各种原创性研究进行解释、聚类和深刻洞察的素质,它跨越学科分界,在各学科相互独立的研究之间建立有机联系,把新的发现置于更大的知识背景中给予综合的理解,并努力获得新的发现。应用的素质是教师将理论与实际联系起来,运用自己的专业知识和技能为社会所需服务的素质。而教学的素质则是大学教师最基本的素质,采用行之有效的方法把知识传播给人们,以保学术之火不断燃烧。牛端博士采用美国劳工部 O＊NET 工作分析系统中的工作技能问卷、工作风格问卷和工作价值观问卷对我国广州省的"211"高校、普通高校和职业学院的教师进行了随机抽样调查,在对回收问卷分析的基础上给出了大学教师的 8 项鉴别性胜任特征和 23 项基准性胜任特征。8 项鉴别性胜任特征分别是:创新思维、批判性思维、教学策略、专注性、社会服务意识、逻辑分析能力、成就欲、尊重他人;23 项基准性胜任特征分别是:主动性、专业知识与技能、自信、专业研究兴趣、理解他人、勤奋、职业偏好、影响力、团队领导能力、团队协作能力、自我调控能力、关系建立、正直诚信、关爱学生、发展他人能力、反思与改进、灵活性、信息收集能力、沟通技能、主动学习能力、综合概括能力、责任心、毅力。这些胜任特征与美国采用同样调查问卷获得的教师胜任特征大致相同,但因两国文化存在差异,给出的胜任特征和关注重点也有少量不同。

还有一些研究的研究对象是高职院校教师胜任特征。由于高职院校人才培养目标与普通本科院校、研究型大学存在较大差异,引发了研究者的研究兴趣。李岚、刘轩通过研究给出了我国高职院校教师的胜任特征模型,包括能力技能、个性特征、工作态度三个维度。"能力技能"维度包含科研能力、管理能力、教学能力、专业技能四个特征;"个性特征"维度包含情绪稳定性、主动性、宽容性、乐群性四个特征;"工作态度"包含责任感和奉献精神两个特征。

应用型大学教师的胜任能力素质的确定,可在前述文献分析获得的大学教师通用胜任特征、工作分析法确定的应用型大学教师关键能力素质的基础上,运用调查问卷法和专家研讨法以及行为事件访谈法最终确定,有关研究在第四节中加以论述。

第四节　应用型大学教师能力素质模型

由上述分析可见,一些相关研究提出了大学教师承担不同任务角色的胜任特征,也进行了相关的验证。大学教师的胜任特征与教师的工作重点有关,工作任务的不同,决定了其胜任特征之间的差异。应用型大学虽与其他类型的大学一样,承担着教学、科研和社会服务三大任务,但它也有自身明显的特点。应用型大学以本科教学为主,兼有少量研究生教育。教师的工作应以教学工作为主体,兼有一定的科学研究任务,另外,学校要求教师积极参与社会服务。在大学内部,教师要按照大学的战略规划分担相应的职责,教师因岗位类型的不同,工作任务也有不同,有的岗位之间的任务要求差异较大。教师的胜任能力素质也会随岗位的类型不同而有所不同。因此,我们有必要基于应用型大学的工作任务分析和借鉴上述研究取得的成果,选择具有不同工作侧重点的教师作为建模对象,开展工作分析,分类获得教师的胜任能力素质,研究和构建教师能力素质模型。

一、应用型大学工作任务分析

应用型大学承担着教学、科研和社会服务三大任务。它以本科教学为主,兼有少量研究生教育。本科教学以专业建设为支撑,研究生教育以学科建设为支撑。

一般意义的大学学科和专业建设任务是:(1)学科建设任务包括学科定位、学科队伍建设、科学研究、学科平台(科研基地和图书文献资料等)建设、学科软环境(学科管理制度、运行机制、学术氛围)建设等。学科建设的标志性成果是高水平的学位点、高知名度的带头人、高档次的科研项目、高水平的学术论著、高等级的科研奖励、高水准的研究生培养质量。(2)专业建设任务包括专业定位、专业教学基本设施(专业实验室和实习基地)建设、专业队伍建设、人才培养方案制定、课程建设(课程体系优化设计、教学方法和教学手段的改革、教材建设)、教学管理制度建设等。专业建设的标志性成果体现在学校的专业设置布局合理并符合社会需要、专业建设层次分明(重点专业实力雄厚,示范专业特色鲜明,一般专业稳步发展)、一流的教学队伍、科学的培养方案、较高层次的教学研究项目与成果(如:高级别的教学研究项目、精品课程、精品教材、教学名师等),终极目标是培养出符合社会需求的优秀人才。

应用型大学的学科、专业建设任务及特点表现为:

第一,应用型大学的学科建设要大力建设应用性学科,以满足本地区的支柱产业和重点产业的发展需求,将建设新兴学科、高新技术学科、交叉学科、边缘学科和培养"复合应用型人才"作为切入点。应用性学科是由能够直接指导生产服务工作,提高人类生活水平、生存质量的知识、经验、方法、策略为基础形成的系统的理论体系,技术学科是应用性学科的主体。传统的学科建设注重学术研究和在科学前沿的突破,而应用性学科建设则更关注开展应用性研究与开发并取得突破,关注科技前沿突破在应用领域的实际应用,注意将科研成果向地方产业转化,关注如何将有关成果尽快融入教学之中,为推动地方社会经济发展服务,为人才培养服务。

第二,应用型大学的专业建设侧重于专业教育,强调为地方社会经济发展服务,培养地方经济社会发展所需的具有较强实践能力和创新能力的应用型人才,同时应用型大学在社会服务功能上致力于为本地区的社会经济发展提供咨询服务,并努力为社会的终身教育和学习提供服务。

二、教师岗位类型的划分

根据上述应用型大学的学科(专业)建设任务和人才培养要求,可以确定应用型大学教师所要承担的职责,并依此划分教师岗位类型。如表2-2所示,教师岗位可分为两大类型:第一类为教学为主型岗位,第二类为教学科研型岗位。鉴于应用型大学强调对学生应用能力培养并加大实践教学所占比重的特点,并考虑每位教师所具有的个性特征差异和不同的工作侧重点,我们也可以将教学科研型教师岗位再细分为三类岗位,即科研为主型岗位、教学科研型岗位和实践教学为主型岗位。各类岗位的工作侧重和岗位任务如表2-2所示。

表 2-2　应用型大学教师岗位类型划分及岗位任务

岗位类型	岗位类型细分	工作侧重	岗位任务
教学为主型	教学为主型	侧重教学工作,兼有一定量基础研究工作	1. 侧重基础课程建设与改革、教材建设等。 2. 主要承担基础课程教学工作。 3. 承担一定量的教学研究工作。 4. 基础课程梯队建设。 5. 开展实验室建设等。
教学科研型	科研为主型	侧重科研工作,兼有一定量教学工作	1. 开展应用性学科建设、参与专业建设。 2. 开展重大应用性课题研究、创新性研究。 3. 主要承担研究生相关课程、本科专业选修课程。 4. 主要指导研究生毕业设计(论文)。 5. 学科队伍建设。 6. 科研平台建设和科技成果转化等。 7. 参与科学普及、决策咨询等社会服务工作。
	教学科研型	教学和科研并重	1. 开展专业建设、参与应用性学科建设。 2. 开展教学研究包括(包括课程体系优化、教学手段与方法改革等)。 3. 主要承担授专业课程、专业选修课程、研究生相关课程。 4. 主要指导本科毕业设计(论文)。 5. 专业队伍建设。 6. 专业平台建设、开展应用性课题研究与开发。 7. 开展技术服务、参与决策咨询等社会服务工作。
	实践教学为主型	侧重实践课程教学,兼有一定量应用研究	1. 侧重实践课程建设与改革、实践教学研究。 2. 主要承担专业实践课程、专业课程。 3. 开展应用性课题研究与开发。 4. 指导本科毕业设计(论文)。 5. 实践教学骨干队伍建设。 6. 专业实践环境建设。 7. 技术服务、职业培训等社会服务工作。

应用型大学教师岗位分类与研究型大学相比,有如下特点:

第一,应用型大学增设了实践教学为主型岗位。研究型大学的教师岗位一般分为教学为主型岗位、教学科研型岗位和科研为主型岗位。教学为主型岗位教师主要承担基础课程的教学和一定的研究工作;教学科研型岗位教师承担包括本科生、硕士研究生、博士研究生的培养任务;科研为主型岗位的教师主要从事科研工作,如以科学研究为主的科研机构以及其他省部级以上重点实验室或工程中心中的教师。科研为主型教师数量主要以学校学科建设的需要和获得的研究项目的数量和经费数量来确定。而我们提出在应用型大学的教师岗位分类中增设实践教学为主型教师岗位,这主要是考虑了应用型大学强调"学用结合"、在"做中学"的理念,实践教学在课程体系中的比重较大的特点。该类岗位的独立设置,要求依其在胜任能力素质方面的特殊标准,遴选一批具有专业实践背景或个性特质适于实践教学的教师承担相应工作,使他们重点关注实践课程的教学与改革,同时,学校会集中力量为他们提高实践能力和开展教学改革创造必要条件。

第二,同名岗位的任务内涵和人员数量也有不同。研究型大学和应用型大学虽然都设立了教学科研型岗位和科研为主型岗位,但在岗位任务的内涵上是有区别的。研究型大学培养硕士和博士的任务较多,因此,教学科研型岗位的教师不但要承担本科学生的培养任务,也承担着硕士和博士的培养任务。研究型大学的科研为主型教师主要承担国家级和省部级攻关项目、科技创新成果的转化等。应用型大学的人才培养任务绝大部分是本科学生的培养,它由教学科研型岗位教师承担,而研究生的培养任务则由科研为主型教师承担。科研为主型教师主要从事应用性学科建设,并开展应用性研究与开发,为推动地方社会经济发展服务。

三、确定建模对象

根据管理工作中的"二八法则",我们如果抓好20%的骨干教师的管理,就可以用20%的少数教师带动80%的多数教师,从而提高教师队伍的工作质量和效率。因此,在能力素质模型建模对象的选择上,我们在每类岗位中选择那些对学校战略执行力产生重要影响的教师岗位作为建模对象。

在教学为主型教师岗位中,选择基础课程责任教授、基础课程负责人作为建模对象;在科研为主型教师岗位中,选择学科带头人、学术骨干作为建模对象;在教学科研型教师岗位中,选择专业带头人、专业课程群负责人作为建模对象;在实践教学为主型教师岗位中,选择实践教学中心主任、专业实践教学负责人作为建模对象。而对普通教师,我们可以依据教师的基准性胜任特征对其加以要求。

四、建模对象的工作职责

1. 基础课程责任教授的工作职责:掌握本课程领域发展现状及发展趋势,承担本课程领域的教学、科研工作的领导责任。负责组织和落实课程规划、梯队建设、教学、科研、实验室建设等工作。

2. 基础课程负责人的工作职责:在基础课程责任教授的指导下,组织所负责基础课程(群)的有关教师开展课程教学内容与方法的改革、教材建设等工作;主讲相关课程,并对主管的课程(群)教学质量负责。

3. 学科带头人的工作职责:在学校学科发展规划的指导下,承担学科建设的领导责任,负责具体组织和落实学科建设任务和实现建设目标,领导和组织本学科的学术梯队完成学科建设的科研和教学工作、实验室建设任务,推进学术交流、梯队建设和承担青年学术人才的培养任务等。

4. 学术骨干的职责:在学科带头人的领导下参与学科建设和科学研究相关工作。应用型大学学科建设以应用性研究、应用技术开发和技术成果转化为主攻方向,需要研究者具有较高的学科知识水平、前瞻眼光、强烈的探索精神、应用性研究能力和创新能力等,需要团队成员通力合作。

5. 专业带头人的工作职责:在学校学科专业发展规划的指导下,承担专业建设的领导责任,负责组织和落实本专业建设任务。把握本专业发展方向,组织制定专业建设规划并指导具体实施;负责指导推进本专业的教学改革,主持制(修)订专业培养方案、课程教学大纲;根据专业领域的发展,推进课程体系、专业教学模式、教学内容和教学方法的改革;负责本专业的科研工作、教师队伍的学术交流和梯队建设等。

6. 专业课程群负责人的工作职责:在专业负责人的指导下,组织所负责专业课程(群)的有关教师开展课程体系和教学内容与方法的改革、教材建设、课程教学大纲的制(修)订等。主讲该课程群的相关课程,并对该课程群的教学质量负责。

7. 实践教学中心主任的工作职责:负责制定学校实践教学中心的建设规划,与各相关专业负责人协调确定实践教学中心的环境建设要求;组织实践教学的改革与研究、实践教学课程的开发和实践项目的开发;负责对实践教学中心的实践教学活动进行管理,对教学质量进行监控;负责实践教学教师和实验技术人员的培训提高。

8.专业实践教学负责人的工作职责:协助专业负责人完成专业实践教学的相关工作。负责专业实践课程的开发和实验(训)项目设计、实验(训)室建设工作;负责组织制定实践课程的教学大纲,组织编制实践课程的实验指导书;负责实践课程的教学质量保障,定期组织对相关实践教学指导人员和实验技术人员的指导技能进行检查与培训;承担一定的实践教学任务或主讲实践教学课程。

不同教师岗位的任务特点决定了哪些能力素质会对该类岗位的教师取得突出业绩产生决定性影响。

五、构建教师能力素质模型

(一)构建模型的方法与步骤

采用文献分析法、工作分析法、问卷调查法、专家小组研讨法和行为事件访谈法相结合的方式,开展构建教师能力素质模型的研究,步骤如下:

1.基于应用型大学的发展战略和工作任务分析,确定教师岗位类型划分,明确各类岗位任务。

2.基于已有的 Spencer 胜任特征词典、美国劳工部工作分析系统 O＊NET(Occupational Information Network)所确定的大学教师胜任特征,吸收从国内外相关文献归纳获取的大学教师胜任能力素质,初步确定教师胜任能力素质的相关要素,纳入调查问卷。

3.确定各类教师岗位的绩效优秀标准。

4.选择效标样本。根据已确定的各类教师岗位的绩效优秀标准,选取一定数量的绩效优秀教师(如教学名师、学科带头人、专业带头人、优秀学术创新团队、教学团队带头人和优秀教师等)和绩效一般教师作为分析对象。

5.获取效标样本的胜任能力素质的相关资料。针对选取的绩效优秀教师和绩效一般教师的情况进行研讨、访谈和问卷调查,同时,通过专家小组研讨法对国内同类院校的人力资源管理专家进行访谈调查,搜集相关资料。

6.分析确定胜任能力素质。对收集到的相关资料进行分析,借鉴现有的管理学素质模型和素质要项分类,以及国内外相关文献提出的大学教师胜任能力素质,初步确定应用型大学教师的能力素质要素,然后结合应用型大学各类岗位的工作目标要求分析确定各类型教师的胜任能力素质。

7. 建立所选岗位的能力素质模型。归纳胜任能力素质的行为描述,与相关胜任能力素质共同构成能力素质模型。

8. 验证和修正能力素质模型。将能力素质模型付诸管理实践,通过实证观察进行验证,发现问题及时修正和完善。

(二)构建模型遵循的原则

在确定胜任能力素质时,遵循以下原则:

1. 绩效相关性和显著区分性。判断该能力素质能否对教师的工作绩效高低起决定性作用,是否显著地区分教师工作绩效的高低。

2. 可测量性和可分层性。判断该能力素质能否以量化客观数据为依据对教师的工作业绩高低加以区分。

3. 避免以往在教师能力素质评价中过于重视对知识、技能等外显特征和行为的考察,而忽视难于测量的动机、人格特质等内隐特征和行为的测评倾向,使胜任能力素质的确定更加科学合理。

4. 避免胜任能力素质的抽象性,进一步细化其行为描述,使其容易被大家所认识,并具可操作性。

5. 胜任能力素质的确定应能体现学校对校园文化的倡导。

(三)构建能力素质模型

1. 调查问卷所含能力素质要素

基于已有的 Spencer 胜任特征词典、美国劳工部工作分析系统 O＊NET 给出的教师胜任特征,以及前述的对相关文献借鉴和应用型大学教师的关键能力素质,初步形成了调查问卷应包含的胜任能力素质,见表 2 – 3,共包含 24 个能力素质。

2. 教师胜任能力素质模型构建

运用专家访谈法和行为事件法,在原有调查问卷所列 24 个条目的基础上有所增减,确定应用型大学教师胜任能力素质 16 个,如表 2 – 4 中"能力素质名称"列所示。与调查问卷中所含条目相比,未包含自信、组织协调能力、决策能力、因材施教能力、驾驭课堂能力、受教育水平、专业知识水平、项目管理能力、研究兴趣 9 个能力素质,但新增了一个胜任能力素质"批判性思维"。16 个胜任能力素质可划分为六个能力素质群,即个性特征群、认知特征群、教学能力素质群、研究能力素质群、服务能力素质群和管理能力素质群,其中管理能力素质群是带头人层次教师所特有的。针对学科带头人、学术骨干、专业带头人、专业课程群负责人、基础课程责任教授、基础课程负责人、实践教学中心主任、专业实践教学负责人八类建模对象构建的能力素质模型同列于表2-4,便于大家比较不同类型教师之间在胜任能力素质方面的要求差异。

表2-3　调查问卷所含初步确定的教师能力素质

序号	能力素质名称	序号	能力素质名称	序号	能力素质名称
1	自信	9	现代教育观	17	专业知识水平
2	成就欲	10	因材施教能力	18	创新意识
3	责任心	11	专业实践能力	19	研究兴趣
4	影响力	12	课程开发能力	20	项目管理能力
5	组织协调能力	13	驾驭课堂能力	21	学习能力
6	督导与团队管理能力	14	信息技术运用能力	22	关系建立
7	战略意识与预期应对能力	15	信息搜集能力	23	社会服务能力
8	决策能力	16	受教育水平	24	合作能力

能力素质模型由能力素质名称、定义、级别要求、行为表现分级描述四部分组成。模型中个性特征包含成就欲、创新意识、责任心三个能力素质;认知特征包含批判性思维、学习能力两个能力素质;教学能力素质群包含现代教育观、专业实践能力、信息技术运用能力、课程开发能力四个能力素质;研究能力素质群包含信息搜寻能力;服务能力素质群包含关系建立、合作能力、社会服务能力三个能力素质;管理能力素质群包含战略意识与预期应对能力、影响力、督导与团队管理能力三个能力素质。

3.教师胜任能力素质的定义

各胜任能力素质的定义列于表2-5中。

4.胜任能力素质的行为表现分级描述

一般来说,每位教师体现胜任能力素质的行为表现不尽相同,其行为表现可以从分级描述中加以评价。行为表现的分级描述见表2-6至表2-19。除"批判性思维"、"现代教育观"两个能力素质外,每个胜任能力素质的行为表现均分为四级,用"一级"至"四级"加以定义和区别,一级为最低级,四级为最高级。"批判性思维"、"现代教育观"能力素质对每个建模对象没有不同程度的要求,则未用分级描述加以区分。

表 2－4 应用型大学教师的能力素质模型

能力素质群	序号	能力素质名称	教学为主型		教学科研型		科研为主型		实践教学为主型	
			基础课程责任教授	基础课程负责人	专业带头人	专业课程群负责人	学术带头人	学科骨干	实践教学中心主任	专业实践教学负责人
个性特征	1	成就欲	四级	三级	四级	三级	四级	三级	四级	三级
	2	创新意识	三级	二级	四级	三级	四级	三级	三级	二级
	3	责任心	四级	三级	四级	三级	四级	三级	四级	三级
认知特征	4	批判性思维	√	√	√	√	√	√	√	√
	5	学习能力	三级	二级	四级	三级	四级	三级	三级	二级
	6	现代教育观	√	√	√	√	√	√	√	√
教学能力素质	7	专业实践能力	二级	一级	四级	三级	四级	三级	四级	三级
	8	信息技术运用能力	二级	二级	四级	三级	四级	三级	三级	二级
	9	课程开发能力	二级	二级	四级	三级	三级	二级	三级	三级
研究能力素质	10	信息搜寻能力	二级	二级	四级	三级	四级	三级	三级	三级
社会服务能力	11	关系建立	三级	二级	四级	一级	四级	三级	四级	二级
	12	合作能力	四级	二级	四级	三级	四级	三级	四级	二级
	13	社会服务能力	二级	一级	三级	一级	四级	三级	三级	二级
管理能力素质	14	战略意识与预期应对能力	三级	二级	三级	一级	四级	三级	三级	二级
	15	影响力	三级	三级	三级	三级	四级	三级	三级	三级
	16	督导与团队管理能力	二级	二级	三级	一级	四级	二级	三级	三级

注：表中划√的能力素质不进行表现行为分级描述

表2-5 应用型大学教师胜任能力素质的名称及定义

能力素质群	序号	能力素质名称	定义
个性特征	1	成就欲	即进取心,渴望在学术领域有所建树,并不断致力于完善自己的理想和信念。
	2	创新意识	在前人研究的基础上,创造或引进新的概念和方法,分析和研究新问题、进行理论和方法创新的意识。
	3	责任心	个人对自己和他人、对家庭和集体、对国家和社会所负责任的认识、情感和信念,以及遵守与之相应的规范、承担责任和履行义务的自觉态度。
认知特征	4	批判性思维	一种基于充分的理性和客观事实,通过解释、分析、评估、推论确定某一观点的合理性,并以使人信服的论证形式呈现推理,并进行自我校准。
	5	学习能力	获取发展自己的专业(职业)知识,与他人分享专业经验的动机和能力。
教学能力素质	6	现代教育观	全面发展的教育观、以学生为本的民主观、个性化发展的教学观。
	7	专业实践能力	将专业知识应用于专业实践,解决地方经济建设遇到的技术难题、从事应用性项目开发和技术服务的能力。
	8	信息技术运用能力	将信息技术运用于教学设计、教学实施与教学评价各环节中,加强与学生的网络互动与交流的能力。
	9	课程开发能力	在学校的课程实施与评价标准框架下,根据社会对人才培养的要求和经济、社会、科技发展的最新动态,开发新课程或对现有课程进行改进的能力。
研究能力素质	10	信息搜集能力	出于全面地、深层次地了解某人、某事或某个研究项目的潜在的好奇心或需要,付出努力挖掘更深层次有价值信息和资料的能力。
服务能力素质	11	关系建立	即社会交往能力。能与学生和家长建立相互信任和友善的关系,为实现促进学生成才的目标进行良好沟通的能力;与社会建立广泛联系与沟通,做好成果的吸收和转化,促进大学为区域经济发展服务的能力。
	12	合作能力	与其他教师建立学术沟通与交流、相互促进、共同成长关系的能力。
	13	社会服务能力	有效地和有创意地参与学校、院系各项工作和决策的能力;教师通过自身的专业知识在校内外对特定领域做出贡献的能力。

能力素质群	序号	能力素质名称	定义
管理能力素质	14	战略意识与预期应对能力	一种采取行动迎接即将来临的挑战或提前思考以适应未来机遇和挑战的倾向性。
	15	影响力	说服或有效地影响他人接受自己的观点的技巧与能力。
	16	督导与团队管理能力	在工作中指导下属和领导团队的能力。

应用型大学教师的能力素质模型由表2-4至表2-19共同构成,该模型可以使大学领导者明确各类教师岗位的胜任能力素质要求,为构建基于胜任能力素质的教师专业发展体系奠定基础。教师也可依此为指南,不断提升自身能力素质,达到培养应用型人才的目标要求。

表2-6 能力素质"成就欲"的行为表现分级描述

能力素质名称:成就欲	能力素质编号:1

能力素质定义:渴望在学术领域有所建树,并不断致力于完善自己的理想和信念

行为表现:

级别	行为描述
一级	关注工作。设法达到他人(如管理层)设定的目标。
二级	关注绩效改进。对自己或集体的工作方法进行改进,以提高绩效。
三级	设定挑战性目标,并通过合理配置资源,努力达到目标。
四级	设定创新性目标,并能理性预见风险和果断决策,坚持不懈,直面挫折,采取持久的行动和努力,达到既定的创新性目标。

表2-7 能力素质"创新意识"的行为表现分级描述

能力素质名称:创新意识	能力素质编号:2

能力素质定义:在前人研究的基础上,创造或引进新的概念和方法,分析和研究新问题,进行理论和方法创新的意识。

行为表现:

级别	行为描述
一级	具有一定的创新意识,能借用其他领域的方法。
二级	要求自己不断创新,虽不一定能预见成功,但能做出不懈努力。

级别	行为描述
三级	在自己不断创新的同时,鼓励他人创新,帮助创造和引进新概念、新方法。
四级	能够营造有利于培养和鼓励创新的环境,承认并奖励那些有创新意识的人。

表2-8　能力素质"责任心"的行为表现分级描述

能力素质名称:责任心　　　　　　　　　　能力素质编号:3

能力素质定义:个人对自己和他人、对家庭和集体、对国家和社会所负责任的认识、情感和信念,以及与之相应的遵守规范、承担责任和履行义务的自觉态度。

行为表现:

级别	行为表现
一级	对自己的工作有比较充分的认识,对工作比较热情和投入。
二级	能从工作中获得较大的满足,工作任劳任怨,能为实现学校和团队的目标而牺牲个人的利益。
三级	热爱自己的工作,能够倾情投入;能够与学校的战略发展保持一致,心怀全局,经常对工作中的问题进行思考,提出建议。
四级	强烈的主人翁意识,充分认识到自己工作的重要性,对工作全情投入。在工作中获得极大的满足与成就感,愿意为事业贡献自己。

表2-9　能力素质"学习能力"的行为表现分级描述

能力素质名称:学习能力　　　　　　　　　能力素质编号:5

能力素质定义:获取发展自己的专业(职业)知识,与他人分享专业经验的动机和能力。

行为表现:

级别	行为表现
一级	能根据工作需要学习有关知识,能将一些新知识应用于实际工作之中。
二级	能制定具有前瞻性的学习计划,了解专业领域的最新发展动态,并在工作中运用新知识解决问题。
三级	能制定具有前瞻性的学习计划,不但注意本学科专业知识的学习,还注意学习交叉学科知识,并能融会贯通地解决实际问题。
四级	是本学科专业领域的新知识、新技术产生的参与者或倡导者,主持本学科专业领域前沿性课题,主动开展相关改革,并在本领域有较高的社会影响。

表 2 - 10　能力素质"专业实践能力"的行为表现分级描述

能力素质名称:专业实践能力　　　　　　能力素质编号:7

能力素质定义:将专业知识应用于专业实践,解决地方经济建设遇到的技术难题、从事应用性

项目开发和技术服务的能力。

行为表现:

级别	行为表现
一级	具有相关专业 2～3 年的实践经历,其中包括至少 1 年的行业企业实际工作经历,了解相关专业领域的成熟技术和管理规范,能够作为研究成员从事应用性课题开发和服务。
二级	具有相关专业 3～5 年的实践经历,其中包括至少 2 年的行业、企业实际工作经历。掌握相关专业领域内的成熟技术和管理规范,有处理现场复杂问题的能力。有作为负责人或成员参加中、小型应用性课题的研究或工程技术项目开发的经历或取得过发明专利。
三级	具有相关专业 5 年以上的实践经历,其中包括至少 2 年的行业、企业实际工作经历。精通相关专业领域内的成熟技术和管理规范,有丰富的实践经验和处理现场复杂问题的能力。有作为负责人主持大、中型应用性课题的研究或工程技术项目开发的经历,并取得显著成果。
四级	具有相关专业 8 年以上的实践经历,其中包括至少 2 年的行业、企业实际工作经历,有丰富的实践经验。作为负责人主持大型应用性课题的研究或工程技术项目开发的经历,取得突出成果且获得显著的经济效益和社会效益。

表 2 - 11　能力素质"信息技术应用能力"的行为表现分级描述

能力素质名称:信息技术应用能力　　　　　能力素质编号:8

能力素质定义:能够将信息技术运用于教学设计、教学实施与教学评价各环节中,与学生进行

网络互动与交流的能力。

行为表现:

级别	行为表现
一级	掌握一定的软件和信息系统的基本操作,能够在他人指导下,运用信息技术对现有课程进行设计和改进,但很少与学生进行网络互动与交流。
二级	比较熟悉信息系统基本的操作和软件使用,能够运用信息技术对现有课程进行一些设计和改进,偶尔会与学生进行网络互动与交流。
三级	熟悉信息系统的基本操作和软件使用,能够熟练地将信息技术运用于教学设计、教学实施与教学评价等环节,经常与学生进行网络互动与交流。

续表

级别	行为表现
四级	熟悉信息系统的基本操作和软件使用,关注信息技术的发展前沿,不断把最新的信息技术运用于教学设计、教学实施与教学评价等环节,与学生保持密切的网络互动与交流。

表 2 - 12　能力素质"课程开发能力"的行为表现分级描述

能力素质名称:课程开发能力　　　　　　　能力素质编号:9

能力素质定义:在学校的课程实施与评价标准框架下,根据社会对人才培养的要求和经济、社
　　　　　　　会、科技发展的最新动态,开发新课程或对现有课程进行改进的能力。

行为表现:

级别	行为表现
一级	掌握一定的课程开发方法,能够在他人指导下,对现有课程进行改进。
二级	比较熟悉课程开发方法,能及时了解社会需求和科技发展前沿,独立完成相关课程的改进。
三级	熟悉课程开发方法,能够及时了解社会需求和科技发展前沿,独立开发新课程。
四级	能够根据学科、专业的发展动态和人才培养需求,对课程体系进行改革。熟悉课程开发方法,能系统设计课程体系总体架构,对课程体系各课程的能力目标、设计理念与流程进行设计,并组织相应课程的开发。

表 2 - 13　能力素质"信息搜集能力"的行为表现分级描述

能力素质名称:信息搜集能力　　　　　　　能力素质编号:10

能力素质定义:出于全面地、深层次地了解某个研究项目的潜在的好奇心或需要,付出努力挖
　　　　　　　掘更深层次有价值的信息和资料的能力。

行为表现:

级别	行为表现
一级	具有信息需求意识,能主动向他人询问有关问题,获得有关信息。
二级	能够亲自收集第一手资料,实地调查研究。
三级	能够通过不同的渠道、使用不同的方法系统地收集信息,并进行探索。
四级	能够通过不同的渠道、使用不同的方法、鼓励他人协助自己收集信息,并能够在海量信息中选取对自己的工作有价值的信息,掌握同行业发展状况,预测发展走势。

表2-14 能力素质"关系建立"的行为表现分级描述

能力素质名称:关系建立   能力素质编号:11

能力素质定义:与学生和家长建立相互信任和友善的关系,为实现促进学生成才的目标进行良好沟通的能力;与社会建立广泛联系与沟通,做好成果的吸收和转化,促进大学为区域经济发展服务的能力。

行为表现:

级别	行为表现
一级	建立融洽关系。能与学生、学生家长、社会同行建立和保持广泛、融洽、友好的关系。
二级	建立社交关系。举行班级活动、家长交流会、横向课题研究等等改善或加强相互关系的活动,或积极参与有关的社交活动。
三级	建立个人之间的友谊。师生关系融洽,做学生的知心朋友。在社交活动中结交志同道合的朋友,保持朋友关系甚至可以谈及个人的隐密以建立或保持融洽的关系。
四级	建立坚固的个人之间的友谊。师生间相互信任,朋友间相互帮助。自己的学生、结交的朋友自愿为自己顺利达到工作目标给予支持与帮助。

表2-15 能力素质"合作能力"的行为表现分级描述

能力素质名称:合作能力   能力素质编号:12

能力素质定义:与其他教师建立学术沟通与交流、相互促进、共同成长关系的能力。

行为表现:

级别	行为表现
一级	能在团队中与大部分成员良好配合,有一定的合作精神。
二级	尊重和信任团队中的每一位成员,并与大家积极配合。当团队利益与个人利益发生冲突时,能以团队利益为重。
三级	能为团队建设提出建设性意见,尊重和信任团队中的每一位成员,并与大家积极配合。当团队利益与个人利益发生冲突时,能以团队利益为重。
四级	能主动加强与团队成员的合作,尊重和信任团队中的每一位成员。当团队利益与个人利益发生冲突时,能以团队利益为重,并愿意牺牲个人的利益来换取团队的利益。

表 2 – 16　能力素质"社会服务能力"的行为表现分级描述

能力素质名称:社会服务能力　　　　　　　　能力素质编号:13

能力素质定义:有效地和有创意地参与学校、院系各项工作和决策的能力;教师通过自身的专
业知识在校内外对特定领域做出贡献的能力。

行为表现:

级别	行为表现
一级	参加本专业的专业协会或学术团体工作,在院系的有关政策制定中发挥积极作用。
二级	在学校各学术团体或管理机构中担任职务,在对社会开展咨询服务和技术推广等方面做出贡献,在学校的有关政策制定中发挥积极作用。
三级	在行业协会或学术团体中担任较为重要的职务,能够为政府的政策制定提供可采纳的意见。
四级	在国家级和市级的学科评议组、学会、研究会等学术组织中担任重要职务。

表 2 – 17　能力素质"战略意识与预期应对能力"的行为表现分级描述

能力素质名称:战略意识与预期应对能力　　　　　能力素质编号:14

能力素质定义:一种采取行动迎接即将来临的挑战或提前思考以适应未来机遇和挑战的倾
向性。

行为表现:

级别	行为表现
一级	在面对阻力和反对时表现出坚韧的毅力,不轻言放弃。
二级	能预见可能遇到的问题,并能积极面对问题,采取行动加以解决。
三级	在他人还没有意识到学校发展机遇时,能够采取行动创造机会,并预见问题,引领他人有准备地取得发展先机。
四级	能预期未来发展趋势,建立明确的长远目标,并建立激励机制,鼓励大家为长期目标的实现提出解决方案。

表 2 – 18　能力素质"影响力"的行为表现分级描述

能力素质名称:影响力　　　　　　　　　能力素质编号:15

能力素质定义:说服或有效地影响他人接受自己的观点的技巧与能力。

行为表现:

级别	行为表现
一级	运用直接说服方法,呈现合理的论据、数据和实例支持本人的观点,试图对他人产生影响。

续表

级别	行为表现
二级	通过强调共同利益来说服他人,能够预期他人的反应,并用案例或论据创造一个可以双赢的解决方案和目标。
三级	凭借个人的人格魅力和宣传技巧,有效地影响及引导同事和下属,使之主动服从。
四级	凭借个人的人格魅力和号召力,能够对周围的人产生很强的领袖作用,使同事和下属主动服从,并自愿给予支持和帮助。

表2-19 能力素质"督导与团队管理能力"的行为表现分级描述

能力素质名称:督导与团队管理能力　　　　　　　　　能力素质编号:16

能力素质定义:在工作中指导下属和领导团队的能力。

行为表现:

级别	行为表现
一级	能够对下属进行指导。对下属提出明确、具体的要求,制定 SMART 目标,检查下属对组织期望的了解程度,给予下属充分的指导。
二级	能够在组织内有效分配任务。能够给予下属合理的工作自主权,将自己从常规事务中解脱出来,以便进行更有价值的或长远工作的考虑。
三级	在组织中建立明确的绩效标准。通过绩效检查与绩效沟通,促使下属进行自我评价,并定期检查下属工作情况,为下属提供清晰、及时的反馈,促使下属改进绩效。
四级	通过战略引导提升团队凝聚力。能够根据学校发展规划对团队的发展做出规划,并明确每位教师的发展方向,不断加强教师的战略意识。采取恰当有效的激励与约束机制,明确成功或失败的工作后果,解决教师绩效存在的问题,提供提高个人绩效的建议。

第三章 应用型大学教师
队伍的结构模式

第一节 教师队伍结构模式的内涵及用途

"教师队伍结构"是指学校承担教学工作的群体中不同特征人员的配备及其构成关系。根据教育部普通高等学校本科教学工作水平评估方案,对师资队伍结构的评价指标一般包括学历结构、职称结构、年龄结构、学缘结构等。

"教师队伍结构模式"是指有一定规律可循的、在一定条件下可以推广的"教师队伍结构"范式,由于它是在研究基础上进行理论提炼升华,并在试点取得成功经验的基础上形成的,因此对师资队伍建设具有推广和借鉴价值。

教师队伍结构模式是各大学教师队伍建设的一个参照性指导方略,它对教师队伍建设具有导向作用。教师队伍结构模式有助于各大学按照既定思路和最佳办法做出优化师资队伍的整体方案,达到事半功倍的效果。由于不同类型大学人才培养规格定位和承担任务的特性不同,在教师队伍结构要素及其内涵上应能体现不同类型学校的这些特性要求。

第二节 应用型大学教师队伍结构模式

随着高等教育的大众化,无论是在理论上,或是在实践上,还是在国家分类指导的政策上,将我国高等教育分为学术性高等教育、应用性高等教育、高等职业教育三种类型已经成为高等教育界的共识。学术性高等教育与应用性高等教育的本质区别在于应用性高等教育培养的是特定的应用型人才,是直接为生产、生活服务的一线应用型人才。应用型大学在教学、科研和社会服务三个方面都要体现应用性,这决定了应用型大学在办学宗旨、办学理念、培养目标等方面具有诸多特点,表现在:以为地方或区域经济发展服务为宗旨;以应用型人才培养为目标;以社会经济发展为导向,以学科为支撑的专业建设理念;学科性教育和应用性教育并重的人才培养模式;更强调对学生应用能力和创新能力的培养;教师队伍具备较强的应用能力素质;产学研合作是应用型大学发展的关键。应用型大学的这些特点决定了其对教师队伍有着不同于传统意义上的普通高等教育的特殊要求,也与高等职业院校的教师队伍有所不同。

一、教师队伍结构的基本框架

根据应用性教育的特殊性,我们提出了应用型大学教师队伍"二元结构"、"三要素"的新思路。"二元结构"是由一般性结构元和特殊性结构元构成。一般性结构元是高等学校教师队伍建设必须具备的一般要求,也是教学质量的基本保障,它包括学历/学位结构、职称结构、年龄结构、学缘结构、学科专业结构等要素。特殊性结构元是本研究根据应用性教育的特殊性要求提出来的,是对一般性结构元的拓展,它包括经历结构、应用能力结构和组成结构"三要素"。一般性结构元和特殊性结构元共同构成了应用型大学教师队伍科学、完整的结构体系框架。

一般性结构元中各要素的内容经过研究人员多年的研究,其含义已非常明确,这里我们不再做详细论述。特殊性结构元的"三要素"中,经历结构要素扩展了一般性结构元中学缘结构的内涵,该结构要素强调将"具有相关学科行业企业实践经历"作为应用型大学专业教师的入职条件;应用能力结构要素中强调专业实践能力是应用型大学专业教师必须具备的关键能力;组成结构要素中强调兼职教师的作用与来源。应用型大学的兼职教师更强调是来自于行业企业的专家和技术骨干,在学科专业建设和人才培养过程中发挥重要作用,他们是应用型大学教师队伍不可或缺的组成部分。应用型大学教师队伍"二元结构"框架和"三要素"内涵如图 3-1 所示。

二、构建教师队伍结构模式的思路

要保证应用型大学教师队伍一般性结构中的各个要素达到教育部教

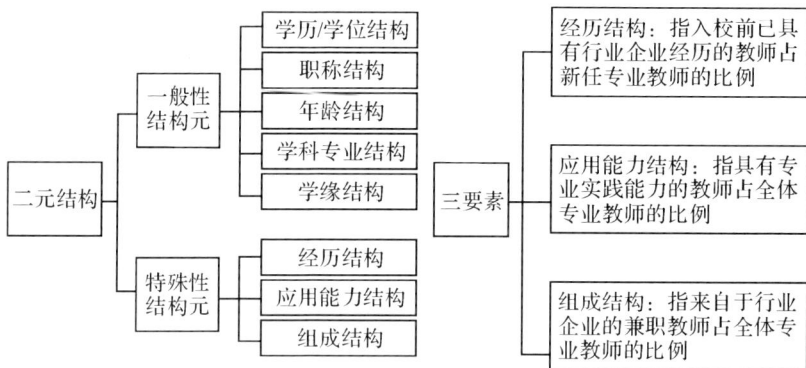

图 3-1　应用型大学教师队伍"二元结构"和"三要素"内涵框架图

学水平评估标准和不同地区教育主管部门对教师队伍结构的要求,并不断进行整体优化。要保证应用型大学教师队伍特殊性结构中的各个要素,满足应用性教育的特殊性需要,应注重以下几个方面:

1. 要把"行业企业专业实践经历"作为应用型大学教师的入职条件之一。从对国际上比较发达的国家和地区的高等学校教师职业准入制度的比较研究中可以看到,教师在入职前均需有五年左右的专业实践经历,而我国高等学校教师入职时更多地强调学历的高低。本研究在分析国内外现状的基础上,结合应用性本科人才培养方案,提出入职前已具有行业企业经历的教师应占新任专业教师的50%左右,进一步补充完善了应用型大学教师的入职条件。

2. 根据承担教学任务类型的不同,具有应用能力的教师比例要有所不同。对于承担学科基础平台课和基础素质平台课的专职教师,要求其学科知识水平要高,同时具备一定的应用能力;对于承担应用能力平台课程教学的教师,则更加注重其自身具备的能力,因此,教师中具有应用能力的教师比例要高。实践教学是应用性教育的重要组成部分,强调对学生适应一线工作的综合能力和关键能力的培养,因此,承担实践教学的教师应全部具备专业应用能力。根据应用性本科人才培养方案中课程类型的分布比例推算,要保证培养方案的高质量完成,专业教师中具有应用能力教师的比例应高于70%。

3. 从队伍组成看,要专兼教师结合并保持适宜比例。为了保证学校教师队伍的相对稳定性,同时又要兼顾应用性教育对教师的特殊要求,确

49

定专职教师和兼职教师的适宜比例是非常重要的。如何确定专职教师和兼职教师的适宜比例？一方面,我们应考虑在应用性本科人才培养方案中兼职教师参与承担的"应用能力平台"课程时数在总课程时数中所占比例;另一方面,我们要考虑"应用能力平台"课程中哪些课程适合于专职教师承担,哪些必须由兼职教师承担,这些课程在应用能力平台课程中所占比例是多少。从应用性本科人才培养方案的课程分布中我们可以看出:基础素质平台和学科基础平台课程约占总课程时数的55%,应用能力平台课程时数(含毕业设计与实习实践)约占总课程时数的45%。而在应用能力平台课程中适合兼职教师承担的课程约占80%。因此,考虑到我国的现实情况,为保持教师队伍的相对稳定,并借鉴国外经验,考虑将应用型大学教师队伍的专兼教师比例确定为:专职教师占65%(约为2/3),兼职教师占35%(约为1/3)。兼职教师在应用型大学的专业建设和人才培养中占有重要地位,但在我国兼职教师管理制度、教师资格制度和相应配套措施不够完善的情况下,目前兼职教师比例也不宜过高,控制在不低于10%为宜,今后逐步达到35%。

三、应用型大学教师队伍的"二元结构"模式

根据构建的应用型大学教师队伍"二元结构"的构建要素,在结合应用性教育特征和我国应用型大学教师队伍建设实践的基础上,我们从系统构建整体教师队伍结构和提升教师能力素质要求的角度设置了各结构要素量化标准,形成了应用型大学教师队伍的"二元结构"模式,见表3-1。

表3-1 应用型大学教师队伍的结构模式表

结构"元"	要素	标准
一般性结构元	学历/学位结构	具有学士以上学位,其中硕士以上学位占60%~70%(博士占30%左右)。
	职称结构	高级职称占40%~50%,其中正高级职称占10%~12.5%。
	年龄结构	形成橄榄型的老中青相结合的合理梯队。
	学缘结构	本校毕业的教师占全体教师的比例小于15%。
	学科专业结构	所学专业(或专长)与所从事专业相吻合的教师比例大于90%。

续表

结构"元"	要素		标准
特殊性结构元	经历结构		入校前即已具有行业企业经历的教师占新任专业教师的50%左右。
	应用能力结构	专业教师	专业教师中具有专业实践应用能力的教师应占70%以上。
		实践教学教师	实践教学教师中具有应用能力的应占100%。
	组成结构		专业教师中来自于行业企业的兼职教师占10%~35%。

　　上述构建的教师队伍结构模式充分体现了应用型大学的教师队伍特点,即一支专兼结合,不仅具备较高的学术水平,还具备丰富的实践经历和较强的实践能力的教师队伍。应用型大学教师队伍的这种结构模式是应用型大学人才培养质量的有力保证。

第四章　应用型大学实践教学队伍配置与优化

第一节　应用型大学实践教学队伍建设存在的问题

一、实践教学队伍建设的迫切性

根据《2010 年全国教育事业发展统计公报》,我国高等学校稳步发展,2010 年全国各类高等教育总规模达到 3105 万人,高等教育毛入学率达到 26.5%,处于大众化阶段并呈现出多样化发展趋势。全国共有普通高等学校 2358 所(含独立学院 323 所),比 2009 年增加 53 所,其中普通高校中本科院校 1112 所,高职(专科)院校 1246 所。另外还有成人高等学校 365 所,全国 797 个培养研究生的单位中高等学校占 481 个。高等教育招生数和在校生规模持续增加,其中普通高等教育本专科共招生 661.76 万人,比 2009 年增长 3.48%;在校生 2231.79 万人,比 2009 年增长 4.06%。在 2358 所普通高校中,列入"985 工程"和"211 工程"的高校仅为 126 所。我国处于高等教育大众化阶段,高等教育的结构必须做出相应的调整。《国家中长期教育改革和发展规划纲要(2010－2020 年)》针对我国未来的高等教育提出了"重点扩大应用型、复合型、技能型人才培养规模"、"以重大实际问题为主攻方向,加强应用研究"、"增强社会服务能力,推进产学研用结合"等要求。作为承担着培养地方经济发展需要的,在生产、建设、管理、服务第一线工作的高级应用型人才任务的应用型大学,必须强调学与用的有机结合,要注重学生职业素质的养成、实践能力和创新能力的培养,实践教学在应用型人才培养过程中必然占据重要地位。

要实现应用型人才培养目标,一是要改进和创新实践教学体系,构建以应用能力培养为核心的专业课程体系;二是要有一支具有先进理念和进取精神、较强专业实践能力、胜任实践教学的教师队伍。从《2009 年高校毕业生就业能力调查分析报告》的调查结果不难看出,"经验不足"和"实践动手能力差"是毕业生、企业及高校共同认可的刚毕业大学生的最大问题。大学毕业生缺乏创新与实践能力、不能适应社会需求的问题,与高校实践教学体系的设计不够合理、教师普遍缺乏较强的实践教学能力有着直接的关系。为了进一步加强学生的实践能力培养,教育部在 2011 年初发布了《关于实施卓越工程师教育培养计划的若干意见》,计划在 2010~2020 年期间实施卓越工程师教育培养计划,目的在于贯彻落实国家教育规划纲要精神,通过创立高校与行业企业联合培养人才的新机制,为各高校改革和创新人才培养模式创造条件,着力提高学生服务国家和人民的社会责任感、勇于探索的创新精神和善于解决问题的实践能力。2012 年初,教育部等部门又发布了《关于进一步加强高校实践育人工作的若干意见》,强调要"坚持教育与生产劳动和社会实践相结合"、"所有高校教师都负有实践育人的重要责任"。虽然近年来,各高校逐步重视实践育人,实践教学的内容和形式在不断地丰富与拓展,但实践教学依然是高校人才培养中的薄弱环节。对于实践教学的强调和教师的实践教学能力的欠缺形成了强烈的反差,加强应用型大学实践教学队伍建设就显得尤为迫切。

二、实践教学队伍建设存在的问题

美国的教育家约翰·杜威(John Dewey)最早提出了"实践教学"的概念。他在批判传统教育中灌输式传授知识的教育方法的基础上,提出了"从做中学"的基本原则,认为教学过程应该是"做"的过程,学生被动听来的知识不是真正的知识,主张学生在实践中学习。他认为贯彻"从做中学"的原则,会使学校所施加于它的成员的影响更加生动、更加持久,并含有更多的文化意义。当前,在教学中要注重学思结合,注重知行统一,注重因材施教,在课程体系中强化实践教学已经成为高教工作者的共识。教师是改进和创新实践教学体系的主导者,也是贯彻实践教学体系的执行者,要培养学生的实践应用能力和实践创新能力,教师必须首先具备锐意改革和创新精神、较强的实践应用能力和实践创新能力。

从我国应用型大学师资队伍建设,尤其是实践教学队伍建设(即指侧重承担实验、实训、实习、课程设计、毕业设计等实践教学任务的教师和实验辅助技术人员构成的队伍)现状调研情况看,应用型大学实践教学队伍建设存在以下三方面的问题:

第一,从学校规划层面看,缺乏实践教学队伍建设的整体规划。高等学校质量工程实施以来,实践教学体系改革逐步受到应有的重视,实践教学的比重增大,实践教学的内容扩展,但很多学校尚未制定与实践教学体系改革相适应的实践队伍建设规划,实践教学队伍建设处于滞后状态。

第二,从实践教学队伍现状看,整体队伍不理想。(1)缺乏既有组织管理能力又有丰富的教学科研经验的高层次的实践教学带头人,教师梯队不健全,开展应用性研究、科技创新和社会服务的能力还不够强。(2)专职教师中缺乏来自行业企业具有丰富专业实践经验和应用能力的教师,教师的实践教学能力、社会服务能力和产学研合作能力还不够强,难以适应当前实践教学改革需要。(3)教师主动提升自身实践能力的意识还不够强。由于教师数量的不足,教师忙于完成规定的教学任务,不愿也难以抽出时间和精力参加应用性科研或行业企业实践。(4)理论教学队伍和实践教学队伍分离。应用型人才培养是以能力培养为中心,理论与实践并重,实践教学绝不是依附于理论教学的教学,实践教学与理论教学是密切相关、相辅相成的。教师的教学要"让复杂的理论变得直观,不以空洞的理论迷惑学生",而目前,教师的教育教学理念和教学方法跟不上时代的要求,加之自身的实践能力不足,对承担实践教学有畏难情绪。如果应用型大学只有加强实践教学的理念而没有实践教学的指导者,这一理念就会变为空谈,只有当提高实践教学水平成为教师的自觉自省,加强实践教学才能落到实处。(5)实践教学辅助实验技术人员队伍水平偏低。要培养学生的实践能力、创新能力,就要在教学中进行实验研究和开发,就必须有高水平的实验技术人员队伍。由于以往实验技术人员岗位的任务定位、专业发展前景和待遇等得不到学校的重视,很难留住和吸引高水平实验技术人员。(6)尚未形成稳定的校外兼职教师队伍。由于政策环境所限,应用型大学很难吸引社会上具有丰富实践经验的业界专业人士来校任教,加之对兼职教师难于实施有效管理,教师队伍中来自业界的具有丰富实践经验与应用能力的教师所占比例偏低,且发挥作用的领域和层次不够广泛。

第三,从机制保障层面看,加强实践教学队伍建设的政策措施还不配套。(1)缺乏提升教师专业实践能力的系统培养方案。没有从梯队建设和队伍整体提升的角度,对处于不同职业发展阶段和承担不同课程的教师的培养形成长远规划和系统设计,教师参加企业实践较零散,提高实践能力效果不理想。(2)缺乏支持教师行业企业实践的保障机制和经费的持续支持。如:校企合作培养教师的社会环境不成熟、合作机制不完善,难以实现学校与企业的互惠共盈,造成校企合作的形式化,合作的深度不够,使之难以达到理想的培养效果;对教师参加行业企业实践的经费支持力度不够、教师参加行业企业实践期间的待遇政策不明朗等。(3)缺乏对实践教学队伍建设的政策驱动。如:缺乏促使高水平教师关注实践教学改革、承担实践教学的相应政策;缺乏鼓励教师创新教学模式,设计吸引大学生广泛参与的内容丰富、形式新颖、引发学生兴趣的实践教学活动的相关政策;在职务晋升条件上缺少对实践教学改革成果突出的教师的倾斜政策;缺乏对教师实践教学能力水平的评价标准、缺乏激励教师提升实践能力的绩效评价标准等。(4)教师的实践教学能力发展缺乏团队依托。由于实践教学队伍没有形成,缺少高水平实践教学带头人,难以形成实践教学梯队的传帮带,队伍的可持续发展难以实现。

鉴于上述普遍存在的实践教学队伍建设问题,如何加强应用型大学实践教学队伍建设、优化实践教学队伍结构、培养和提升教师的实践教学能力成为各高校关注的焦点。加强和优化实践教学队伍的关键在于:第一,必须从学校层面加以系统规划,明确队伍建设目标,基于应用型人才培养的教学改革需要进行实践教学队伍的优化配置。第二,基于实践教学的工作分析,确定各层次实践教学教师的关键能力素质要求,明确任务职责要求。第三,发挥教师职务晋升、聘任和考核制度的杠杆作用,建立激励机制,鼓励教师(尤其是高水平教师)参与实践教学和实践教学改革,尤其是参与与创新实践相关的教学工作,促进教学与应用性研究的融合;采取多种措施鼓励教师与行业企业紧密结合,丰富实践工作经历。积极探索实践教学队伍建设的优化途径,加强教师实践教学能力的培养。

第二节 应用型大学实践教学队伍建设的配置方案

高校人力资源配置是指高校管理者通过对其拥有的人力资源进行规划、工作分析、人员测评与聘用、动态优化、激励等,使之与其他资源相结合,促进人力资源的有效利用,以利于学校组织目标实现的过程。应用型大学同样承担着教学、科研、社会服务三大任务,因其定位于培养应用型人才,而更强调实践教学、应用研究和推进产学研用结合的社会服务,因此,应用型大学在人力资源的配置上要力求与学校定位相一致。鉴于上述普遍存在的实践教学队伍建设问题已成为制约应用型人才培养质量的瓶颈,加强实践教学队伍建设成为应用型大学迫切需要解决的问题,必须从学校层面加以系统规划和建设。我们以高校人力资源配置理论为指导,从应用型大学实践教学的工作分析入手,探讨并提出应用型大学实践教学队伍配置方案。

一、实践教学工作分析

实践教学体系是由实践教学活动的各要素构成的有机联系整体,包含实践教学活动的目标、内容、管理和条件等要素。实践教学内容则指围绕专业人才培养目标,有计划地安排实验、实习、实训、课程设计、毕业设计、社会实践等各种教学活动的统称。

实践教学是培养学生实践能力、创新意识和综合素质的重要教学环节,并有向生产实际和学生课外科技活动延伸的取向与要求。近年来,教育部、地方政府、学校都更加强调实践教学的作用和开展实践教学改革的要求,这些要求决定了高校实践教学队伍配置的思路。

(一)国家和地方政府层面对高校的普遍要求

在教育部颁发的《关于进一步加强高等学校本科教学工作的若干意见》(教高[2005]1号)、《关于进一步深化本科教学改革全面提高教学质量的若干意见》(教高[2007]2号)、《关于实施卓越工程师教育培养计划的若干意见》(教高[2011]1号)、《关于进一步加强高校实践育人工作的若干意见》(教思政[2012]1号)、《关于开展高等学校实验教学示范中心建设和评审工作的通知》(教高[2005]8号)等文件,以及地方层面的文件(如:《北京市实验教学示范中心评审指标》)中均有对高校实践教学改革、实验教学队伍的配备和人员素质、实验教学组织管理的明确要求。

2005年,教育部教高〔2005〕1号文件要求要"大力加强实践教学,切实提高大学生的实践能力"、"合理制定实践教学方案,完善实践教学体系","要不断改革实践教学内容,改进实践教学方法"、"加强产学研合作教育"、"加强各种形式的实践教学基地和实验室建设"。2007年,教高〔2007〕2号文件进一步要求要"高度重视实践环节,提高学生实践能力。大力加强实验、实习、实践和毕业设计(论文)等实践教学环节,特别要加强专业实习和毕业实习等重要环节",要求"分类制订实践教学标准,增加实践教学比重",并明确了不同学科实践教学所占比重的底限;要求"进一步加强科学研究和教学实验的结合,推进实验教学内容、方法、手段及人才培养模式的改革与创新,加强产学研密切合作,拓宽大学生校外实践渠道,推进教育教学与生产劳动和社会实践的紧密结合;强调"要加强实验和实习教师队伍建设,通过政策引导,吸引高水平教师从事实验和实习教学工作"。2012年,教育部又在发布的《关于进一步加强高校实践育人工作的若干意见》中强调要"加强实践育人工作总体规划,系统设计实践育人教育教学体系,合理增加实践课时,确保实践育人工作全面开展";要求"各高校要把加强实践教学方法改革作为专业建设的重要内容,重点推行基于问题、基于项目、基于案例的教学方法和学习方法,加强综合性实践科目设计和应用。要加强大学生创新创业教育,支持学生开展研究性学习、创新性实验、创业计划和创业模拟活动"。教育部和北京市的高校实验教学示范中心评审指标中也反映了对实践教学、实践教学队伍、管理模式和实验教学环境建设的要求。从构建实验教学体系和教学内容的导向看,要求"建立以能力培养为主线、分层次、多模块、相互衔接的科学系统的实验教学体系,与理论教学既有机结合又相对独立。实验教学内容与科研、工程、社会应用实践密切联系,加强综合性、设计性、创新性实验";从教学方法和教学手段的改革要求看,要求"重视实验技术研究"、"建立新型的适应学生能力培养、鼓励探索的多元实验考核方法和实验教学模式,推进学生自主学习、合作学习、研究性学习",并要求"加强产学研密切合作,拓宽大学生校外实践渠道,与社会、行业以及企事业单位共同建设实习、实践教学基地"。

由此可见,当前各高校均面临着实践教学体系改革和提高实践教学质量的艰巨任务。

(二)学校层面的具体要求

应用型大学要培养应用型人才,就应更强调实践教学的质量。具体工作包括:

1.学校要将实践教学改革与发展纳入学校本科教育整体发展规划中,加强对全校实践教学的整体规划与管理,建立健全学校实践教学管理的规章制度,督促实践教学改革实施与实践教学环境建设。要整合各类实验实践教学资源,除推选国家级、省部级实验教学示范中心外,还要加强校级实践教学示范中心和校外示范性实践教学基地建设,搭建实践教学公共平台,实现其内涵建设、成果共享与示范引领。同时,在学校的品牌专业、特色专业等建立示范性开放实验室。

2.各学科专业必须围绕社会对应用型人才的知识、能力和素质要求,构建融理论教学和实践教学为一体的课程体系,要以能力培养为核心,建立层次分明的实验教学体系,实践教学环节贯穿始终,保证实践教学不断线。设计符合学生特点的课内系统的、综合性的实践课程和课外自助的、开放的实验,要将第一课堂与第二课堂相结合,校内实验训练与校外实习实践相结合,加强产学研合作。

3.要在教学方法和教学内容改革上有所作为。要把加强实践教学方法改革作为专业建设的重要内容,实验内容的安排要"由简单到复杂,由验证到应用,由单一到综合,由一般到创新"循序渐进。要重视实验技术的研究和实验教材的改革创新,注意将应用研究、工程项目实践和社会应用实践的成果融入教学内容,加强综合性及设计性实验、研究创新型实验项目的开发,激发学生的实验兴趣,促进学生的自主学习、合作学习和探究学习,从而提升学生的实践能力。教师要身体力行在教学中采用基于问题、基于项目、基于案例的教学方法,提高实践教学质量。

(三)实践教学任务的三个层次

由上述分析可见,应用型大学在新时期形势下的实践教学任务比以往更为宽泛,可分为以下三个层次:

第一层次是规划、引领。需要有高水平专家规划学校的实践教学改革与发展,规划和指导校内外实践环境(基地/中心)建设。要有高水平带头人规划并引领本学科专业实践教学队伍开展实践教学体系的研究与实践,主持开展实践教学模式的改革与教材建设,负责实践教学质量的监控,主持与科研、工程、社会应用实践密切联系的高水平的应用性课题研究等社会服务工作。

第二层次是研究、开发。由于人才培养方案中实践教学比重的增大,要有一批相对稳定的实践教学教师承担实践教学并完成艰巨的实践教学改革任务。包括:实践教学体系的改革与实践,实验项目的更新与优化,实践课程教材建设,综合性、设计性、创新性实验项目开发,实践教学模式的改革,实践教学环境建设,应用课题研究与开发,实验技术研究,指导学生科技创新活动,开展技术服务、职业培训等社会服务工作。

第三层次是支持、服务。随着实践教学重要地位的确立,实践教学的技术支持与服务工作比以往变得更加复杂和综合,这些工作一般由辅助教学的实验技术人员完成,包括:实践课教学的辅助指导工作,完成实验项目准备工作,实验室日常管理工作和仪器设备调试、维护和管理工作,参与实验技术和装置的研究、开发、设计工作和实验环境建设,参与实践教学改革、实践课程教材建设,为开展综合性、设计性、创新性实验提供技术支持,为学生科技创新活动、教师开展应用性课题研究提供服务等。

二、实践教学队伍的配置思路

综上所述,应用型大学构建适应实践教学体系改革的实践教学队伍,其配置思路应是:

1. 实践教学队伍与理论教学队伍不能割裂,而要相互融通。实践课程的内容是与所学理论课程相衔接和对应的,教师必须做到理论与实践相结合。因此,学校不应独立于理论教学而组建一支实践教学队伍,但又应保证实践教学不处于附属地位。学校可通过设置"实践教学为主型"骨干教师岗位(其承担的实践教学工作量应大于其总教学工作量的50%)来构建实践教学队伍。实践教学队伍成员的数量可以根据实践教学在人才培养方案中所占比例、实践教学教师额定实践教学工作量、学校实践教学改革任务量来规划。

2. 必须构建一支分层次的、可持续发展的实践教学队伍。从上述分析可知,实践教学工作是分层次的,因此应对应于不同层次实践教学任务分层设置实践教学岗位,明确不同层次岗位的职责和关键能力素质要求,以达到人职匹配。关键能力素质的确定可以使实践教学人员明确职业发展方向,也使学校对实践教学队伍的培养更有针对性,更有效,实现整体队伍的可持续发展。

3. 必须配备较大比例的稳定的校外兼职教师。实践教学体系改革要求加强产学研密切合作,拓宽大学生校外实践渠道,与社会、行业以及企事业单位共建实习、实践教学基地,因此,学校需要从行业企业聘请专家和技术骨干作为兼职教师,承担专业实践课程的教学、指导学生毕业设计、参与专业实践教学体系设计和实践教学改革等。同时,兼职教师亦可成为促进产学研合作的纽带,增强学校和社会的实时联系,加强信息的有效沟通,促进学校实践教学质量的提高。

4. 建立健全实践教学队伍优化的配套机制。实践教学队伍配置优化体现在职位设置合理、人员配备合理、配置方式弹性、配置成本合理和配置制度耦合几个方面。实践教学队伍优化要有导向机制,学校要给予实践教学队伍倾斜政策,以吸引热爱实践教学的高素质教师承担实践教学、关注实践课程的教学与改革;实践教学队伍优化要有竞争机制,要明确岗位职责和绩效要求,公开竞聘上岗,保证人员水平;实践教学队伍优化要有流动机制,要形成能进能出、能上能下的环境,保证优秀人才的引进和内部优秀人才的脱颖而出,考虑到实践教学教师的长远发展,可通过聘期轮岗对实践教学队伍进行动态调整,解除教师的后顾之忧;实践教学队伍优化要有培养机制,要精心设计实践教学教师职业生涯发展的整体培养方案;实践教学队伍优化要有激励机制,要保证实践教学队伍的积极性、主动性和凝聚力。

三、实践教学队伍的配置方案

依据上述实践教学队伍配置思路,提出应用型大学实践教学队伍配置方案如图4-1所示。

实践教学队伍按四个层次进行配置:

1. 在校级以上实践教学中心(基地)设置实践教学带头人岗位。为了吸引学术水平高,教学科研实践经验丰富,热爱实验教学,管理能力强的教师关注实践教学,这个岗位应为正高级职务岗位。

2. 在各专业设置专业实践教学负责人岗位。由具有丰富专业实践经验、教学科研经验,热爱实践教学的教授或副教授担任,一般应是专业带头人或专业带头人梯队人选。他们的主要任务是在学校学科实践教学中

心(平台)框架下,负责组织本专业实践教学课程体系改革、相关课程的
实践教学研究与开发、实践教学环境建设、教材建设等工作。

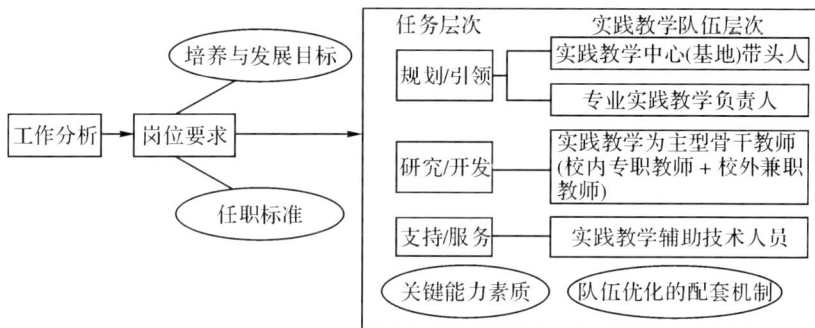

图4-1 应用型大学实践教学队伍配置方案及设计途径

3. 设置实践教学为主型骨干教师岗位,主要承担实践教学相关任务。
实践教学为主型骨干教师由校内实践教学中心(基地)的专职实践教学
教师、各学院相关专业的实践教学为主型教师、校外兼职教师(相关行业
专家和技术骨干)三类教师构成。根据分层次、模块化的实践教学课程体
系建设的需要,可设立相应实践课程群的课程负责人,由教学水平较高、
实践能力强,熟悉实验技术的教师担任。课程负责人在本专业实践教学
负责人的指导下组织开展相关实践课程的实验项目开发、课程教学改革、
实践教学环境建设等。

4. 设立实践教学辅助技术人员队伍,由专职实验技术人员承担。要
提高该类岗位的任职标准,从而优化队伍结构素质。

四、实践教学队伍的结构目标

应用型大学要根据学科专业建设发展规划对实践教学队伍进行规
划,建设形成一支与理论教学队伍相互融通,由热爱实验教学、教育理
念先进、实践经验丰富、教学科研能力强的教师组成的实践教学队伍。
学校要通过政策导向和支持,不断优化队伍结构,将这支队伍建设成为
由高水平的带头人、相对稳定的核心骨干、技术精湛的实验辅助技术人
员组成的可持续发展的实践教学队伍。队伍结构应达到以下目标:

(一)实践教学教师队伍结构目标

1. 专兼职教师结构:实践教学队伍应以本校在编的具有较强实践能
力的教师为主体,高水平的实验技术人员也可参与实践教学主讲工作。

通过学校政策导向,吸引高水平教师投入实践教学工作,并形成稳定的专职教师队伍,专业教师中侧重承担实践教学的教师比例应占专业教师总数的70%以上。同时,应从行业企业聘请具有丰富实践经验与应用能力又能胜任实践教学任务的兼职教师,兼职教师数量应为实践教学教师总数的20%~30%。

2.专业应用能力水平结构:承担实践教学的专职教师应具有本专业领域2年以上实际工作经历或作为主要成员参加过两项以上应用性课题、工程开发项目的研究。学校要努力创造条件提高教师的实践能力,选派实践教学教师每五年到行业企业岗位工作半年左右,参与项目研究或新产品研发等,积累实战经验。实践教学教师中具有双师素质的教师应达到100%。

3.学历结构、职称结构、年龄结构、学科专业结构:承担实践教学的专职教师需在提升实践能力和实践教学水平的同时,不断提高自身的知识水平和业务能力。实践教学教师队伍的学历结构、职称结构、年龄结构、学科专业结构应与学校的整体师资队伍建设目标相一致。

(二)实验技术人员队伍结构目标

1.数量目标:专职实验技术人员数量要保证满足实践教学的需要。根据人才培养方案中的实践教学任务和学校测定的实验技术人员的额定工作量核定各实验中心(室)的专职实验技术人员基本编制,在此基础上,根据实验中心(室)的级别、承接实验教学改革和建设任务、开放性实验和创新性实验工作量、仪器设备管理任务等具体情况进行适当调节,科学合理地确定实验技术人员编制。

2.专业应用能力水平结构:专职实验技术人员均应具有专业应用能力(即具有本专业领域2年以上实际工作经历,或作为主要成员参加过两项以上校级实验室建设项目,或参加过两项以上应用性课题或工程开发项目的研究,或获得本专业中级以上职业资格证书)。新入校的实验技术人员应在入校两年内达到上述专业应用能力要求。学校要创造条件提升实验技术辅助人员的实践能力,定期(每五年)选派实验技术人员到行业企业岗位工作半年,参与应用性项目研究或新产品研发等,积累实战经验。实验技术人员中具有双师素质的教师应达到100%。

3.学历结构、职称结构、年龄结构、学科专业结构:通过政策导向,如给予单独晋升通道等,吸引一批高水平、实践能力强的教师和工程技术人员到实验室工作,形成一支有敬业精神、技术精湛、结构合理的实验技术人员队伍。要调整队伍结构、提升现有实验技术人员的学历学位水平,具有本科以上学历的实验技术人员比例要达到100%,其中具有硕士学位的人员比例应达到50%以上。校级以上实验教学示范中心的实验技术人员的学历学位水平均应达到硕士以上。要不断提升实验技术人员的项目开发能力和技术创新能力,实验技术人员队伍中具有高级及以上专业技术职务的人员应达到20%左右。

五、实践教学教师的能力素质

实践教学人员的能力素质决定了实践教学工作的绩效。根据对地方高校学校战略发展规划、人才培养定位和实践教学工作任务分析,确定实践教学队伍不同层次岗位的能力素质如表4-1。实践教学队伍除应具备高校教师普遍要求具备的能力素质外,还应具备能够胜任实践教学的能力素质。如前所述,高校实践教学任务是分层次的,因此,对不同层次的实践教学人员的能力素质要求也有所不同。

表4-1 应用型大学实践教学队伍的能力素质要求及岗位任职标准

岗位	关键能力素质	特点
实践教学中心带头人 专业实践教学负责人	较高的知识水平和复合知识结构 较强的组织协调能力 较强的创新能力 较强的战略意识与预期应对能力 较强的督导与团队管理能力 较强的社会服务能力 以及下列实践教学为主型骨干教师应具备的能力素质	强调其胜任实践教学领军人物所应具备的领导素质与知识能力水平等。
实践教学为主型 骨干教师	先进的教育理念和创新意识 扎实的理论基础和较强的实践教学能力 较强的实践课程开发能力 很好的专业实践能力 良好的社会交往能力 较强的信息技术应用能力	强调其有效开展实践教学改革与实践的能力素质。

岗位	关键能力素质	特点
实践教学 辅助技术人员	协作精神和服务意识 技术应用与创新能力 较强的信息技术应用能力 科学管理能力 仪器设备维护能力	强调其提供优质的技术支持与社会服务的能力素质。

对于实践教学中心(基地)带头人和专业实践教学负责人,强调其胜任实践教学领军人物所应具备的领导素质与知识能力水平等;对实践教学骨干教师强调其有效开展实践教学改革与实践所应具备的能力素质,而对于实践教学辅助技术人员则强调其提供优质的技术支持与社会服务所应具备的能力素质。各层次实践教学人员的能力素质要求可作为岗位任职标准,也可为教师个人职业生涯发展和学校制定实践教学队伍培养方案提供明确导向,为实现实践教学队伍的可持续发展奠定基础。

此外,对于不同学科专业的教师,其专业教学所要求的特有能力素质有所不同,各层次教师应明了这些要求,并在教学实践中努力提升这些能力。

第三节　应用型大学实践教学队伍的优化途径

一、系统规划实践教学队伍建设

学校要对实践教学队伍建设进行系统规划与设计,确立学校的实践教学队伍建设目标,对实践教学队伍的结构提出具体目标要求。加强实践教学队伍建设的政策环境建设,通过岗位设置的杠杆作用,促进校、院、系联动,有效推进实践教学队伍建设。

二、健全实践教学队伍管理机制

第一,学校要建立实践教学队伍优化的导向机制。学校要研究制定政策引导和激励高水平教师关注实践课程的教学与改革,积极承担实验教学工作,在校级以上实践教学中心设置正高级职务岗位,从而改善实践教学队伍整体结构与水平。将承担实践教学、参加实践能力提升活动作为专业教师必须承担的任务,在管理制度上加以约束。第二,学校要建立实践教学队伍优化的竞争机制。学校在对实践教学任务和现有队伍现状分析的基础上,明确各级实践教学岗位的工作职责和工作绩效要求,公开竞聘上岗,保证实践教学队伍的人员水平。实践教学教师的上岗条件要侧重对实践教学相关工作完成情况的考察,如考察他们承担实践教学、创新实践教学方法、设计实验项目、编写实践教材、参加实验室建设与管理、深化实验教学改革等方面所做出的业绩和成果。第三,学校建立实践教学队伍优化的动态调整机制。基于博耶的"创造性契约"理念,充分考虑实践教学教师的专业发展需求,通过聘期轮岗对实践教学队伍进行动态调整,使教师的能力素质得到全面发展,解除他们对长期聘于实践教学岗位难以提升教学科研能力的顾虑。同时,要形成能进能出、能上能下的政策环境,保证优秀人才的引进和内部优秀人才的脱颖而出。第四,学校要建立实践教学队伍优化的培养机制。要精心设计实践教学教师职业生涯发展的整体培养方案,尤其要为教师提升实践教学能力创造条件,选派他们参加企业实践或产学研合作研究等。第五,学校要建立实践教学队伍优化的激励机制。要建立一系列保障和激励机制,保证实践教学队伍的积极性、主动性和凝聚力。通过建立教师参加行业企业实践的保障机制,使教师在实践期间工资待遇不受影响,激励教师参加实践的积极性,使教师普遍得到实践锻炼机会。鼓励学院、系建立稳定的教师实践基地。制定奖励政策,对教师积极指导学生科技活动给予教学奖励。

三、搭建提升教师实践能力支持体系

第一,建立健全培养体系。要将实践能力强的教师作为实践教学队伍的主体,系统设计整体队伍培养规划,并为每位教师精心设计培养方案。校、院、系各司其责,关注和支持教师的实践能力提升。第二,鼓励教师定期参加实践。学校要积极创造条件,分期分批选派教师参加企业实践或产学研合作研究等。教师参加行业企业实践要真正取得实效,要在实践过程中及时总结和反思实践中的收获和问题,在实践的各个阶段进行小结,在实践结束后提交实践总结或调研报告,接受学校的考核。第三,依托团队建设带动实践教师队伍整体水平提高。学校要遴选校级优秀教学团队和实践教学团队,并发挥其示范和辐射作用,带动全校实践教学队伍建设。团队要为教学梯队发展系统设计发展规划和培养方案,有针对性地安排教师参与企业、院所应用课题合作研究或相关实践,并将科研或企业实践内容转化为实践课程内容,以提高实践教学质量。第四,学校要鼓励和支持教师参加国际、国内实践教学的交流,拓宽教师的视野,学习先进的理念并应用于教学实践。

四、确立以应用为导向的绩效评价标准

应用型大学以培养地方经济社会发展需要的高级应用型人才为己任,以特色发展战略谋求生存与发展。因此,教师绩效评价要体现学校的战略发展导向、价值观和校园文化,并具有前瞻性。应用型大学的发展战略和其所承担的教学、科研、社会服务三大任务的应用性特点决定了对教师工作绩效应强调以应用为导向。要以绩效评价标准为杠杆,引导教师更加关注引导学生自主学习,积极鼓励学生参与应用研究课题的开发。要引导教师积极开发开放性和创新性实验项目、改革实验教学手段和考核方式、创新实践教学方法、指导学生课外科技活动等。要引导教师加强产学研合作,与行业企业进行横向合作,自主研发并取得创新性成果等。

五、动态调整实践教学队伍配置

基于美国教育家博耶的"创造性契约"理念,应允许一些教师根据自己的兴趣来转移工作的重点。教师可以决定在未来的三至五年内自己学术工作的重点,如主要从事探究的学术工作,次要从事教学的学术工作。在往后的几年中,他们可以转变学术工作的重点,从事其他形式的学术工作。博耶认为,一位教师承担太多的学术任务会影响学术的精力。应该建立一种"创造性契约"评价新模式,它既能体现职业道路灵活性和个体差异,又能整合扩展学术内涵,教师可根据兴趣选择工作重心,并促进教师尝试不同类型的学术工作。对于实践教学队伍教师,要形成能进能出、能上能下的环境,保证优秀人才的引进和内部优秀人才的脱颖而出,考虑到实践教学教师的长远发展,采取聘期轮岗形式,实现实践教学队伍的动态调整。制定引进人才优惠政策,着力引进应用型高级人才充实到实践教学队伍。

六、强化实践教学队伍建设激励措施

一是给予参加实践的教师一定的实践经费支持,同时对参加企业实践的教师减免教学工作量,并给予相应的补贴。二是鼓励院系积极建立稳定的教师实践基地,为教师参加实践创造条件。三是通过遴选优秀实践教学团队,加强示范引领及辐射作用。四是制定教师实践教学能力认定标准,引导教师提升实践教学水平,并对实践教学能力强的教师给予职务晋升、培训与交流等方面的政策倾斜。五是鼓励教师投入更多的精力指导学生科技活动,参与实践改革,将教师实践教学成果纳入教学成果奖励范畴。

第四节　应用型大学实践教学队伍建设案例
——以北京联合大学为例

在上述实践教学队伍建设理论探索基础上,以应用型大学——北京联合大学(以下简称"学校")具体实践为例进行了实践探索,学校在明确队伍建设目标的前提下,开展了实践教学队伍管理机制创新,对教师参加实践活动和承担实践教学等给予政策引导,借助队伍优化途径,搭建了实践教学队伍建设支持平台,有力地促进了学校实践教学队伍的优化。

一、明确建设目标,系统规划实践教学队伍建设

学校制定了《加强实践教学队伍建设的意见》,对实践教学队伍建设进行了系统设计,对实践教学队伍分层次进行了规划。确立了实践教学队伍建设规划目标,对实践教学队伍的结构(包括专兼职教师结构、专业实践能力结构、学历结构、职称结构、年龄结构等)提出了具体目标要求,提出了各层次岗位的任职标准,并规定专业教师有义务承担实践课程的教学工作。学校将教师指导学生科技活动、参加实验环境建设纳入教师工作量范畴。

二、健全管理机制,全面提高队伍建设管理水平

(一)学校建立了优化实践教学队伍的导向机制。将承担实践教学、参加实践能力提升活动作为专业教师必须完成的任务;学校成立了实践教学指导委员会,该委员会由长期从事实验室建设工作的负责人、具有丰富教学经验和较高学术水平的实践教学教师、具有丰富实验室建设管理经验的管理干部组成,在学校实验室建设和规划、实验教学示范中心建设、校外人才培养基地建设、实践教学改革等方面发挥了较好的指导作用;学校突破现有的岗位设置定式,在校级以上实验教学示范中心、创新人才培养基地设置了正高级职务的实践教学带头人岗位、每个专业(或几个相近专业)设置了实践教学负责人岗位和实践教学课程群负责人岗位,并给予相应的待遇,吸引高水平教师积极投入实践教学;设计实施了实践教学为主型岗位分层设置方案,在校级以上实验教学示范中心、创新基地配备了较高水平带头人和骨干教师队伍。学校现建有校级以上实验教学示范中心 13 个,其中应用文科综合实验教学中心为国家级实验教学示范中心,经贸实验教学中心为北京市级实验教学示范中心。校级以上实验教学示范中心带头人中有教授 10 名,并配备了专兼职教师队伍。学校明确了实践教学队伍各层次岗位的任职条件和岗位职责,认定了一批实践教学带头人、专业实践教学负责人和实践教学骨干教师,形成了一支稳定的队伍。

(二)学校制定了《双师素质教师认定办法》,明确了教师实践能力的达标标准。在校内实行了双师素质教师资格认定制度,把教师参加行业企业实践、获得国家职业资格证书或社会认可度高的行业企业资格证书、主持或主要参与横向应用课题研究并取得良好效益、主持或主要参与校级立项的先进技术水平的实验室建设等作为双师素质教师认定条件,鼓励教师通过各种途径提高实践能力,并把具有双师素质作为学校岗位聘任、职务晋升的优先条件。多年来,学校共认定双师素质教师 262 名。目前,学校实践教学为主型教师队伍初步形成(约占专业教师的 40% 左右),他们在近五年均有行业企业实践经历或参加过应用性研究与开发项目,具有双师素质教师资格的教师成为该支队伍的主体。

(三)制定引进人才优惠政策,着力引进应用型高级人才充实实践教学队伍。多年来,引进了一批行业企业中具有丰富实践经验的工程技术人员,他们在专业建设中发挥了积极作用。2011 年以来进一步加大应用型高级人才的引进支持力度,学校制定的"人才引智计划实施方案"中将"结合学校应用型办学特色较为明显的专业需求,确保在'十二五'期间引进一批具有一定行业背景、实践经历且取得一定业绩或省部级奖励的专门类型人才"列为一项主要任务。

(四)制定兼职教师聘任管理办法,建立了兼职教师队伍建设长效机制。学校制定了《兼职教师聘任管理办法》,鼓励各专业积极聘任校外行业企业专家和技术骨干承担实践教学任务、参与课程开发等,同时对加强兼职教师教学质量监控和提供教学支持提出了要求。

三、搭建支持体系,有效促进教师实践能力提升

学校建立了实践教学队伍的优化培养机制,将实践能力强的教师作为实践教学队伍的主体,精心设计他们的职业发展整体培养方案,并精心加以培养。

1.建立校、院、系三级培养体系,对实践教学队伍进行分层培养。将不同层次实践教学岗位的关键能力素质作为实践教学教师的职业生涯发展阶段目标,从院系层面进行系统设计,对不同层次的实践教学人员采取不同的培养方式与途径。学校制定了《关于提高教师专业实践与应用能力的实施办法》,对不同层次人员提出了不同的培养路径:将新教师参加行业企业实践制度化,新入校的专业教师必须在入校一年内完成半年的行业企业实践;对于中青年教师则要求依托学科专业建设,通过主持或主要参与应用课题研究提升实践能力;对于实验技术人员则鼓励其通过参加实验室建设、开展应用课题研究提升实践能力。各单位系统制定了教师提高实践能力的规划,分期分批选派教师参加企业实践或产学研合作研究等。

2.鼓励教师定期参加实践,加强过程管理,保证实践效果。各教学单位按照学校要求制定了《教师参加企业(行业)实践五年计划(2008～2012年)》,并加以认真落实。各单位按照学校文件要求做好教师参加行业企业实践的工作记录、过程管理和考核工作。参加实践的教师认真填写《教师参加行业企业实践管理手册》,将实践过程中的收获和问题及时进行总结和反思,在实践的各个阶段进行小结,在实践结束后,参加实践的教师要向所在单位提交实践总结或调研报告,接受学校的考核。学校政策的引导,使教师参与行业企业实践的积极性明显增强。以校本部为例,2007年底按学校要求制定了教师参加实践的五年计划,约有180名左右中级及以下职称的教师和实验人员被列入其中,至2011年底已完成计划的70%,参与实践的教师和实验技术人员能够认真对待实践活动,实践期间将工作情况随时计入实践工作手册,实践结束时做好总结和考核。

3.依托团队建设带动实践教师队伍整体水平的提高。学校建立了优秀教学团队建设机制,遴选了校级优秀教学团队和实践教学团队,团队负责人对教学梯队发展系统设计发展规划和培养方案,依据每位教师在实践教学体系中承担的课程任务,有针对性地安排教师参与企业院所相应应用课题合作研究或相关实践,教师注意将科研或企业实践内容转化为实践课程内容,提高了实践教学质量。例如建筑电气与智能化专业团队是北京市级优秀教学团队,团队带头人认真制定了专业团队提升教师实践教学能力的规划,并加以落实。为了提高团队成员对实践教学、产学研结合、校企合作重要性的认识,更深入地开展实践教学的研究,作为一项制度,要求专业教师积极参与社会服务,鼓励教师深入到企业或工程一线,结合研究课题或毕业设计课题承接工程设计、监理、工程实施等项目,团队成员坚持每年参与工程实践。经过多年努力,团队成员的专业实践能力得到了有效的提升,并促进了教学水平的提升。团队成员近几年完成了30余项教研项目和科研项目,编写完成了10余部包括实践教学内容在内的专业教材或著作,发表相关学术论文60余篇。该团队的经验在学校层面进行了交流,许多教学单位向该团队学习取经,起到了很好的辐射作用。

4.鼓励和支持教师参加国际、国内实践教学的交流,组织考察国家级实验教学中心等,拓宽教师的视野,学习先进的理念并应用于教学实践。近年来,校教务处和人事处组织实践教学骨干赴国家级实践教学示范中心和省级实践教学示范中心学习调研达10余次,300名左右的实践教学骨干参加了活动,拓宽了视野,学到了经验,并将之运用于实践。

四、确立评价标准,强调以应用为绩效导向

在学校层面,落实学校关于加强实践教学队伍建设的一系列文件精神,在学校的教师岗位聘任、人才培养、职务晋升等政策措施中强调以应用为绩效导向。在教师聘任条件中将"双师素质教师"、"获得本专业领域北京市级及以上相关奖励"、"指导学生参加学科比赛获奖的直接指导教师"、"指导学生参加校级课外科技类竞赛获奖的直接指导教师"等纳入教师岗位分级聘任的晋级条件。在教师和实验技术人员的职务晋升必备条件中,将教师参加企业行业实践工作经历纳入其中,专业教师申报高一级专业技术职务时,要求近五年至少有一次半年及以上企业行业实践工作经历,这对教师开展相关实践活动起到了促进作用。在教师岗位职责中也明确了以应用为导向的绩效要求。对各层次实践教学岗位绩效评价侧重考察他们在承担实践教学、创新实践教学方法、设计实验项目、编写实践教材、参加实验室建设与管理、深化实验教学改革方面所做出的业绩和成果。

五、强化激励保障,大力推进实践教学队伍建设

一是将青年教师加强社会实践作为主要任务来抓。在学校《人才培育计划实施方案》中要求专业教师入校两年内完成为期半年的社会(企业、行业)实践。实践可采取半脱产方式进行(实践时间为每周不少于三天),通过实践熟悉与本专业有关的项目生产、经营、开发和管理等环节,加深对专业知识的理解,提高专业实际应用能力。鼓励教师在实践期间积极参与社会管理服务、技术开发、技术转化、技术更新、技术服务等活动,促进自身社会管理服务、技术开发和技术应用能力的提高。青年教师应按实践主题和任务开展实践活动,每周填写实践工作周志。实践结束后应完成一份与社会实践相关的调研报告,并在本单位作一次工作汇报。由实践人员所在单位会同接受实践的社会单位共同确定考核方式,并对实践人员任务的完成情况进行考核。

二是给予参加实践的教师一定的实践经费支持,对参加企业实践的教师减免教学量,并给予相应补贴,保证教师在实践期间的工资待遇。

三是学校、学院、系积极建立稳定的教师实践基地,并和合作单位保持紧密联系,为教师实践创造有利条件,教师参加专业实践的主动性和积极性增强,教师实践能力得到了锻炼和提升。学校认定的双师素质教师中大多是因具有企业工作经历而给予资格认定的,约占认定教师总数的85%左右。

四是学校制定了《教师指导学生课外科技活动的有关规定(试行)》,将教师指导学生课外科技活动纳入科研工作量范畴。教师指导学生参加学校立项的学生课外科技活动项目,或教师指导学生参加课外科技类竞赛(共9类,包括挑战杯赛、智能汽车竞赛、计算机程序设计大赛、电子设计大赛、数学建模竞赛、广告设计大赛、英语类竞赛、ITAT教育工程就业技能大赛、机械创新设计大赛),均可根据学生获奖级别给予不同的科研工作量认定。学校在《教育教学奖励暂行办法》中还给出了奖励的标准,对指导教师给予较大力度的奖励。

六、提升队伍水平,有效保证应用型人才培育质量

实践教学队伍建设的一系列措施,有效提升了教师的实践能力和社会交往能力,从而促进了人才培养质量的提升,具体表现在几个方面:一是学生毕业设计真题率逐年增加。2010～2012 年间,全校学生毕业设计题目的真题率由 2010 年的 39.3%(2154 题)提高到 2012 年的 53.3%(3148 题),毕业设计真题量净增 994 题,学生在与实践相结合的毕业设计工作中得到很好的锻炼和提升。二是学生参与科技竞赛成果突出。如:在 2007～2008 年间,全校教师指导学生参加的校级以上赛事仅有数学建模竞赛、大学物理实验竞赛、计算机应用大赛、电子设计竞赛等 6 项,共有 28 组学生获得市级奖励。而 2009～2011 年间,教师指导学生参加的校级以上赛事在原有基础上增加了智能车竞赛、挑战杯首都大学生创业计划竞赛等 7 项,增至 13 项,共有 98 组学生获得市级以上奖励,其中16 组获得了国家级奖励。三是教师将行业企业实践所获反哺教学,开发了一批实验教材和实验项目,促进了实践教学质量的提升。

第五章　应用型大学的团队建设

第一节　团队的概念

团队这一组织形式的应用来源于企业。20世纪以来,团队理论在企业中的广泛应用促进了企业与实践的重大变革,从而引发了团队理论研究潮。国内外许多著名学者从不同的角度对团队的概念进行了研究。其中,美国学者乔恩·巴赫关于团队的定义得到了最为广泛的认同,团队就是少数有互补技能、愿意为了共同的业绩、目标和方法而相互承担责任的人们组成的群体。这个定义指明了团队所必备的要素,即人多、互补的技能、共同的目的与业绩目标、相互承担责任。

第二节　应用型大学教学团队建设

一、教学团队的建设理念

(一)创新基层教学组织形式

我国高校目前现有的基层教学组织形式多为教研室活动。对高校开展教研室活动情况调研结果表明,许多高校教研室活动日益减少,多数教研室被行政化,成为教学行政工作上传下达的基层组织,成员相互之间缺乏实质性的交流与合作内容,对于提高教学质量并没有共同负起应负的责任。因此,在知识迅猛发展、学生需求多样化、迫切需要教学改革和提高教学质量的今天,教学团队作为一种新型的教学组织形式进入人们的视野。教学团队是以提高教学质量为目标,依托教学改革和实践任务由

73

某一专业或某一课程的教师组成的相互协作、共同承担责任、知识技能互补的教师群体。这种组织形式既能弥补教研室在教学研究等职能方面的不足,又能够整合教学资源,使分布于不同基层教学组织的同一课程、同一专业的教师能够形成一个教学研究团体,在团体中发挥自己的特长,在相互协作中实现优势互补和知识共享,使团体整体绩效最大化。教学团队可以在教研室组建,也可以在研究所、实验室、教学基地、实训基地和工程中心等组建。

(二)创新教师管理模式

高校的教师管理模式基本上是以某个院系或教研室为管理单位,因此,教学任务也是按照教师所属院系或教研室下达。事实上,承担同一类课程的教师可能会分布在不同的院系或教研室。这样的管理模式不利于教学团队的建设与发展,也制约了教师资源的整合。因此,高校要结合教学团队建设的实际情况,从有利于人才培养和专业、课程建设的需要出发,创新教师管理模式,淡化教师的单位所有关系,支持团队在全校范围内整合教师资源,并配套相应的保障措施。

(三)强化团队合作意识

决定一只木桶能装多少水的关键因素之一是木板之间结合的是否紧密。教学团队建设与"木桶理论"中的"缝隙决定原则"有着异曲同工之妙。一个团队战斗力的大小,取决于成员和成员之间的合作与配合的紧密程度。在一个团队内,只有每个成员都最大程度发挥自己的潜力,并在共同目标的基础上协调一致,才能发挥团队的整体效力,产生整体大于各部分之和的协同效益。教学团队建设的目标是提高教师整体队伍水平和教育教学质量,这必须成为团队每个成员所共同追求的个人愿景。教学团队成员的合作意识,是促使他们实现共同目标的基础。

(四)强调应用性绩效评价

应用型大学团队建设,要结合专业建设的特点,从团队活动成果、团队行为和团队潜力三个大的方面评价,强调应用性导向。从团队活动成果看,增加团队成员实践教学能力提升、校企合作开发新教材、指导学生课外科技活动或参与教师应用性课题研究、承接企业行业横向应用性开发课题等考核内容;从团队行为看,增加团队成员参加应用性研究或行业企业实践、制定实施提高应用能力的长效措施等考核内容;从团队潜力看,考察是否聘请一定比例的行业企业实践经历丰富的专家参与专业建设。

二、教学团队的建设路径

教学团队建设是一个系统工程,需要在学校层面予以规划。高校要根据学校的办学定位和教育教学改革的需求,规划学校教学团队建设,明确重点扶持的课程或改革方向,找准切入点,创造有利于团队建设的氛围和制度环境,使优秀教学团队的高水平成果能够在学校形成范本,引领学校的教育教学改革。同时,学校还要根据教学团队建设长期性的特点,注意做好优秀团队的培育工作。优秀教学团队要阶梯分布,针对不同级别的团队提出不同的遴选条件和绩效目标,使团队建设水平不断提升。

(一)构建团队的建设体系

以同时具有本科和高职教育的地方高校为例,构建"232"团队建设体系,需要打造不同类型、级别和组成方式的教学团队以适应学校任务的需要。第一个"2"是指两种类型,即本科教育和高职教育;"3"是指三个级别,即校级优秀教学团队、市级优秀教学团队和国家级优秀教学团队;最后的"2"是指两类组成方式,即专业团队和系列课程团队。系列课程团队包括专业核心(主干)课程教学团队、实践课程教学团队、公共基础课程教学团队、综合性课程教学团队。教学团队建设以专业团队建设和系列课程团队为重点,以精品课程建设、实践教学基地建设、教学改革项目为依托,以本科、高职骨干专业为核心,建设一批优秀教学团队,全面推进各专业和系列课程教学团队建设。在校级优秀教学团队培育工作基础上,学校进一步创造条件选拔推荐市级和国家级优秀教学团队。

(二)确立团队的目标定位

与作为高校基层学术组织的学术创新团队和科研团队不同,它着眼于促进课程体系改革和课程内容的优化、教学模式和教学方法的改革,团队成员以具体的教学改革任务为切入点,通过共同研讨、相互观摩和学习,改进教学策略,提升教学技能,并通过团队建设提高团队凝聚力,形成具有创新意识的教师队伍,对学校教学改革起示范作用,最后达到教学质量的提升。经过团队建设,形成相对稳定的、具有良好的合作精神,年龄、职称、知识结构合理的梯队结构;每一个成员在教学理念、教学模式、教学方法等方面取得突破,并具有强烈的质量意识;团队具备完整、有效、可持续改进教学质量的管理措施,整体教学水平获得提升,并取得一定层次的教学成果;团队充分发挥对青年教师的传、帮、带作用,在指导和激励中青年教师提高专业素质和业务水平方面成效显著。团结和凝聚一批学术骨干,建设成一支富有凝聚力和战斗力的队伍。高职团队要依托团队人力资源和技术优势,开展职业培训、技能鉴定、技术服务等社会服务,获得良好的社会声誉。每一个教学团队还应该有与其他团队不同的个性目标、团队建设的阶段目标和团队成员的责任目标。

(三)组建团队的关键要素

1.有影响力的带头人

团队带头人为本学科(专业)领域的具有较深学术造诣和创新性学术思想的在职教授。团队带头人长期致力于本团队课程建设与改革,坚持在教学第一线为本科生授课。具备丰富的教学经验、突出的教学成果、优秀的教学质量和很强的团结协作和组织协调能力。在本行业的技术领域有较大的影响力,具有企业技术服务或技术研发经历。团队带头人熟悉所在团队各个教学环节特别是系列课程的教育改革趋势,能够协调和凝聚团队成员的力量实现优势互补,指导团队成员在专业建设、课程建设、教材建设、教学内容、教学方法和手段或实验实践教学等方面的教育教学改革取得成果。

2.适度的团队规模

一般来说,如果团队的成员太多,就难以形成凝聚力、忠诚度和相互信赖感,而这些正是高绩效团队所不可缺少的。所以,要想塑造富有成效的教学团队,团队的规模在 5~7 人比较有效。根据教学改革任务的难易和复杂程度,团队的成员人数最好控制在 12 人之内。

3. 合理的团队结构

团队成员在知识技能、年龄、专业技术职务上要有较强的互补性,这将直接决定团队的绩效。教学团队成员在教学技能、教学经验和教研能力方面,应呈现一定的梯度,以实现成员的技能互补和共同提高。教学团队由教授、副教授、讲师、助教及教辅人员组成。教学团队在专业技术职务的结构比例方面,高级职务所占的比例掌握在 50% 左右。团队成员的年龄结构以老、中、青为 2∶5∶3 较为适宜,这样有利于实现老中青相结合的可持续发展的梯队结构。教学团队中,成员除本校专职教师和实验实训教师外,来自行业、企业一线的、承担相应教学任务的高级技术人才或能工巧匠应占有一定的比例。

4. 清晰的团队规则

明确建立一套大家共同认可和共同遵守的团队规则,比如,构建领导权和决策权共享的团队管理模式,明确团队协作的方式、沟通途径和处理矛盾的原则,确定团队活动时间、活动地点、活动内容等。

(四) 确定团队的建设任务

1. 教学任务

团队建设要注意将教学与社会、经济发展相结合,了解本学科专业、行业现状,追踪专业发展前沿,规划、组织教学内容的更新、教学方法和手段的改革。要重视实践教学,培养学生发现、分析和解决问题的兴趣和能力,使广大学生受益。

2. 教学改革与研究

团队建设要围绕学校办学定位,开展应用性教育建设与改革,尤其是课程体系的建设与改革,制定切实可行的创新性改革措施。积极组织申报精品课程、实验室建设项目,加大建设力度。加强教学研究与教学实践的结合,高质量地完成学校教育教学改革研究项目,重点开发北京市、国家级教育教学改革项目。团队要开展人才培养模式、培养方案、教学制度、课程体系、教学内容和教学方法、考核方法、教学评价等方面的教学研究,并取得一定成果。

3. 教材建设

团队建设应重视教材建设和教材研究,积极组织申报教育部、北京市精品教材建设项目、面向 21 世纪课程教材和规划教材建设项目。

4. 梯队建设

在有效的团队合作机制的保障下,团队建设要围绕课程教学改革,以优秀教师为核心,进行老中青相结合、"传、帮、带"一体化的团队队伍建设,培养各级教学名师和年轻队伍。培养青年教师是教学团队人才队伍建设的重要职责,教学团队要通过开展教学观摩课,聘请校内外知名专家开展教学方法培训等,提高青年教师的教学技能和技巧;通过开展多媒体教学研究和教学课件研发,促进新的教育技术在教学中的应用;要在教学团队内部或团队之间开展教学内容、教学手段等方面的共同研究,开发教学资源,开展教学方法改革。

5.社会服务

通过参加应用性项目研究、与企业合作开展横向课题研究等,为社会提供专家咨询与策划、社会培训等。

每个教学团队要依照学校的整体建设布局要求,找准自身定位,确定团队建设的具体目标,有针对性地开展建设工作。学校教学团队的建设路径框架见图5-1。

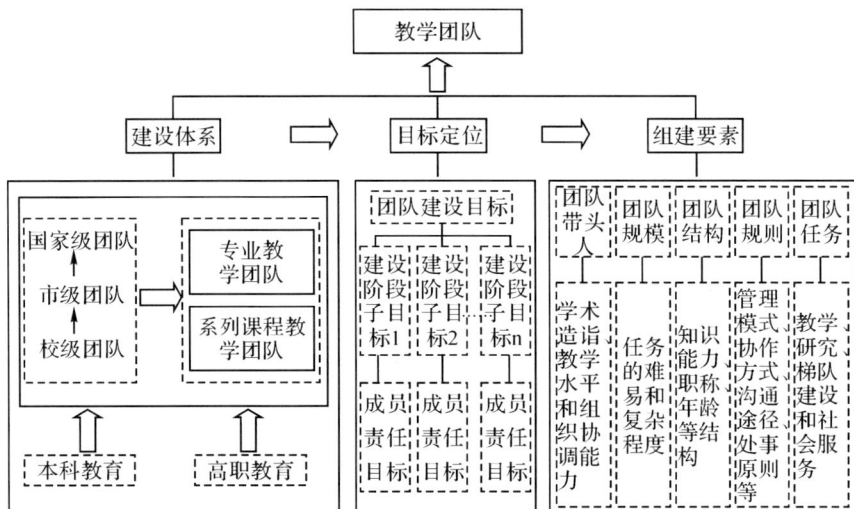

图5-1　教学团队建设路径框架

三、教学团队的建设标准

（一）改革绩效考评指标体系

将团队成员个人层面的绩效评价指标和团队层面的绩效评价指标相结合。对团队成员个人的评价重点放在考察个人任务完成情况和对团队目标实现的贡献度上,引导成员追求团队产出最大化。对团队的评价重点放在考察团队的凝聚力、创新精神和合作意识是否明显增强;团队结构是否得到进一步优化;团队成员执教能力与教学水平是否有明显提升;团队是否取得了一批教学改革研究与实践的标志性成果;每位团队成员在其中是否发挥了应有的作用等上。通过建立团队导向的绩效考评指标体系,实现对团队成员个人和整个教学团队科学、有效、公平、公正的评价。至于绩效评价周期的确定,考虑到教学团队建设需要较长的周期,其成效也要经过一段时间才能显现的特点,对教学团队的评价周期不宜过短,否则可能导致团队建设的急功近利。团队建设绩效评价周期以 1 ~ 3 年为宜,期间可以进行过程监控和中期检查。

（二）教学团队的绩效评价指标体系

构建应用型大学教学团队的绩效评价指标体系,既要体现对团队建设的要求,又要体现应用型大学对专业建设的特殊要求。教学团队与学术创新团队不同,它着眼于促进课程体系改革和课程内容的优化、教学模式和教学方法的改革,团队成员以具体的教学改革任务为平台,通过共同研讨、相互观摩和学习,改进教学策略,提升教学技能,并通过团队建设提高团队凝聚力,形成具有创新意识的教师队伍,对学校教学改革起示范作用。因此,在教学团队绩效评价指标设计时,其观测点与学术创新团队有较大区别。因此应结合应用型大学专业建设的特点,从团队成果、团队行为和团队潜力三个大的方面评价,强调应用性导向。应用型大学教学团队绩效评价指标体系见表 5－1。

表 5－1　应用型大学教学团队绩效评价指标体系

一级指标	权重	二级指标	观测点	
团队成果	0.5	教学研究和改革成果	课程建设	更新教学内容、精品课程建设
			教学改革	专业人才培养模式改革成果
				教学方法和手段改革成果
			教学研究	教学研究项目数量、经费和级别
				教学研究论文发表
				教学研究成果获得奖励
			教学资源建设	精品教材和规划教材建设
				校企合作开发新教材并使用
				网络教学资源建设
		教学水平提高	教学质量评价	团队成员教学质量评价优良率
			教研活动	开展教研活动,坚持课程教学的研究与讨论
			教师教育理念	具有先进理念,积极开展教学方法、手段、考核方式改革
			实践教学能力	关注实践教学,成员实践能力强,具有开发实践教学项目和教材的能力
			获奖	获教学名师或优秀教师称号、各种教师单项奖励

续表

一级指标	权重	二级指标	观测点	
团队成果		教学效果	学生成绩和学习能力提升	学生参加相关活动的表现或在统考中的成绩、获奖情况
			学生实践能力提升	参加课外科技活动或参与教师应用性研究课题情况
				学科竞赛中获奖情况
				产学研合作教育
		科研成果及转化	横向课题	承接企业行业横向应用性开发课题情况
			论文论著	发表研究论文的数量和质量、著作出版及字数
			创新成果	自主研发取得原创性研究成果
				申请和授权发明专利情况
			成果获奖	科研成果鉴定或获奖级别
			科研成果转化	转化教学内容(教材、讲义、实践教学项目)
				转化为毕业设计题目或学生课外科技活动项目
				成果应用或成果产业化
团队行为	0.2	成果应用	成果推广范围(校内、校际间推广、市级示范、国家级示范等)	
		影响力	举办成果推广交流会次数和效果	
			举办相关专业、课程教师培训班次数、参加人数和效果	
			带头人在学术组织或行业协会中承担重要职务	
			提供相关的社会服务或咨询	
			有明确的、成员认同的发展目标和方向	
		团队机制与环境建设	有开展团队教研活动的相关制度(约束和激励、任务管理、沟通机制)	
			团队成员合作、交流与知识共享	
			有成员参加应用性研究或行业企业实践,提高应用能力的长效措施	

一级指标	权重	二级指标	观测点
团队潜力	0.3	团队结构	专业梯队形成,并有实力较强的带头人后备人选
			团队成员的学历结构、职称结构、年龄结构、应用能力结构等合理
			聘请行业企业实践经历丰富的专家参与专业建设,并占一定比例
		发展后劲	团队的发展规划
			团队带头人学术地位和凝聚力提升
			团队成员入选人才资助项目或有较高水平的教学研究项目
			专业建设平台和环境改善

四、教学团队的管理策略

(一)确立"择优扶强、重点建设、分层推进"的运行机制

在充分调动广大教师积极投入教学团队建设的基础上,有重点地选择一批工作基础好、建设目标明确、成效明显、发展趋势好的教学团队进行重点扶植,对能够冲击国家级、市级教学质量工程项目的重点团队给予特殊的政策支持和专项经费支持。同时还要选择有一定发展潜力、有明确努力方向的教学团队,进行有目的的支持和培育,使之逐渐成长为优秀教学团队。团队建设离不开行政的有效引导,除了"由下而上"靠自发自愿组建教学团队的方式外,高校还可以运用行政手段,通过"自上而下"的方式,针对人才培养工作中亟需解决的重大问题或重要的建设项目,集中优势资源,汇聚名师,组建教学团队,进行集中攻关,如培育和组建地方或国家级教学成果项目组等。

(二)建立团队内部的管理机制

1. 强调团队责任共担

团队带头人要首先提出团队建设的目标构思,通过团队成员间的讨论,使团队的每位成员对团队目标一致认可,形成团队的共同目标,并以此作为成员自身的目标。

这样,教学团队的成员对团队就会产生归属感,愿意在团队中为团队共同目标的实现承担相应的责任、发挥自己的优势,并无私地奉献知识,进行有效的沟通,实现责任共担。这样,团队成员清楚地了解自己在未来

应重点关注的问题,能够从团队中有所收获,以及团队成员个人的特长是否在团队目标达成过程中得到有利发挥等。

2. 建立团队目标责任制

在决定团队目标后,要尽可能地对团队目标进行阶段性的分解,而且要分解成多个具体的、可以衡量的、可以达到的、具有相关性、具有明确的截止期限的子目标。同时要让成员知道并承担起自己的职责。目标责任制的建立,是团队取得成功的关键。团队要建立自我评价和激励、约束的内部管理制度,对成员个人分担任务的完成情况进行阶段性的总结评价,及时纠偏和激励,形成良性循环。在教师个人发展方面,应对不同的教师制定不同的发展目标,以保证教师发展的分类分层推进。

3. 搭建团队的合作平台

教学团队要在团队内部营造互助、协作的氛围,通过搭建团队合作的平台,如:明确团队的管理模式、团队成员的协作方式、知识交流与共享的渠道和解决矛盾的原则等,使教师在团队内,团结协作、相互探讨教学问题、设计教学过程与教学方法,实现教师的知识交流和共享,达到团队绩效最优化,使教育教学质量的提高能真正得以实现。

(三)建立团队导向的保障机制

1. 条件保障

设立团队建设专项经费,为团队建设提供必要的基础条件支持。如:对团队建设所需的设备、场地予以保障;资助团队开展教学研究、编辑出版教材和教研成果;为团队成员特别是青年教师提供更多的进修培训机会等。

2. 绩效评价政策

既要体现对团队成员个人层面的绩效评价,也要体现团队层面的绩效评价。传统的单纯评价个人绩效的绩效评价指标体系不利于教学团队的建设。

3. 制定激励政策

高校要根据团队目标的实现程度和团队成员在目标实现中所作出的不同贡献,制定有利于教学团队发展的激励政策,对有突出成绩的团队带头人和成员给予物质、专业技术职务评聘等方面的倾斜鼓励政策,从而为教学团队的健康发展营造具有竞争性的政策环境。同时,把教学团队建设与现有的特色专业建设、精品课程建设、实验基地建设等结合起来,把这些项目建设的成效作为教学团队的标价标准,对教学团队的成果给予必要的奖励。

第三节　应用型大学学术创新团队建设

一、学术创新团队的内涵

从创新的内涵看,本文的学术创新是指知识创新和技术创新。就高等学校而言,学术创新是指创造和应用新知识、新技术的学术活动,包括理论研究、应用研究、应用技术开发和技术成果转化等。我们可以给高等学校学术创新团队下个定义:由一定数量的、技能互补的、并愿意为"创造和应用新知识、新技术的学术研究"这个共同目标而相互承担责任的高等学校教师、科研人员及相关管理人员所组成的团队。

二、学术创新团队建设标准的依据

(一)学术创新团队构成要素分析

一个典型的学术创新团队应该具备如下要素,这些要素是学术创新团队选拔标准的基本内容。

1.优秀的团队带头人。根据学术创新团队的内涵,学术创新团队是以创新为根本任务。无论是知识创新还是技术创新都是一种高水平、具有创造性的学术研究活动。在这个活动开展过程中,团队带头人的作用尤为重要。学术创新团队的带头人是整个学术团队的核心和灵魂,肩负着确立研究目标、制定团队发展规划,组织实施具体的科研创新的重要职责,是团队存在和发展的关键条件。原教育部部长周济在论及我国大学创新团队的建设模式时,曾多次形象地称之为"大师＋团队"。由此可见,学术创新团队的带头人必须具备良好的学术精神,是重要学术岗位上的学术权威,具有较高的学术造诣和学术影响,这样才能把握学科的动态和发展方向,带领团队在本学科领域从事具有国内及国际先进水平的科学研究工作,不断取得高水平研究成果;团队带头人还要具有较强的组织协调能力,善于整合资源,凝聚力量,充分调动团队成员的积极性和主动性,引导和帮助团队成员实现自我价值和团队价值。

2.互补性、层次性和共同性的队伍结构。学术创新活动具有综合性特征,其综合性体现在创新成果要通过团队集体的努力才能产生。学术创新团队适度的规模以及成员具有良好的互补性、层次性和共同性对于学术团队的协作研究是非常重要的。互补性是指团队成员应具有不同的专业背景以及能力结构,这种互补性能够保证学术创新团队完成跨学科、多领域的研究课题。层次性是指团队成员的学历、职称、年龄结构合理,形成层次清晰的梯队。共同性是指团队成员具有相对集中、稳定的研究方向和共同研究的学术问题,这是他们彼此间能够相互合作的基础。

3.项目导向的研究任务。学术创新团队的研究任务是团队存在和发展的理由,它的直接表现形式就是科研项目。科研项目是学术创新团队开展创新活动、实现创新目标的载体。一个学术创新团队没有攻关课题和任务,没有明确的解决问题的思路,这样的团队充其量只是个"高水平人才俱乐部",对于创新目标的实现将毫无补益。一支合格的学术创新团队开展项目研究应有清晰的目标,明确的技术路线和良好的研究基础;项目研究内容具备创新性并能产生重大学术价值和社会效益。

4.良好的建设平台。学术创新团队的建设平台包括两部分内容:一是学科专业依托平台;二是物质支撑平台。学术创新团队是以学术问题为纽带开展知识创新和技术创新,高等学校是学科专业的聚集地,学术问题的研究围绕着学科专业展开更具有现实意义和应用价值。对一个学术创新团队而言,处在良好的学术氛围里,依托重点的学科、专业或重点实验室、实践中心等较高平台基础能更有效地开展高水平的科研工作,促进自身的可持续发展。此外,仪器、设备、图书资料等物质性条件直接关系到学术创新团队能否顺利开展前沿领域科研工作,是团队持续健康发展的支撑要素。总之,良好的建设平台是确保学术创新团队能够在一个软硬件条件较好、学术氛围浓厚、管理规范有序的环境内成长发展的基础。

(二)学术创新团队的绩效评价内容分析

目前绩效的界定在理论界主要有三种观点:一种认为绩效是结果;一种认为绩效是行为;还有一种观点强调绩效与潜能相关,要关注未来发展。对于绩效评价的内容问题,国外研究者也都做了很多有意义的研究,通过对相关文献的梳理可知,绩效评价的内容融合了绩效的三种代表性观点,即包括了成果评价、行为评价和能力评价三方面内容。对于学术创新团队的绩效评价内容,我们可以根据绩效理论并结合学术创新团队的建设目标加以分析。

高等学校学术创新团队的建设目标主要有三方面内容:一是产生科研成果;二是维持自身的可持续发展;三是对组织(高等学校)发展产生推动作用。由此可见,衡量高等学校学术创新团队的建设目标是否完成,可以综合绩效评价的三种观点,也分为三部分内容:学术创新团队的研究成果评价、学术创新团队的行为评价以及学术创新团队的能力评价。

1.学术创新团队的研究成果评价,是对学术创新团队完成某些具体项目后所产生的成果进行评价。研究成果评价是衡量学术创新团队绩效的结果性指标,具体内容包括预期目标完成情况、取得成果学术水平、产生的效益等。

2.学术创新团队的能力评价,指对高等学校学术创新团队未来发展能力的判断,其内容可以包括团队带头人水平的提高、团队结构的优化和综合素质的提升、团队建设平台的提升、团队运行机制的完善等。这些内容都是维持学术创新团队可持续发展的关键因素。因此,学术创新团队能力评价实际上是衡量其是否具有生命力的评价指标。

3.学术创新团队的行为评价,主要评价学术创新团队在学校的学科建设、队伍建设、社会服务以及学校声誉等方面发挥的作用。学术创新团队行为评价指标侧重衡量的是其职能发挥的效果,具体内容可以包括学术创新团队对学校学科专业建设、人才队伍建设、创新能力提升、社会服务能力提升等方面的作用体现。

三、学术创新团队的建设标准

根据学术创新团队的构建要素和绩效评价,我们设计了学术创新团队建设标准。学术创新团队建设标准包括选拔评价标准和验收评审标准。

(一)学术创新团队的选拔标准

学术创新团队选拔评议标准见表 5 – 2。该标准由 5 个一级指标和 20 个二级指标组成。一级指标围绕着团队带头人、团队结构、团队建设平台、研究项目以及答辩情况等内容对欲参加选拔的学术创新团队进行评价,其中,团队带头人是关键性指标,具有一票否决权的作用。同时,考虑到本选拔标准是学校层面使用的标准,因此在标准中增加了答辩环节,这个评价环节的设计有助于学校对优秀学科带头人和领军人物的遴选。

框架针对每个一级指标的关键考核点设计了相应的二级指标,并对二级指标的具体评价内容做了详细的内涵说明。这个内涵说明便于评价者结合所在高等学校的实际情况分层次、分类别遴选学术创新团队,以保证团队建设的可持续发展。

表5-2 学术创新团队选拔评价标准

一级指标	二级指标	参考权重	具体内涵
1.团队带头人(0.35)	1.1 学术精神	0.1	是否对研究有执着追求,具有强烈的事业心和使命感;是否有强烈的责任意识,全身心投入到团队的建设工作中;是否具有知识产权意识。
	1.2 学术岗位	0.05	是否为国家级/省市重点学科、省、区及直辖市重点建设学科、高等学校(含重点实验室、研究基地和市级以上各级人才培养基地)重要主干学科和新兴交叉学科、校级重点建设学科的带头人。
	1.3 学术成果	0.07	学术著作、学术论文;高等教育教材类成果;其他成果(专利、技术标准等具体体现带头人理论创新能力和技术创新能力的证明)。
	1.4 学术影响	0.08	学术兼职情况;获奖情况;社会服务情况(具体体现:承担并完成国家或省部级政府部门实际项目,取得的研究成果能够产生较大经济效益或社会效益)。
	1.5 组织能力	0.05	主持研究项目的经历;善于整合与利用相关资源,具有较强的领导能力、良好的协调沟通能力和合作精神;制订切实可行的团队建设规划,实现团队的可持续发展。
2.团队结构(0.2)	2.1 团队人数	0.01	与团队建设目标和任务相匹配。
	2.2 队伍结构	0.03	学历结构、职称结构、年龄结构、学缘结构。
	2.3 学科结构	0.04	具有项目研究所需的团队知识结构。
	2.4 研究能力	0.07	成员承担科研项目的级别和数量;成员发表论文的级别和数量;成员研究成果获得奖励情况。
	2.5 合作基础	0.05	已经建立了稳定的合作关系;具有清晰的研究目标;相对集中的研究方向或相关研究的经历;共同或相关的研究成果。

续表

一级指标	二级指标	参考权重	具体内涵
3.建设平台 (0.15)	3.1 学科平台	0.08	依托学科是国家级重点学科、区及直辖市重点学科、硕士点、重点建设学科和新兴交叉学科、校级重点建设学科等。
	3.2 专业平台	0.04	依托专业是国家级/省市级/校级的特色专业、骨干专业等。
	3.3 图书文献资料	0.01	已具备较好的基础条件(文献资源、科学数据等),学校有相应配套措施。
	3.4 实验条件	0.02	已具备较好的基础条件(研究经费、场地、仪器设备、网络环境等),学校有相应配备。
4.研究项目 (0.2)	4.1 项目可行性	0.03	项目数量、级别等;项目选题依据;研究内容和技术路线;前期研究工作基础。
	4.2 项目创新点	0.1	研究内容和方法在本学科领域具有创新性。
	4.3 项目预期成果	0.05	产生学术价值和社会效益。
	4.4 项目经费预算	0.02	经费支出范围符合财政规定;经费支出比例合理。
5.答辩情况 (0.1)	5.1 个人陈述	0.05	逻辑性、条理性。
	5.2 回答问题	0.05	针对性、正确性、应变能力。

（二）学术创新团队的验收标准

学术创新团队验收标准见表 5-3。该表基于学术创新团队绩效评价内容构建而成。有 4 个一级指标和 18 个二级指标。与学术创新团队选拔标准类似,本标准的一级评价指标的主要内容是从学术创新团队绩效评价的三个方面展开,包括研究成果、团队建设、作用效果。同时考虑到经费的使用情况关系到团队的建设效果,一级指标里增加了经费使用的评价环节。二级指标是根据一级指标的关键考核点设计而成,每个二级指标的具体内涵也做了详细说明。这个验收标准的使用应与高等学校的办学定位和实际情况结合使用,不可盲目攀比,关注点应该侧重于水平提升的评价,这样不但可以激励存在问题的学术团队加强管理,总结经验并找出差距,而且还有助于绩优团队进一步提高科研水平,更快更好地实现团队整体绩效目标。

表5-3 学术创新团队验收评审标准

一级指标	二级指标	参考权重	具体内涵
1.研究成果（0.2）	1.1 预期目标完成情况	0.04	按时完成情况。
	1.2 成果水平	0.06	学术著作、学术论文、高等教育教材类成果的数量和水平；专利、技术标准等申请数量及授权数量；承担项目的数量、级别。
	1.3 应用情况	0.04	转让或被推广情况；产生的学术价值和社会效益。
	1.4 获奖情况	0.06	奖励数量、级别和成果登记情况。
2.团队建设（0.3）	2.1 建设平台提升	0.05	依托学科专业平台的提升情况。
	2.2 团队带头人	0.07	学术岗位、学术成果、学术影响、组织协调能力的提升情况。
	2.3 队伍结构	0.04	学术梯队结构稳定和改善情况、成员成长情况；引进的人才数量和质量提升情况。
	2.4 研究方向	0.04	形成符合国家或本地区科研需要、有特色的研究方向。
	2.5 综合素质	0.04	研究成果数量及水平提升情况；学术氛围、学术道德等改善情况。
	2.6 成员的作用	0.03	团队成员对研究成果的贡献度的提升情况。
	2.7 运行机制及管理体制	0.03	形成了有效的运行机制及科学的管理体制；形成了自由、互助、宽容和共享的文化氛围。
3.作用体现（0.4）	3.1 对人才队伍建设的促进作用	0.1	带动所在学院、系部其他教师学历、职称、学术水平提升情况。
	3.2 对学科专业建设的提升作用	0.09	项目研究成果对提升学科专业建设水平发挥的作用；学校学科专业建设水平的提升、研究方向和特色的凝练和突破情况。
	3.3 服务社会能力的提升程度	0.05	成果转化情况；成果产生学术价值和社会效益情况；人才培养质量提升情况。
	3.4 学校创新能力提高程度	0.07	重点学科、专业、实验室的数量增加情况；承担国家重点科研项目或企业应用性研究项目的增加情况；有利于学术创新活动开展的相关制度的建立和完善。
	3.5 学校声誉的提升程度	0.09	举办学术交流活动的次数和级别；参加学术交流活动的级别、次数和人数。

一级指标	二级指标	参考权重	具体内涵
4.经费使用(0.1)	4.1 经费支出规范	0.05	各项经费支出比例符合相关规定的程度。
	4.2 经费使用合法	0.05	项目经费使用是否符合审计要求。

（三）高校学术创新团队建设指标的权重建构

选拔评价标准是衡量一个团队是否具备学术创新潜质的评价标准；验收标准是衡量一个学术创新团队是否实现建设目标的评审标准。"权重"是针对某一指标而言的一个相对概念,指该指标在整体评价中的相对重要程度,高校学术创新团队建设指标的权重建构就是要建立一套对团队建设的各项指标重要程度进行科学、定量、客观评价的数学建模,运用应用层次分析法确定各个指标的权重。

四、学术创新团队建设的相关建议

（一）加强学术带头人的引进和培养是高校学术创新团队建设的关键

高校学术创新团队选拔标准中一级指标按重要程度排列依次是:团队带头人、团队结构、研究项目、建设平台、答辩情况。由此可见,学术带头人在学术创新团队建设中起到的是"脊梁"作用,是否能够拥有高水平的学术带头人成为组建高水平的学术创新团队的首要条件。同时,从带头人所涵盖的二级评价指标看,带头人的学术精神、学术影响、组织能力等指标都不容忽视。因此,衡量高水平学术带头人的标准不仅要关注学历、职称、年龄、研究成果等"显性"素质,更要关注的是带头人学术研究的态度、责任以及协调沟通能力和合作精神这些"隐性"素质。而这些"隐性"素质往往是我们在团队建设的实践中经常忽略的指标。

（二）保持团队成员的异质性是学术创新团队有效运作的基础

团队结构是影响学术创新团队建设的关键因素之一。在团队结构的各项指标中,以往更加关注"队伍结构"和"研究能力",而对"学科结构"重视不够。从学术创新团队的选拔评价标准来看,具有项目研究所需的团队知识结构同样占有较大的权重。因此,在学术创新团队建设中,既要关注团队成员的学术相同或相似性,更要关注团队成员的学术异质性。所谓学术异质性是指团队成员在专业背景、能力结构、学缘结构等方面的差异性。学术相同或相似性是团队成员合作的基础,而学术异质性则是团队创新的动力。每个成员向团队贡献的个性化知识越多,团队发现问题、提出假设、创新能力也就越强,团队的运作模式更加有效。

(三)建设平台是保障学术创新团队良好运转的有效支撑

从学术创新团队的选拔评价标准的指标权重来看,建设平台是支撑学术创新团队运转的重要指标,而重点学科平台则是提升高校地位和确保其可持续发展的关键。因而,高校在建设学术创新团队时,应根据高校学科发展战略规划,有针对性地选择重点学科作为团队依托,组建相关团队,将重点学科、重大项目、核心团队等资源优化配置形成合力,促进创新学术团队集群创新,从而充分发挥学术创新团队在承担重大科研任务及培养高层次人才方面的作用。

(四)高校学术创新团队的建设必须以创新为出发点和最终目标

从学术创新团队的选拔评价标准"研究项目"中的各指标权重看,创新性是影响团队建设的又一个重要指标,学术创新是一个学术创新团队生存与发展的活力基础,也是团队成员学术生命价值的最重要体现,学术创新团队的研究内容和方法在本学科领域一定要具有创新性。

(五)高校学术创新团队的验收评审要注重团队的整体绩效

学术创新团队验收评审标准中各级指标按重要程度排列的次序是作用体现、团队建设、研究成果和经费使用。由此可见,在考核一个学术创新团队是否完成建设目标时,既要把所取得的研究成果作为关键指标,同时整个团队在学校的学科建设、队伍建设、社会服务、学校声誉、团队的可持续发展等方面是否发挥了作用也同样至关重要。基于此,我们在进行学术创新团队建设的绩效评价时,要实现三个转变:一是由针对个体的评价向团队和个体相结合的评价转变;二是由过程管理向目标管理转变,适当延长评价周期;三是由注重"过去"向注重"未来"转变,重视团队成员对团队的长期价值,而不是仅看重过去和目前所取得的科研成果,以有利于团队共同目标和长期利益的实现。

第四节　应用型大学团队建设案例
——以北京联合大学为例

案例 1：经管类应用型本科实践
教学团队建设的探索

本案例是学校教育研究与改革立项重点项目《应用型大学教学团队建设的研究与实践》的子项目（项目负责人：董焱）的研究成果之一，2009年，经贸管理类实践教学团队被评为学校优秀教学团队。

一、经管类实践教学团队建设的思路

（一）经管类实践教学的特点决定了实践教学团队建设的特殊性

高校经管类实践教学，作为实现经管类专业教育目标的途径，是贯彻发展应用性教育办学方针、指导学生理论联系实际、培养学生综合素质与创新能力的重要手段，在人才培养中有着其他教学方式所不可替代的特殊作用。

经管类专业的实践教学在很大程度上不同于传统的理工科的实验教学，大多数的实践项目都具有一定的综合性，这符合企业经营与商务活动的实际；同时经管类学科又具有很强的实践性、社会性和现实性，发展经管类实践教学，首先必须解决的问题是建设一支符合经管类实践教学特点的教学团队，同时，经管类实践教学的特点决定了实践教学团队建设的特殊性，须结合学科专业的发展规律以及教育规律深入探索和实践。

（二）经管类实践教学团队建设的基本出发点

建设经管类实践教学团队的目的是提高实践教学的质量，服务于人才培养。因此，实践教学团队建设必须服务于经管类实践教学的理念和具体实践。对应用性本科经管类实践教学建设的基本出发点、实践教学体系构建的维度和教学模式的层次的透彻理解，是实践教学团队建设的理论和方法基础。

1.应用性本科实践教学建设的基本出发点

应用性本科实践教学建设有两个基本出发点：学科基础与职业岗位

胜任素质。

夯实学科基础是本科教育的基本要求,而培养良好的职业岗位胜任素质是应用性本科人才培养的主要特色。基于对专业岗位的工作分析设计毕业生应该具有的胜任素质构成要素,培养学生从事商务活动与管理等相关专业技术岗位所需的全面素质,使毕业生能尽快胜任工作岗位的要求,这符合当前市场经济体制下各类企事业单位对人才需求的新变化,尤其是以服务于地方经济和社会发展为使命的地方院校更应该关注和满足这种变化。而实践教学则是在学科基础指导下、落实经管类应用型人才职业岗位胜任素质培养的首要途径。

2. 经管类专业实践教学体系构建的维度

应用性经管类本科实践教学体系的构建应从以下三个维度来进行思考:一是社会与企业对经管类专业人才多层次、多类型的需求;二是学校人才培养对象的特点、定位与服务方向;三是学科专业的发展现状及其教育规律。

通过对学科基础、专业、职业岗位实践能力的关系的分析,建立适合应用型大学经管类专业人才培养要求的专业实践教学体系结构。

经管类学科的研究对象不论是宏观环境还是微观环境都是瞬息万变的,影响因素极为复杂并且具有显著的不确定性;此外,社会与企业经济管理的手段又是建立在飞速发展的信息技术平台上的,这对于经管类人才职业岗位胜任能力提出了更高的要求。因此,高校经管类实践教学要适应相应的变化和发展,为完成此任务,不论是综合性实践课程还是实际项目的开发,从内容到技术手段都需要建立具有复合性特征的经管类学科专业实践教学团队。

(三)基于经管类实践教学改革理念和原则的团队建设思路

经管类实践教学团队服务于经管类实践教学工作,团队建设的思路基于经管类实践教学改革与发展的理念和原则,即实践教学团队的建设要充分考虑开展应用性实践教学的需要,要紧密围绕培养应用型人才的办学宗旨开展教育教学改革,充分发挥实践教学团队建设在实践教学改革与建设中的主导作用。

经管类实验教学团队应当由爱岗敬业、教学科研实践经验丰富、积极参与实践教学改革与建设的专业骨干教师和实践教学管理人员及实验技术人员共同构成。其中,专业教师是实践教学团队的主体,其学历、职称、年龄结构组成要合理,与理论教学队伍互通,核心骨干相对稳定,形成动态平衡。

此外,经济管理类专业的实践教学团队的成员构成中,理论与实践教学的教师不必界限分明,从而形成专业和技能互补的综合性实践教学团队。

二、经管类实践教学团队的建设实践与成果

(一)在确定实践教学理念的基础上明确了实践教学团队建设的基本原则

根据学校的办学宗旨和定位,在社会调研和多年教学实践的基础上,学校确定了经管类专业实践教学的建设理念是:"夯实学科基础,突出应用为本,提升职业素质,搭建创新平台。"

具体来讲,经管类实践教学要以经管类学科专业的知识体系为基础,以培养应用与创新能力为导向,根据经管类学科专业知识体系和相关行业与职业岗位群的要求,努力探索适合学校办学定位的经管类实践教学模式;要通过校内外实践环境的建设,以及实践课程和综合实践环节的开发,构建模拟企业环境,变学习岗位为工作岗位,使受教育者尽快实现由学生到从业者的角色转换,在近似实际的业务流程、模拟决策、协同配合、信息管理等实践与训练的过程中,使学生在职业心理体验、职业素质培养、职业行为操守和严肃认真的工作作风等方面得到迅速提高,在专业实践中培养学生的创新意识和创新精神;通过实践教学突出人才培养特色,提高学生综合素质和应用技能,从而提高人才培养质量,最终达到提高学生的就业竞争力和职业胜任力的目的,为学生从业和未来的职业生涯发展打下一定的基础。

根据经管类实践教学的建设理念、教学体系与教学模式的要求,学校明确了经管类实践教学团队建设的基本原则,即以综合性实践课程与项目开发为目标,探索建立学科专业融合的、动态的、开放的实践教学团队。

(二)学校制定激励政策促进实践教学团队建设

近年来,学校人事处、教务处制定了一系列相关文件,明确了促进实践教学及实践教学团队建设的相关政策和措施。对包括实践教学概念与范围的界定,各类实践教学工作的内容、实践教学队伍的构成、实践教学队伍的教师任职资格、岗位设置、职务聘任、级别晋升工作以及实践教学

工作量的计算、实践教学教师的职责和工作要求、校内实践教学基地所属中心(室)主任的任职条件及职责、实践教学骨干教师培养、参加企业实践等做了详细的规定。在校级优秀团队建设方面也注意向实践教学团队的倾斜。

为落实相关政策措施,针对经管类实践教学及团队建设的特点,学校管理学院、商务学院等相关学院也制定了实施细则。例如,学院赋予学科专业带头人组织开展实践教学改革的职责;是否参与并组织实践教学建设与改革、参加企业专业实践成为教师评聘高级职称的必备条件。

上述政策与措施的制定和出台,为实践教学改革与实践教学团队建设营造了良好的政策机制环境,对于将实践教学团队建设工作制度化,以更好地落实我校的办学宗旨和办学定位,提高教师的专业实践与应用能力,切实加强实践教学团队建设起到了激励和促进作用。

(三)经管类实践教学团队的构成

近年来,以管理学院、商务学院两院承担实践教学的教师及实践教学管理人员、实验人员为主体,逐步形成了经管类实践教学团队。

经管类实践教学团队,由学校相关专业及实验教学中心从事实践教学的骨干教师组成,在学院主管院长、专业负责人及专业实践教学负责人的组织协调下开展工作。这支队伍理论课程教学与实践课程教学并重,由各专业具有较高学术造诣、理论功底较扎实的理论课教师兼任实践课程教学工作,其中相当数量的成员有企业工作经历或有企业实践经历,部分教师拥有双证书,或具有国家从业资格证书的讲师资格。

(四)经管类实践教学团队的设置特色

1.团队跨学院组建,集中了学校相关专业理论教学和实践教学建设与改革的骨干教师队伍,团队结构合理、成员年富力强、工作努力、作风扎实,并且已经积累起相关的教学改革和理论研究成果。承担实践教学的包括专业带头人、专业骨干教师等,是一支理论教学和实践教学互通的、教学经验丰富、成果丰硕、爱岗敬业、关心学生成长、教学效果良好的实践教学队伍。

2.团队中汇集了院、系(部)的专业带头人或教学管理人员,因而能够较为有效地调动相关资源,带领各专业教师开展相关课程的研发工作,以及做好青年教师的培养和梯队建设工作。

3、团队承担的实践教学课程涵盖学校管理学院和商务学院14个本科专业,分别隶属于应用经济学、工商管理、管理科学与工程三大学科,这些学科门类相近,可在学科建设、科学研究及专业建设与改革方面相互支撑。

4.团队注重与学生工作队伍相结合,开展学生课外科技活动、组织学生参加各类与专业相关的科技大赛,发挥第二课堂的作用,提高学生的实践动手能力。

5.长期以来,跨学院的经管实践教学团队,在学科建设、科学研究、实验室建设、校企合作、社会服务等方面相互协作、资源共享,积累了合作发展的宝贵经验。

6.团队的实践教学成果集中反映了近年来学校经管类各专业教师在实践教学改革方面形成的理念和具体做法。相关教学成果通过改造,可推广应用至高职学生及社会、企业培训。

(五)实践教学团队在实践教学改革与建设方面取得的成绩

1.实践教学团队成为落实学校应用性办学方针的主体力量

经管类实践教学团队面向学校工商管理、国际贸易、电子商务、财务管理、信息管理与信息系统、金融、会计等 14 个本科专业,承担经管类专业跨专业平台性实践课程或专业实践课程,以及综合性、设计性实践项目的开发建设与教学工作。以实践教学为主导,带动了经管类人才培养模式的全面变革,实践教学团队已成为落实学校应用性办学方针的主体力量。

2.积极探索经管类实践教学模式的创新

在多年探索的基础上,经管类实践教学团队在充分开发校内外资源的基础上,创新经管类实践教学改革的思路,构建计划内与计划外、实验教学与科技竞赛、校内中心与校外企业、引进项目与开发项目相结合的开放式横向模式,把应用型大学的办学宗旨落实在教学层面,取得了较好的效果,受到学生和用人单位的欢迎。

这些具体做法与案例有:(1)针对企业内工作岗位的专业要求,开设模拟的或真实的企业研发、企业生产运营、企业信息化管理、企业市场营销、金融证券市场等商务与管理的业务环境;(2)开发综合实践课程,例如:国际商务专业把人才所需的各项技能分为 8 个模块开设了"国际商务综合实验课程",引入创业技能培训课程,信息管理专业开设管理信息系统综合实训环节,采用与企业合作开发的方式,按照企业工作流程和企业的需求,引导学生自主完成管理信息系统开发全过程;(3)会展管理专业利用地处北京 CBD 的优势,由学生承办科技博览会等各类会展项目;(4)电子商务专业创新校企合作模式,鼓励和引导学生参与教师的科研课题和项目开发,同时创新性地引进企业实际经营项目,成立以学生为主体、自主经营和自我管理的"校园企业"(UEB);(5)绝大部分专业都参与了同本专业相关的全国性科技大赛,在全国电子商务大赛、"用友杯"ERP 企业经营决策沙盘模拟大赛 、"世华财讯杯"全国大学生金融投资模拟交易大赛中均取得良好的成绩;(6)实践教学改革与建设方面的校企合作不断向广度和深度发展。

3. 实践教学标志性成果不断涌现

实践教学团队成员同时在各专业理论课程教学、科学研究、教学研究、实践教学建设与改革、精品课程建设、教材建设等方面做出了贡献。近年来,团队成员积极承担各级实践教学研究项目,发表实践教学论文 20 余篇,出版实践教学教材 20 余部;在团队成员的共同努力下,2008 年,北京联合大学经贸实验教学中心申报"北京高等学校示范实验教学中心"获得成功,实现了零的突破。

三、进一步加强经管类实践教学团队建设的设想

近年来,我校在经管类实践教学团队建设中取得了一定的成果,但还存在一定的问题,制约着我校经管类实践教学团队建设的深化。进一步加强和完善经管类实践教学团队建设,应当注意以下几个方面。

(一)转变教育观念是基础

要以正确的观念引导教师重视和参与实践教学。学校长期坚持走应用型大学的办学道路,教学理念和改革成果正逐渐为社会各界所首肯,同时也为教育行政部门和同行专家所认可。在教学改革中应突出实践教学的中心地位,引导教师重视实践教学,自觉地、主动地参与实践教学及其改革活动,以实践教学的改革作为整个学校教育教学改革的中心,带动整个高等教育教学体系的改革。这是我们开展经管类实践教学、进行实践教学团队建设的宗旨和目标。

(二)政策支持是关键

实践教学团队建设是应用型大学一项长期性的基础建设工作。按照教学规律,向规范化、特色化方向发展是必由之路,因此加强实践教学团队建设规律的研究、完善相关文件十分必要。尤其是在带头人选聘、资质与待遇的确定、职称评定、进修培训、行业人才参与的机制、管理与考核等方面的规定仍需研究和改进,使之更加细化,具有可操作性,为提高实践教学团队的整体素质发挥促进和激励作用。

(三)注意团队构成模式的开放性和多样性

由于经管类专业实践教学模式的多样性,因此实践教学团队是开放与综合的,应具有一定的灵活性和适应性。根据经管类专业教学的特点,实践教学团队不宜过于强调其团队成员的专职或兼职身份及比例,这对于教师的专业化成长以及学生应用能力的培养都有很多益处。这也应该成为应用型大学经管类专业实践教学团队的一个特点。要注意解决行业技术人员和专家融入经管类实践教学团队的机制问题,这样做可以有效地优化实践教学团队的结构与素质。

(四)以实践教学精品课程、实践教学教材建设为载体加强团队建设

实践教学精品课程是具有"一流教师队伍、一流教学内容、一流教学方法、一流教材、一流教学管理等特点的示范性课程"。它是"高等学校教学改革与质量工程的重要内容,是提高教学水平和人才培养质量的重要举措。形成一支由主讲教授负责、结构合理、人员稳定、教学水平高、教学效果好的教师梯队是其重要内容。师资队伍建设不与教师教育教学水平提高相结合的精品课程建设是无法取得成功的"。

由于实践教学精品课程建设涉及学科建设规划、教学内容构建、教学方法改革、教材编写等诸多环节,对人员素质有较高的要求,因而,实践教学精品课程、实践教学教材的建设过程既是实践教学改革与深化的过程,也是实践教学优秀团队构建的过程。

案例2:应用性本科工科综合性
课程教学团队建设研究

本案例是北京联合大学教育研究与改革立项重点项目《应用型大学教学团队建设的研究与实践》的子项目(项目负责人:方新)的研究成果之一,来源于北京联合大学机械工程及自动化专业综合性课程建设及其教学团队建设的实践,而本研究取得的研究成果对工科综合性课程教学

团队建设的实践起到了指导作用。北京联合大学技术应用性本科综合性课程建设团队被评为北京市优秀教学团队,以综合性课程为特色之一的北京联合大学机械工程及自动化专业被评为北京市特色专业、国家级特色专业。

一、团队建设的意义

应用性本科工科的人才培养目标为现场工程师,综合性课程的目标是培养学生解决生产现场实际工程技术问题的能力。通过综合性课程的学习,将所学的基础知识及专业知识综合运用于项目任务中,通过项目实践锻炼策划、组织、实施的能力,锻炼发现、分析、解决现场实际工程技术问题的能力,在实际工作中学会与人有效地沟通,在团队中开展协同工作,学习独立获取知识并进行必要的技术创新。

综合性课程既是实践教学课程又是专业核心课程,是培养专业核心技术应用能力的集中实践教学环节,教学时间最好集中安排在毕业设计前一学期的最后8周~10周。

综合性课程与其他课程相比,对师资的要求更高。教师应具备工程实践能力,具备策划、组织、实施项目的能力等等,因此工科综合性课程教学团队的建设有其自身的特点。工科综合性课程教学团队的建设将对应用性本科工科人才的培养起到举足轻重的作用。

二、团队的构成

应用性本科工科综合性课程教学团队的构成与其他课程教学团队的构成要求一样,应注重团队成员的年龄结构、学历结构、职称结构、学缘结构的优化组合,要注意团队成员在教学技能、教学经验和教学研究能力方面的合理配备,还应考虑成员的性格特征、工作风格、人文素养和个人偏好等因素。

结构合理的教学梯队是建设教学团队的基础条件,也是保证教学团队可持续发展的必要条件。梯次合理的队伍有助于增强团队成员的知识结构、能力、思维方式的互补性。老中青结合的团队通过老教师的传、帮、带可以使青年教师迅速成长,少走弯路。

应用性本科工科综合性课程教学团队的构成也有其特殊性:

工科综合性课程教学团队的特殊性之一是在于团队的每位成员均应具备一定的工程实践背景。要培养学生解决生产现场实际工程技术问题的能力,综合性课程的教师就必须能解决生产现场实际工程技术问题,因此教师必须具备工程实践能力。

工科综合性课程教学团队的特殊性之二是教学团队必须是跨学科的教学团队。以机械工程及自动化专业为例,综合性课程的项目可能涉及机械、电气、电子、液压、气动等领域,涉及设计、测试、控制、制造等工艺流程,涉及绘图、建模、编程、仿真等技术手段,一位教师很难同时精通上述各领域,且均具有丰富的实践经验。因此,不同学科的团队成员通过跨学科的合作教学,不仅有利于人才培养,也有助于团队成员业务能力的共同提高。

工科综合性课程教学团队的特殊性之三是教学团队必须是专兼结合的教学团队。即使团队的每位教师成员均具备一定的工程实践背景,但是由于教师是工作在教学一线,工程实践经验总是无法与工作在企业生产一线的高级技术人员相比。因此,聘请有丰富工程实践经验的高级技术人员加入团队,在综合性课程的教学过程中,以他们的长处弥补教师的不足将更有利于人才的培养。

三、团队带头人应具备的能力

教学团队带头人是整个团队的核心和灵魂,高水平的带头人是确保教学团队共同目标实现的重要基础。团队带头人除了应具备丰富的教学及科研实践经验,能够引领教学改革与建设的方向,具有较高的学术水平和学术地位之外,还应具备以下能力:

团队带头人应品德高尚,具有吸引人、团结人、凝聚人的品行修养和人格魅力,应有较强的领导能力和组织协调能力,以及勇于创新,不断进取的精神。

团队带头人的领导能力包括对团队资源的掌控和组织协调能力。团队资源掌控能力使其能够获得、配置并充分利用团队的内外资源:对外能利用一切资源,如企业资源、毕业生资源、其他高校的资源等;对内能调动团队每一个人的积极性,发挥每一个人的长处,激活每一个人的潜能。团队内部沟通能力使其能够保证不同个性和特点的团队成员间的互相支持、互相合作,共同完成团队的既定目标。

具备以上能力的团队带头人能创建民主和谐、相互支持、相互信任的团队合作氛围,能够有效激发教师之间的充分交流与沟通,增强团队的凝聚力和向心力,促进团队成员知识、经验、技能等的不断增长以及教师自身的教学能力和教学水平的迅速提升,进而实现"整体大于部分之和"的增值效应。

作为应用性本科教学团队的带头人,应该具备敢于实践、勤于实践、善于实践的理论与实践相结合的工作作风。为培养学生的实践能力,教学团队的每一位成员都要具有这种作风。

作为工科综合性课程的教学团队带头人,还应具备严谨、认真的工作作风,因为任何粗心大意都会给生产一线造成不可估量的损失。要使工科学生——未来的工程师养成严谨、认真的作风,那么教学团队的每一位成员都要具有这种作风。

四、团队文化的建设

团队是个群体,有人群的地方就会有文化。优秀的团队文化能够把团队成员的知识、能力、积极性、主动性向实现团队共同目标的方向进行整合,以形成强大的合力。因此,创造有利于团队发展的团队文化是教学团队建设成败的关键。

对于一个教学团队来说,要有大家为总体目标共同奋斗、共同承担责任的文化。团队成员要有合作精神,促进团队成员之间民主和谐、互相支持、相互信任、协同配合,愿意为实现团队的共同目标而奋斗;团队成员要有创新精神,积极进取、敢于创新、追求卓越,才能为团队的成功开辟道路;团队成员要有奉献精神,能顾全大局,能够为了团队目标牺牲个人利益;团队成员要有认同感和归属感,能够把自己属于团队的身份看作是自我的一个重要方面,从而愿意为实现团队的目标而贡献自身的智慧和力量。

此外,应用性本科团队应该有的文化是敢于实践、勤于实践、善于实践的精神,只有不断实践,不断总结经验,才能不断提高。

工科综合性课程团队还应该有的文化是一丝不苟、认真负责的精神,以及不怕失败,不断进取的精神。唯有这样,才能培养出我国新一代高素质的现场工程师。

五、团队成员素质的提高

团队成员整体素质的高低不仅直接影响整个教学团队教学水平的高低、教学质量的好坏以及团队战略目标的实现,还关系到人才培养质量。

因此,在教学团队建设过程中,还应注重团队成员整体素质的提高。应当以团队的梯队建设为核心,加强对中青年教师的培养,充分发挥有经验老教师的传、帮、带作用,以便全面提升团队教师的整体素质,构建更加合理的教学团队,使团队能够可持续发展。

为此,应将教学团队建设成为一支与时俱进的学习型团队。学习型团队是高校未来发展的趋势,学习型团队是通过营造整个团队的学习气氛,充分发挥高校教师的创造性思维能力,而建立的一种有机的、高度柔性的、符合人性的、能持续发展的团队。这种教学团队具有持续学习的能力,具有高于个人绩效总和的综合绩效。团队成员应及时了解国际国内教育教学改革前沿的情况,不断学习先进的教学理念,积极开展教学研究,不断提高自身的教学水平;通过团队成员之间的互相交流、互相学习、资源共享、技能互补实现共同进步,最终使整个团队的教学能力和科研能力得到更大的提高,产生"1+1>2"的智慧增值效应,即整个团队的学习力、智商高于个人的学习力、智商之和。

对应用性本科教学团队成员的素质要求还包括工程实践能力。团队成员工程实践能力的培养可以采取产学合作的形式,采取"请进来,送出去"的策略。"请进来"是指聘请生产一线具有丰富实践经验的高级技术人员到校对团队成员进行培训,以及请他们与团队中的教师一起备课、共同教学;"送出去"是指将青年教师送到相关企业或科研院所进行工程实践,要求他们参加完整的工程项目实践,使他们在工程实践中成长、提高。在团队吸收新成员时,最好考虑吸收具有两至三年以上企业实践工作经历的人员。

工科综合性课程教学团队成员的素质要求还包括学科融合方面的学习,不断学习本学科与其他学科交叉边缘处的知识,不断融会贯通,在提高自己的同时提高综合性课程的教学水平。

六、团队的教学与教学研究

应用性本科工科综合性课程采用的是项目驱动的教学模式,团队所选项目应是本专业领域或本专业与其他专业交叉的边缘领域的综合性课题,最好为企业生产一线的实际工程问题,这样学生在专兼职教学团队的指导下,通过研究性学习和创新性实践,能够培养起发现、分析和解决实际工程问题的能力。

学习工科综合性课程时学生可组成项目小组完成学习任务。工科综合性课程的项目可以由学生自主选择，这样可以提高学生学习的兴趣，调动其积极性。小组之间的竞争是学生追求自己项目更完美的动力，小组成员各自特长的互补则可使学生尝到在团队中协同工作的甜头。

综合性课程的学习效果应由学生、指导毕业设计的教师以及企业用人单位来共同评价，故应听取学生、指导毕业设计的教师，以及企业人力资源部门的反馈意见，对综合性课程的项目教学内容、教学实施方案、过程与结果考核方式不断持续进行改进。每次综合性课程结束后，可以通过开研讨会的方式，研究分析问题，切磋经验，促进团队成员之间知识的融合与思路的启迪，最终实现团队成员之间的优势互补、相互借鉴和共同提高。

综合性课程的教学方法是树立"以学生为中心"的新观念，引导学生"主动学习"。教师在课程中的角色是导师与咨询师，引导学生在项目进行过程中遇到问题时，分析如何找到问题的关键点，如何应用所学知识或自学新知识、使用所学技能与工具或使用新技能与工具（自学、互学、借助外部资源）解决实际问题，同时教师要鼓励学生进行技术创新，将已掌握的技术创新性地应用于解决实际问题。

应用性本科工科的培养目标决定了综合性课程的教学应与行业相结合，综合性课程的教学团队要不断地承担或参与企业实际工程课题的研究，才能保证综合性课程的生命力，才能持续不断地提高综合性课程的教学质量，真正达到培养学生解决生产现场实际工程技术问题能力的课程建设目标。

应用性本科工科综合性课程的教学改革应该永不停步，因为工业在不断进步，技术在不断进步，企业在不断发展，我们为企业培养未来工程师的工作也要不断创新、不断改革、不断前进，因此教学改革是个永恒的任务。

七、团队的教材建设

教材建设是课程建设成果的重要体现，是教学内容改革的关键环节。教学内容在很大程度决定了人才培养的质量和水平，人才培养最后要落实到各个培养环节，而大学本科学生学习阅读最多的则是教材，因此教材建设是教学改革的重点。

　　工科的综合性课程由于其自身的特点,使得其教材建设的难度大于其他课程教材。工科综合性课程的教材需要年年更新,因为先进技术在不断向前发展,随着高校实验室设备的不断更新与改善,以及课程建设的不断进展,综合性课程教师的教学水平也在不断提高。教学团队每年均需要对前一学年度所用教材进行修订,更新技术,添加新的教学改革成果,修正在前一学年度教学实践中出现的问题等。因此,工科综合性课程的教材应采取讲义的形式。

　　工科综合性课程的建设同时还有助于先修课程的教材建设,教师通过工科综合性课程的教学,对自己所教先修课程的教学内容改革会有更深刻的体会,会领悟出先修课程如何进行教学改革,才能与综合性课程结合,有利于培养学生的专业核心能力。

　　当中青年教师胜任了综合性课程的教学,再着手进行其所教先修课程的教材建设,所编写教材的理念与思路会有很大的提高,综合性课程与先修课程的教学改革会互有裨益。

　　综合性课程的教材如果吸收国外高水平大学同类教材的成功经验并加以消化,并与我国教学改革的实践相结合,经过教学实践的检验,就会受到用人行业的认可和学生的欢迎。

第六章　应用型大学教师专业发展

第一节　教师专业发展的内涵、过程及促进方式

一、教师专业发展的内涵

对于教师专业发展的内涵一般有两种理解:一种取"教师的专业发展"之意,即指教师在严格的专业训练和自身主动学习的基础上,持续发展、日臻完美,逐步成长为专业人员的发展过程;另一种取"教师专业的发展"之意,即指教师这个职业的专业发展过程。本书中所涉及的"教师专业发展"取"教师的专业发展"之意。

对于教师专业发展的内涵有一个渐进的认识过程。1983年,尼尔森(Nelson)指出,大学教师专业发展是指为了改善教师在其职业生活中各种角色的表现而做出的一切努力和尝试。这些表现包括作为学者、研究者、学术领导者、机构决策的贡献者的表现等。由美国教师发展委员会(National Staff Development Council,简称 NSDC)提供的信息,教师专业发展(professional development)是指贯穿于教师职业(作为一种专业)的"职前——入职——在职"整个职业生涯的专业成长活动,这些活动除了包括高质量、持续的、具有深度追踪和支持的培训外,还包括其他促进教师成长的形式,如小组研究、行动研究等。在《教育研究百科全书》(Encyclopedia of Educational Research)中,克劳德认为,"高校教师发展"是指那些为促进高校教师个人专业能力发展,使他们在特定的院校中完成各种任务的项目、活动、实践和策略,教师发展关注的方面包括教师所教授研究学科的科研与学术活动以及正式的课堂教学和个人职业生涯的非正式的管理。教师发展,可以理解为教师职业生活各方面的提高,由于大学教师

的角色是多重的,越来越多的研究者强调大学教师的发展应是全面、系统和综合的活动和过程,其目标是大学教师学术水平的提高。由此可见,大学教师的发展活动不应是独立于其所在大学或组织的个体行为,而是受到组织密切关注和支持的活动。我国潘懋元教授提出的"高校教师发展"的概念认为,从广义上说,高校教师发展是指教师通过各种途径、方式的理论学习和实践,使自己各方面的水平持续提高,不断完善。从狭义上说,高校教师发展更多地强调其作为教学者的发展和提高,也就是强调教师教学能力的提高。

本书根据大学教师承担的多重角色,探究促进教师专业发展的策略:一是关注高校教师作为教学者的发展,促进教师的教学水平和促进学生学习能力的提升;二是关注高校教师作为研究者的发展,为教师发展教育研究和学科研究能力提供帮助;三是关注高校教师作为社会服务者的发展,提升教师以价值观为核心的专业精神、社会交往能力、合作能力等。

二、教师专业发展过程与促进方式

1997年,联合国教科文组织发表的《关于高等教育教学人员地位的倡议》的"指导原则"中明确规定:"高等教育中的教学是一种专业,它是需要高等教育人员经严谨的和终身的学习和研究才能具备的传授专门知识和专门技能的一种公共服务;它还需要对学生与整个社会的教育与福祉具有个人的和学校的责任感,需要对高水平的学术研究具有个人的和学校的责任感"。该倡议确立了大学教师作为专业人员的社会地位,同时指出大学教师必须具有不断提升自身教学及研究水准并为学生和社会提供优质服务的责任感,要坚持严谨的和终身的学习和研究来提高自己服务社会的能力。大学作为教与学的场所,有义务为教师营造良好的氛围,更好地促进其有效学习和专注地完成专业任务。

教师的专业发展是教师不断成长、不断学习提高的过程,是教师追求自我实现的过程。教师由新手成为专家不可能一蹴而就,只有通过不断地学习、反思和探究,才能达至专业成熟的境界。国内外关于教师专业发展的研究经历了从被忽视到受关注、从关注教师群体专业化到关注教师个体的专业发展、从关注教师专业发展的"外部"环境和社会专业地位的认可到关注教师"内部"专业素质提高的过程。从已有的研究看,教师专业发展研究的焦点主要集中于两个方面：一是对教师专业发展过程规律性的研究，即教师专业发展体现在哪些方面、经历了哪些阶段及各阶段特点；二是教师专业发展的促进方式研究，即研究在教师发展有关理念指导下，需要给教师提供哪些以及如何提供外在环境和条件，才能更好地帮助教师顺利地走过专业发展所必须经历的各阶段。这两个方面密不可分，前者是后者研究的基础和重要依据。

关于教师专业发展过程规律的研究，美国亚利桑那州立大学心理学教授伯林纳（Berliner）的"五阶段发展论"最具典型性，他从教师"教学专业知识与技能的学习和掌握"的角度，提出了教师专业发展的阶段划分：新手阶段（Novice，获取教学知识和技能的阶段）、进步的新手阶段（Advanced beginner，教学经验丰富了，但对哪些教学环节是重要的仍不明确）、胜任阶段（Competent，能自由地处理事件，但教学行为不能达到迅速、流畅和灵活）、能手阶段（Proficient，积累了大量丰富的经验，但决策时仍带有随意性）和专家阶段（Expert，教学行为可达到迅速、流畅和灵活）五个阶段。该理论为教师专业发展的促进方式研究提供了理论依据。

关于教师专业发展的促进方式，国际上发达国家或地区的具体实践体现在五个方面：一是成立了全国范围的高等教育专业与组织发展联盟或教师与教育发展协会等；二是制定了教师专业标准，如英国颁布了《高等教育教学专业标准框架》（UKPSF），为教师专业发展发挥导向作用；三是完善了大学的组织、文化氛围和制度环境，形成了良好的追求学术卓越的质量意识和文化氛围，教师专业发展已成为制度设计下的多数教师的自觉行动；四是大多数大学创建了教师专业发展的专门机构——教师发展中心或教学发展中心，它是大学教师专业发展系统化的重要平台。发展中心为教师们制定培养方案，提供咨询服务，使教师专业发展活动不再是孤军作战，而是整个大学教师管理工作的有机组成部分；五是丰富的教师发展项目与灵活多样的教师发展促进形式。大学组建的专家队伍针对不同职业发展阶段教师的需求，与时俱进地开发教师发展项目，帮助教师获得更好地完成工作职责的能力。通过设置灵活多样的教师发展活动和采取有针对性的培训方式，提高促进教师发展的成效。

第二节 我国应用型大学教师专业发展的目标

要确立我国应用型大学教师专业发展的目标,需在分析国内应用型大学教师专业发展现状,并借鉴国外教师专业发展相关理论研究成果的基础上提出。

一、国内教师专业发展的现状分析

自 1999 年我国普通高校扩招以来,高等教育发展迅猛,我国 2002 年的高等教育毛入学率首次达到 15％,进入了大众化阶段,实现了历史性的突破。我国仅用了短短几年的时间,就完成了美国、英国等发达国家十几年甚至几十年才完成的高等教育由精英教育向大众化教育的转变。近年来,高等教育的毛入学率不断攀升,2010 年已达 26.5％。我国高等教育发展之快在世界高等教育发展史上是罕见的。由于我国高等教育大众化的进程相对速度过快,带来了一系列问题,如:应用型大学的教师数量迅猛增长,教师素质亟待提升;大学办学条件不足、与高等教育大众化阶段相适应的教育理念的更新、学科专业结构的调整、教学内容的改革、教学制度的创新、教学条件的改善、教学方法的改进和教学过程管理措施等等都还没有完全到位;应用型大学的教师专业发展也面临诸多方面的问题:

(一)教师整体队伍的规模和结构

1.教师整体队伍数量不足,教师专业发展的积极性受到抑制。急剧扩充的学生规模致使高校师资数量不足,生师比增大,尤其应用型大学的师资力量难以及时跟进,多数应用型大学的生师比高于平均水平。教师承担的教学任务过重,难以抽出时间和精力认真探究新形势下的教学方法变革,也没有较为宽裕的时间参加科研工作和业务进修。

2.教师队伍整体结构不够合理,难以形成促进教师专业发展的环境。一是高职称教师所占比例和教师学历层次明显偏低,缺乏中青年高层次人才,教师队伍的年龄结构不合理,年轻教师所占比例偏高,尚未形成结构合理的教师梯队;二是缺少高层次的学科专业带头人和学术骨干,尤其缺少特色学科和专业的带头人,教师开展科学研究和科技创新的能力较弱;三是基层教学组织建设比较薄弱,系、教研室等基层教学组织在提升教师以价值观为核心的专业精神、促进教师教学能力和研究能力提升、为教师参与产学研合作提供支持方面发挥的作用不够理想;四是教师队伍中来自行业企业具有丰富实践经验与应用能力的教师所占比例偏低,现有专职教师提升实践教学能力和社会服务能力的政策支持环境还不够完善。

（二）教师的个体能力素质

1.教师的自主发展和追求学术卓越的意识还不够强。大部分教师对自己作为专业人员所应承担的义务和社会责任的认识尚未达到应有的水准。联合国教科文组织的《关于高等教育教学人员地位的倡议》,不但确立了大学教师作为专业人员的社会地位,同时也指出大学教师有责任通过严谨的和终身的学习不断提升自身教学及研究水准,为学生和社会提供优质服务。而目前,多数教师对"高等教育大众化"的思想准备不足,存在着模糊认识,对大众化教育阶段的学生特点以及质量认识不足,对如何因材施教、与学生建立和谐互动的师生关系,如何加强对学生的学习指导等尚未进行深入认真的思考并提出应对策略,教师的教育观念急需更新。

2.教师的能力素质尚没有达到应用型大学的要求。大众化教育阶段的教育教学特点要求教师要有教学改革和因材施教的能力、较高的理论知识水平和专业应用能力、丰富的实践经验、较强的课程开发能力、合作共事及社会交往能力等。而目前,应用型大学的教师大多是普通高校的毕业生,较少具有行业企业的实践经历,也没有接受过教育学方面的系统学习和研究,加之其受精英教育培养模式的影响,不可避免地存在着重理论教学、轻实践教学,重基础理论研究、轻应用研究的倾向。

（三）教师专业发展的组织氛围与制度环境

1.尚未形成真正意义上的教师聘任机制,教师自主发展的动机不足。近年来,虽然高校进行了人事分配制度改革,实现了教师职务从"终身制"向"任期制"的转变,但真正意义上的"契约管理"、"任期制"还没有完全建立起来,教师职务聘任"能上不能下"的弊端仍然存在,加之教师流动机制改革的滞后,教师"能进不能出",基本无法实现校际之间的自由流动。这些因素造成了教师自主发展的动机不足。

2.缺乏科学合理的教师绩效管理机制,影响了教师创新能力的发展。

教师绩效评价是进行教师聘任、职务晋升、待遇分配与奖励的基础与依据,其公平性、合理性和科学性一直是教师关注的问题。目前,虽然各高校都在努力探索科学合理的教师绩效评价指标体系,但目前仍存在一些问题:一是评价指标体系的全面性和可操作性不强,教师评价指标的一些要素缺乏具体的定性描述,也有一些要素难以确定可具体操作的定量标准;二是绩效评价指标设计中教学与科研、教学与社会服务的关系处理还不够理想,目前评价体系中重视数量而忽视质量、重学术发展而忽视教学发展的倾向存在,这导致了教师教学能力与科研能力发展的对立;三是流于形式的量化考核导致了教师的急功近利,不能潜心于高水平研究,片面追求短期效应而忽略长远发展,浮躁的学术环境不利于创新人才的培养,不利于创新团队的建设;四是大学缺乏对不同学科、不同类型的教师的有针对性的绩效评价指标,对如何分层激励不同年龄群体中优秀人员研究得还不够。

3. 尚未形成促进教师专业发展的有效保障机制。目前,应用型大学在如何帮助教师规划自己的职业生涯,帮助教师持续进步,富有活力和创造性地开展教学活动、学术研究、社会服务活动方面还缺乏有力的措施,教师培养的计划性不强,也缺乏有针对性的教师专业发展项目。

4. "以人为本"的管理思想尚未完全树立。目前,各大学都在探索落实"以人为本"的管理理念,努力实现教师管理从规范教师行为、实施控制与监督向对教师的潜能开发、激励和服务转变,但其实施成效还远没有达到理想的境界,完善大学的人才激励与竞争机制、建设充满人文关怀的和谐校园还任重道远。

二、国外相关研究成果的借鉴

国外相关文献表明,考察一所大学的教师专业发展活动开展得是否有效和优质,主要从两个方面进行考察:一是要考察教师个体能否主动适应高等教育不断变化的要求,全面地、持续地发展自身的知识和能力;二是要考察教师所在大学是否为教师的专业发展营造了有利的环境氛围,能够有效地指导、规划和评估教师的专业发展,并给予其专业发展所需的充分的资源配备与支持。在国际上发达国家的教师专业发展已成为制度设计下的多数教师的自觉行动,教师所在大学也为促进教师专业发展提供了可靠的保障机制和多样化的发展途径。主要表现为:(1)各大学为教师制订了严谨、多样而灵活的专业发展方案,帮助教师规划自己的职业生涯,并为他们提供详尽和周到的咨询服务。通过开展教师发展性评价,帮助教师不断反思和自我完善。(2)各大学为教师专业发展提供有力的组织资源保障。大学一般设有许多机构协助教师的专业发展,如教师发展中心、评估和教学支持中心、教学技能培训中心、学术发展中心、校园俱乐部、合作研究制度等。(3)各大学为教师提供了多样化的教师专业发展途径和丰富的培训内容。教师专业发展途径主要有教师交流计划、国际教师交流项目、注册课程、旅行、发展性休假、专业学术会议、提供研究项目支持等;教师专业发展的培训针对不同教师群体分别设计不同的教师发展项目,如:新教师适应方案、教学专业发展研习会、优秀指导教师方案、良师方案、通识教育专业发展研习会、公民权利和服务性学习、学术事务领导活动、教师教育技术应用培训以及提升教师专业精神、社会交往能力、合作能力等方面的教育培训等。(4)各大学为教师专业发展提供了必要的经费保障,学校十分重视经费的筹措,设有专门机构主管研究经费筹集,经费来源包括联邦、州和地方政府的拨款、国防项目、企业项目以及民间基金等,以保证教师研究经费充足。(5)各大学建立了促进教师专业发展的权益和福利保障机制。许多国家颁布有关法规,以法律形式明确了大学教师的权利和义务、任用制度等。薪酬作为教师业绩的直接激励,被各大学作为教师管理领域的重要课题加以研究,建立了较为完善的教师工资福利系统和激励机制,突出了教师个人工作业绩和能力在职务晋升和薪酬增长中的作用。各大学每年对有特别成就或在某方面表现突出的教师给予奖励,努力创造具有竞争性和流动性的教学、科研环境,激发教师的工作积极性,最大限度地发挥其才能。各大学还非常重视教师参与学校内部学术事务管理,为教师学术自由、思想创新和高质量的教学与科研水平提供保障,倡导柔性管理,在大学教师面临的压力日渐增大的情况下,给予教师更多的、更细腻的人文关怀,如国际上广为流行的员工帮助计划(EAP)是一项为员工设置的新型福利项目,它着眼于解决来自组织及员工本身的影响职业能力和工作绩效提升的相关问题。美国在大学中引入了EAP,启动了校园救助系统工程,斯坦福大学的教职员帮助中心(FSHC)在促进教师发展上取得了成功经验,该中心服务范围非常宽泛,既能提供人际关系和工作压力等方面的心理辅导咨询、也能提供有关个人成长、家庭关系、体育休闲和医疗保健方面的帮助,还能提供同伴支持小组在工作上的互助等。良好的大学组织和文化氛围,促进了教师追求学术卓越和专业发展的意识。

三、教师专业发展的个人目标

本书第二章中确定了我国应用型大学教师的六个能力素质群及其所含的 16 个胜任能力素质,并针对学科带头人、学术骨干、专业带头人、专业课程群负责人、基础课程责任教授、基础课程负责人、实践教学中心主任、专业实践教学负责人八类建模对象构建了能力素质模型。能力素质模型中对每个胜任能力素质均有行为表现的分级描述,体现了对不同岗位类型和处于不同职业发展阶段教师的不同程度要求。教师的个性特征、认知特征、教学能力素质群、研究能力素质群和服务能力素质群中所包含的能力素质是要求全体教师普遍具备的,包括成就欲、创新意识、责任心、批判性思维、学习能力、现代教育观、专业实践能力、信息技术运用能力、课程开发能力,信息搜寻能力、关系建立、合作能力和社会服务能力。管理能力素质群是对教师队伍中的带头人群体提出的,包含了战略意识与预期应对能力、影响力、督导与团队管理能力。应用型大学教师能力素质模型体现了对教师在不同职业发展阶段的递进的能力素质要求,可以对教师规划自己的专业发展起到指导作用。

博耶在 1990 年针对当时美国大学重科研、轻教学及大学学术功利化倾向的状况,发表了专题报告《学术的反思》,提出了拓展学术内涵的新范式,即大学学术不仅意味着探究知识,其内涵还应包括相互联系的四个方面,即探究的学术、整合的学术、应用的学术和教学的学术。他认为,探究的学术即通过研究去发现新知识,整合的学术需把新发现置于更大的知识背景中形成学科间有机联系,应用的学术把理论与实际联系起来,而教学的学术则要研究行之有效的方法把知识传播给人们,以保学术之火不断燃烧。四种学术不是彼此分割的,而是有机联系的整体。博耶指出,不同的大学可根据自身的情况来确定自己的任务和办学方案,妥善处理好不同形式学术之间的关系。博耶还提出了学术评价的原则,他认为学者品质、绩效标准、学术证明、过程可靠是学术评价的四项原则,其中对学者品质的评价是学术评价的核心。这些思想为我们确定教师专业发展的目标提供了有益的启发和指导。

应用型大学的使命要求教师专业发展的目标设定要把重点放在三个

方面:一是对教师职业理想的不懈追求,二是教师"教学的学术"的发展,三是教师"应用的学术"的发展。

1. 对教师职业理想的不懈追求。我们把教师的事业心、责任感、进取心称为教师的职业理想,它是教师献身于教育工作的根本动力,也是从事教师职业的精神支柱。应用型大学教育教学改革能否有效地开展并获得成功,关键在教师。爱因斯坦有一句名言:"热爱是最好的老师",它强调了热爱是做好任何事情的基础,热爱能激发人的潜能,调动人的积极性和创造性,使之对事业的完美充满渴求。教师需坚信知识进步的价值和尊严,愿意奉献毕生的精力进行学术探索,在强烈的自我更新与自我完善意识的驱动下,主动地对自身的专业发展进行设计,勇于创新,不懈追求,持续不断地提升自己。教师的专业发展不仅仅是知识和能力的发展,更要关注以价值观为核心的专业精神的发展,包括专业态度、工作责任、专业伦理、创新意识、信念理想和价值观念的发展。教师必须按照教师职业道德要求规范自己的行为,我国《高等学校教师职业道德规范》中,对教师职业道德提出了六方面要求,即爱国守法、敬业爱生、教书育人、严谨治学、服务社会、为人师表。美国国家教育协会(NEA)1975年颁布的《教育专业伦理规范》和美国大学教授学会通报中的"职业道德宣言"也很值得我们借鉴。教师应当追求并保持最高水准的专业操守,努力实现对学生、对专业的承诺,力争帮助每个学生实现其潜能,使之成为有价值的社会成员。同时,教师应不负公众赋予的信任和责任,怀有专业服务的最高理想,全力提高专业水准和服务质量。

2. "教学的学术"能力的发展。"教学的学术"是要研究行之有效的方法把知识传播给人们,以保学术之火不断燃烧。博耶强调,教学的作用在于传承知识。教学首先是一种学术性活动,为此教师要沉浸在自己专业领域的知识之中;其次,教学是一个能动的过程,老师要试图在自己和学生之间搭建交流的桥梁;再次,教师不仅传播知识,同时还要学习知识,自身也要获得创造性的发展。应用型大学的人才培养目标和大众化的高等教育的学生来源状况决定了必须强调教师的"教学的学术"的发展。教师的"教学的学术"的发展目标主要体现在四个方面:

一是在高等教育大众化的形势下,教师转变教育观念,从教师为主体向以学生为主体、教师为主导的方向转变,即教师从关注自己、关注教学内容、关注教学方法或策略上升为关注学生、关注促进学生学习的教学方法或策略以及关注学生的学习进步与成长。教师要树立以学生为本的民主观和个性化发展的教学观,应具备满足不同学生的多样化学习需求的能力素质,能够关注学生的个性差异,发现学生的潜质,因材施教,以保证大众化教育环境下学生的个性发展。在教学过程中要把传授知识、培养能力、提高素质有机地结合起来。教师要根据高等教育的大众化阶段学生的特点研究行之有效的教学方法,有效地控制课堂秩序与节奏,创设师生互动的教育教学环境,促进学生自主学习,培养学生的竞争与合作意识。教师要努力营造"自然的批判性的学习环境",培养学生的批判性思维和创新性思维。教师要与学生、家长建立相互信任的关系,关爱学生,善于倾听,主动了解学生的学习和生活,在学生面临困难和挑战时,帮助他们树立信心并提供解决问题的指导。

二是教师要努力保证知行合一的人才培养模式得以践行,教师应能根据不同课程的特点采用行动导向教学法,如基于问题的学习(PBL)教学法、基于行业的学习(IBL)教学法等组织教学。

三是教师要增强信息技术运用能力,不但能够在教学中熟练运用信息技术来辅助教学设计、教学实施与教学评价,还应运用其扩大沟通与交流的范围,加强与学生、家长的联系,促进学生的学习。

四是教师要增强课程开发能力,能够根据应用型人才培养亟待加强实践教学的要求,设计和开发实践课程和实践项目,主持编写实践教学教材或教学指导书,注意把与社会科技发展同步的最新技术、最新标准和最新管理理念等吸收内化,开发出能反映行业主流与成熟技术的新课程。

3.“应用的学术”能力的发展。博耶认为,“应用的学术”是研究如何将理论与生活的现实联系起来的学术。应用型大学承负的任务决定了它必须强调教师的“应用的学术”的发展。第一,应用型大学承负着与区域经济建设、社会发展、科技进步相适应的应用性学科的建设任务,注重新兴学科和交叉学科的培育与研究;第二,应用型大学在人才培养模式上注重学思结合、知行合一,在课程体系构建上要求以应用能力培养为核心,强调学生实践能力的培养;第三,应用型大学强调与行业企业建立紧密的产学研合作关系,开展应用性研究与开发并取得突破,关注前沿技术在应用领域的实际运用,关注科研成果的转化,强调运用专业知识和技能解决实际问题、进行应用开发、技术服务等。教师的“应用的学术”的发展目标主要体现在三个方面:

一是在教学方面,强调教师应努力通过参与应用性开发项目或企业行业顶岗实践不断发展自己的专业实践能力,提高教学(尤其是实践教学的能力水平),具备承担实践教学任务的能力,加强理论与实践的联系,指导学生毕业设计尽可能采用应用性课题或工程实践课题,真题真做,提升学生的职业素养、实践能力和创新精神等。教师能够独立指导学生课外科技活动,指导学生在学科竞赛中获得突出成绩。

二是在科研方面,教师要具有较强的应用性科研的能力,要关注区域经济建设的发展需要,加强与行业企业的产学研合作,自主研发并取得创新性成果(如获得专利等),在实践中创造新知识。教师要具有科研成果转化的能力,使创新性成果能够取得显著的社会效益或经济效益。

三是在社会服务方面,教师要加强与社会的联系,发挥自身的知识优势,参与校内外学术组织或行业协会的服务等。

四、支持教师专业发展的组织建设目标

教师专业发展的个人目标必须与学校的发展需求相联系,学校有责任营造良好的推动教师追求学术品质的校园氛围,建立健全基于教师胜任能力素质的教师专业发展支持保障体系,为教师群体的教育教学能力、科研能力、社会服务能力和职业素养的持续提高创造条件,为教师的专业发展提供指导和帮助。支持教师专业发展的大学组织环境建设目标主要体现在以下六个方面:

1. 有力的领导引领。应用型大学教师专业发展需要强有力的学校领导引领。学校领导应充分认识教师专业发展的重要性,加强对教师专业发展的研究,对教师的专业发展进行系统规划,帮助和指导教师增强专业发展的意识,确立自己的专业发展目标和方向,将个人的专业发展与学校的发展有机结合起来,增强教师对学校发展战略的认同感和自身专业发展的内驱力,做到与学校同舟共济。

2. 有效的绩效管理。应用型大学要将学校战略任务进行责任分解,制定各层次教师岗位的绩效目标,增强教师自我完善的外部驱动力。教师岗位绩效目标既要包含普通高校常规岗位任务,又要凸显应用型大学特色任务要求。在教师职务晋升和工作绩效评价中要强调"教学"和"应用"的导向,形成以应用型大学的胜任能力素质为导向的教师专业发展任务驱动和目标激励机制。学校要建立教师绩效管理体系,与教师保持持续的绩效沟通,引导教师专业发展。

3.全面的服务体系。应用型大学要立足办学定位和发展战略,为教师的专业发展构建综合的、全面的服务体系,增强教师专业发展支持力。要转变观念,从狭义的教师培训转向广义的教师发展,由管理教师转向服务教师。学校要建立专门的教师(教学)发展机构,组建优秀的专家队伍,系统开发有针对性、多样化的适合本校实际的教师发展项目,为教师发展提供指导和服务,使之能力素质与培养应用型人才的要求达到动态匹配;学校要充分利用信息技术,建立资源共享的平台;学校要针对应用型大学教师能力素质提升的特殊需要,建立校内外实践教学基地,为教师实践能力和社会服务能力的发展提供支持。

4.良好的校园氛围。应用型大学要为教师发展创造良好的组织氛围,建立健全促进教师专业发展的激励保障机制,增强教师专业发展引导力。一方面,学校要通过建立教师岗位聘任机制、绩效评价机制、教师培养机制、教学科研奖励机制、约束机制等,激发和保持教师专业发展的动机和需要,实现教师专业发展的自主管理,形成良好的追求学术卓越的质量意识。另一方面,学校要鼓励教师教育创新与合作共享,关注教师的实际需求,营造教师学习共同体,使教师能够依托学科建设和专业建设平台,加强教师间的知识共享和同伴互助,相互学习,共同进步。

5.持续的发展评估。应用型大学要把教师专业发展作为一项长期任务,坚持不懈地加以推进。学校要确立教师的专业发展管理与评价体系,通过行动研究,对学校的教师专业发展活动进行持续性的评估、反馈,与老师进行沟通,及时发现存在于教师专业发展过程中的薄弱环节,改进和优化学校促进教师专业发展的策略。

6.坚实的资金保障。教师的专业发展需要雄厚的资金保障。应用型大学要多方筹措资金,为教师专业发展提供资金支持,以保证聘请名师讲学、购置必要设备、开发教师发展项目,为教师进行合作研究、参加国内外学术讨论会、专项考察进修等提供经费支持。

第三节 应用型大学教师专业发展的支持保障

促进教师专业发展需要国家和地方政府的支持,但更重要的是高校自身必须对教师专业发展给予充分的重视。应用型大学要提升其核心竞争力,就必须建设一支能够胜任应用型人才培养的教师队伍。学校既要基于教师胜任特征引进和发掘符合学校发展战略要求的人才,也要对现有教师资源进行有效开发,建立健全基于胜任特征的教师专业发展支持保障体系,使教师现有胜任特征得到充分发挥,潜在胜任特征得到有效挖掘,促进教师的能力素质得到持续全面的发展,为学校的长远发展提供优秀的后备力量。

教师专业发展的支撑保障体系应由生涯规划、绩效管理、服务支持和激励保障四个环节构成,如图 6-1 所示。

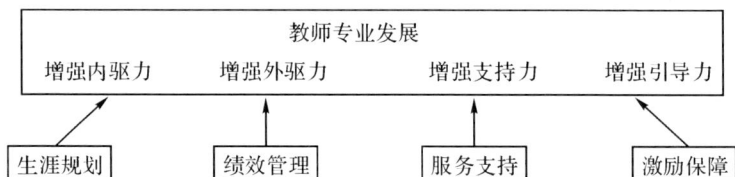

图 6-1   教师专业发展的支撑保障体系

一是要制定生涯规划,增强教师专业发展的内驱力。学校层面要重视对教师队伍的建设和发展的整体规划,院系层面要对教师的职业生涯发展进行规划,与教师进行有效沟通,制定个性化的教师培养方案,增强教师的专业发展自主意识,使教师努力将个人的专业发展与学校的发展结合起来。

二是要实施绩效管理,增强教师专业发展的外驱力。学校战略任务的完成需要各位成员的分担和贡献,教师的能力素质水平决定了学校工作和人才培养的质量。应用型大学战略任务分解确定的各层次教师岗位绩效目标,应体现"教学"和"应用"的导向,并对教师行为和专业发展形成任务驱动和目标激励。

三是要构建服务体系,增强教师专业发展支持力。学校要为教师的专业发展提供指导和服务,构建支持教师专业发展的分层次的服务体系,了解教师的发展需求,调查教师的绩效表现以及与绩效标准的差距,系统开发针对性强的教师发展项目,为教师发展提供综合的和全方位的支持。

四是要完善激励保障,增强教师专业发展引导力。良好的组织氛围会对教师专业发展起到很强的引导作用。学校一方面要建立促进教师专业发展的激励机制,诸如教师岗位竞争聘任机制、绩效管理机制、教学科研奖励机制等;另一方面要建立促进教师专业发展的保障机制,诸如教师培养机制、基层教学组织制度、资金保障机制、教师专业发展的管理与评价机制等。各种激励和保障机制应能够激发和保持教师发展的动机和需要,形成追求学术卓越的良好氛围。

一、制定生涯规划,增强教师专业发展内驱力

(一)职业生涯与职业生涯规划

何谓职业生涯(Career)? 国内外学者从不同视角给出了不同的定义。美国组织行为学专家道格拉斯·霍尔(Douglas T. Hall)认为,职业生涯是指一个人一生中所有与工作相联系的行为与活动以及相关的态度、价值观等连续性变化的过程。国内比较有代表性的是程杜明的观点,他认为,职业生涯是以心理开发、生理开发、智力开发、技能开发、伦理开发等人的潜能开发为基础,以工作内容、工作业绩的评价、工资待遇、职称职务变化为标志,以满足需求为目标的工作经历和内心体验。

何谓职业生涯规划? 它是职业生涯发展理论的重要内容。职业生涯发展理论源起于美国20世纪初的职业辅导运动,最具代表性的理论有霍兰德(Holland)的职业兴趣理论、舒伯(Super)的职业生涯发展理论和帕森斯(Parsons)的人职匹配理论等。职业生涯规划的含义应从组织和个人两个层面来理解。组织层面的职业生涯规划,是指组织根据其自身发展要求和员工发展期望制定的人才资源开发计划。个人层面的职业生涯规划是指个人依据个人兴趣、能力和发展潜力、外部机遇与制约因素以及对这些因素的变化预测,确立自己的职业方向、职业目标,选择职业发展道路的方案。

教师的职业生涯是教师不断成长、不断学习提高的过程,是教师追求自我实现的过程。

教师的职业生涯规划是学校和教师基于教师个人和学校两方面的需求共同制定个人发展目标与发展道路的活动。对教师的职业生涯进行规划是教师专业发展的起点和基础,也是实现教师专业发展与学校发展双赢的重要手段。

(二)教师职业生涯的阶段划分

明确教师职业生涯的阶段划分可以为教师的专业发展指明方向、提供支持,也有助于帮助教师选择确定自己的近期的和长远的专业发展目标。

关于教师职业生涯周期和阶段划分,国内外专家基于不同的关注点,给出了各自不同的见解。国外具代表性的研究有五种:一是美国伯顿(Burden,1979)等学者的"教师发展阶段论";二是美国费斯勒(Fessler,1985)的"教师职业生涯发展周期模型";三是瑞士休伯曼(Huberman,1993)的"教师职业周期主题模式";四是美国亚利桑那州立大学心理学教授伯林纳(Berliner)的"五阶段发展论";五是利斯伍德(Leithnwd,1992)的多维教师专业发展阶段模式。伯顿的阶段理论将教师发展按生存、调整、成熟阶段进行划分,反映了教师专业发展的规律与特征。之后的费斯勒及休伯曼的教师职业生涯发展周期理论将入职阶段看做教师专业发展的一个阶段,明确了入职阶段在教师生涯发展中的重要作用。同时,该模型分析了个人生活环境和学校组织环境对教师的影响,阐明了教师在每个阶段的专业发展特征和需求,并提出了对相应的激励措施和支持体系方面的建议。最具有代表性的研究是伯林纳的"五阶段发展论"。他从教师"教学专业知识与技能的学习和掌握"的角度,提出了教师发展的"新手阶段(获取教学知识和技能的阶段)、进步的新手阶段(教学经验丰富了,但对重要的教学环节仍不明确)、胜任阶段(能自由地处理事件,但教学行为不能达到迅速、流畅和灵活)、熟练阶段(积累了大量丰富的经验,但决策时仍带有随意性;)和专家阶段(教学行为可达到迅速、流畅和灵活)"五个阶段。利斯伍德的多维教师专业发展阶段模式,突破了对教师专业发展单一维度的思维模式,提出从教师心理发展、专业知能发展和职业周期发展3个维度综合描述教师专业发展的阶段。他将教师的专业知能发展划分为六个阶段,这些阶段的专业知能的提升必须依赖于教师当时的心理发展和他所处的职业发展阶段,心理发展、专业知能发展和职业周期发展三者之间是相互独立,又相互依赖和相互联系的。另外,费斯勒提出的职业发展的可循环模式也很有影响,他认为教师的职业生涯发展并不是一种直线式的阶段模式,而是一种有发展、有提高,有停滞、有低潮的过程。国内学者一般认为教师专业发展会经历职前准备期、上岗适应期、快速发展期、高原发展期、平稳发展期、缓慢退缩期、平静退缩期七个阶段。也有学者将教师在入职以后和退职以前的一段时期看做教师的职业生涯,从时间维度将其划分为五个阶段,即适应期、成长期、成熟期、高原期和超越期。本书倾向于采纳伯林纳的"五阶段发展论"和国内专家提出的教师职业生涯划分"五段论"。

在适应期、成长期、成熟期、高原期和超越期这五个不同的阶段,教师职业生活具有不同的特点:

1. 适应期:入职后的 1 - 3 年。教师在心理上完成了从学生到教师的过渡,对教师职业充满了新奇感,乐于接受有经验的同行的帮助,力求在短时间内适应教师角色和工作环境,掌握教学技能并胜任教学工作。这一时期,教师能够按照规范要求开展工作,但工作尚缺乏灵活性和创造性。

2. 成长期:是教师职业发展的重要时期。教师已适应了本职工作,提升了自信心。在提高知识、能力和专业精神方面能够以更高标准要求自己,对自己的专业发展有规划和预期,并以积极的心态不断进取,在具备了一定教学经验的基础上,根据教学实际情况调整自己的教学策略,在完成教学工作的同时更多地参与科研和服务工作。这一时期,教师也逐步体会到教师工作所面临的压力。

3. 成熟期:教师经过多年的工作经验积累,教学和学术工作趋于成熟,获得了同行和学生的认可,很多教师成为了学校教学和科研的骨干。这一时期的教师掌握了工作的主动权,并能够进行自我剖析和自我反思,寻求更高层次上的突破。

4. 高原期:是教师成长过程中的一个相对静止的时期。教师在成熟期达到职业高峰后,僵持在这一水平上难以突破,进一步晋升的可能性不大,职业发展处于"停滞期"。

这一时期,教师可能进入职业的转折点,对教学和科研的热情可能降低,有时对自己的能力产生怀疑,并寻求工作角色和生活角色的平衡。在这一时期,教师可以通过自身潜能的开发,更新知识、提升能力和拓展工作领域,从而获得新的突破。

5. 超越期:是教师职业生涯发展的收获期。在这一时期,教师具有稳定而持久的职业动力、形成了自己独特的教学风格,取得了较为丰硕的教学和科研成果,在校内外具有一定的影响力和知名度。

教师的职业生涯发展并不是一种直线式的阶段模式,而是一种有发展、有提高,有停滞、有低潮的波动递进的过程。

(三)教师职业生涯的规划程序与内容

1. 自我与外部环境的评估。教师对自身的性格、兴趣、特长、智力、情商、气质、价值观等个性特征及影响其专业发展的组织环境、组织发展战略、人力资源需求、晋升发展机会、政治环境、社会环境、经济环境等外部因素进行分析和评估。

2.目标确立和路径选择。教师要想获得事业的成功,必须要有清晰的目标,并选择正确的实现路径。教师的职业生涯设计应按照"人职匹配"的原则,根据自身的特质和学校对教师的要求,确定适合自身的专业发展目标定位。有些教师注重对事业成功的追求,把成为专家学者作为生涯目标,并在努力过程中获得幸福感和满足感;有些教师则选择成为一名合格教师,寻求在教师职务岗位上沿着助教、讲师、副教授、教授的路线得到晋升和发展。大学教师在职业发展过程中可能面临多种职业发展路径的选择,最主要的职业发展路径是在教师岗位上实现职业发展,教师岗位一般细分为教学为主型、教学科研型、科研为主型,教师须根据自身特点选择发展侧重点。另外,教师也可能面临转入教学管理岗位、学生管理岗位、行政管理岗位的职业发展路径选择。学校要帮助教师在职业生涯的认知过程中逐渐确立能够发挥自身特长、适合自己、规避风险的合理目标,并选择实现这一目标的有效路径。

3.长期目标的分解。教师的职业生涯设计是一个动态、逐步展开的过程,是随着个人的职业经历、年龄变化以及社会的要求不断变化、波动和调整的。教师在确定了生涯发展总目标后,要将长期目标进行分解和细化为多个中期和短期目标,在不同的发展阶段确立可实现的、不好高骛远的小目标,分段实施,逐步推进,从而获得不断前进的动力。

4.行动计划的编制。目标确定之后要认真编制实现既定目标的行动计划,包括工作计划、参加专业发展活动等,对每一步骤的实施顺序、时间做出合理安排。

5.评估、反馈与调整。在制定教师职业生涯规划时,影响因素很多,有的可以预测,有的则难以预测。因此,在职业生涯规划的执行过程中,要经常对阶段目标的完成情况进行评估与反馈,并根据教师自身和外界环境的变化对职业生涯规划做出适当的调整和修订,使教师职业生涯规划更加趋于科学合理。

(四)教师职业生涯规划的制定与实施

应用型大学的教育教学改革能否有效地开展并获得成功,关键在教师。目前,应用型大学在帮助教师规划自己的职业生涯,将个人发展与组织的发展相结合,主动追求自身能力素质的不断发展和完善等方面还缺乏有力的措施。教师的专业发展需要推动力,它可以是来自教育行政部门的自上而下的推动,也可以是教师自发的由下向上的推动。但总体来看,来自外部的推动很难顾及到每位教师的需要,同时教师主动发展的动力也不足。学校应充分重视教师的专业发展,人力资源管理部门要与各教学单位领导通力合作,以职业生涯设计理论为指导,帮助教师进行职业生涯的个性化规划,确立不同发展阶段的目标。发展目标的设定应能激发教师潜能的发挥,使教师以积极的心态面对挑战,主动向着既定的发展目标不断进取,实现自我超越和学校的可持续发展。

应用型大学教师的专业发展要取得好的效果,必须依托于教师所在团队的系统规划和支持,下面我们以应用型大学专业教学团队开展提升教师实践能力的规划设计为例,说明基层教学组织(专业教学团队)在职业生涯理论指导下对团队成员实践能力的提升进行系统规划与管理的方法。

基于专业团队提升教师实践能力的实现路径包括了规划、实施、管理三个环节,如图6-2所示。

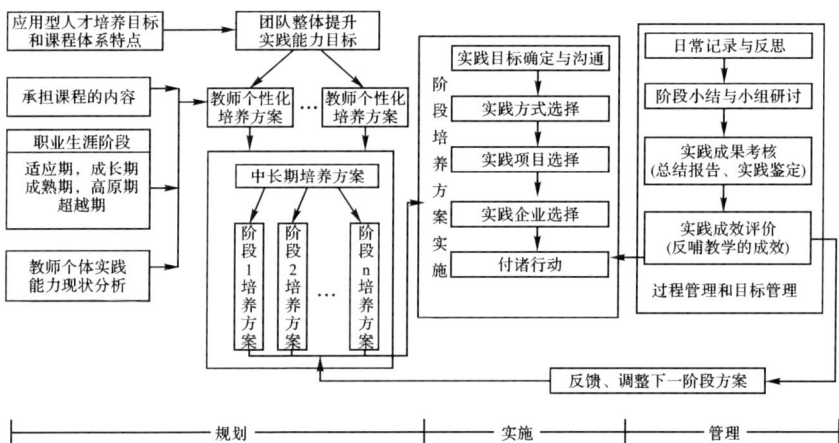

图6-2 基于专业团队提升教师实践能力的实现路径

对团队成员专业发展的系统规划是第一环节。每位团队成员的专业发展规划不是孤立的,它以团队建设规划为基础。每位教师的个体规划之间相互联系,从而构成一个有机的整体。在进行团队建设规划时,团队带头人的高预期和积极心态可以使团队获得更高的绩效,在团队建设目标确定之后,要通过有效的沟通,达成团队的共识。由于专业团队是一个需要长期合作的团体,还要长远考虑团队成员的职业生涯发展不同阶段的需求,使之与组织发展目标相协调。因此,团队带头人在对团队提升教师实践能力的活动进行规划时,一是要根据应用型人才培养目标和课程体系特点对团队实践活动进行整体规划,确立团队的远景目标。在对课程内容的总体把握、团队成员所处职业生涯阶段和实践能力现状分析基础上,制定提升教师实践能力的个性化培养方案,确定教师的发展方向和实践重点。教师个性化培养方案要首先设定教师职业生涯发展的中长期目标,然后分解形成具体的、可衡量的、可达到的分阶段目标。二是要在初步规划和培养方案形成后,通过团队成员的讨论,进一步修改完善,达成共识,实现责任共担。三是要合理协调安排团队成员的教学任务,保证每位成员能够在一定时期内有一段时间可以专注投入专业实践。团队有计划地分期分批选派成员参加顶岗研修或产学研合作开发等,使 3～4 年内每位团队成员都获得专业实践活动经验。

二、实施绩效管理,增强教师专业发展外驱力

教师专业发展有赖于其所处的组织环境。高校实行的教师职务聘任制改革,遵循"按需设岗、公开招聘、平等竞争、择优聘任、严格考核、聘约管理"的原则,教师需与学校签订合同,约定权利和责任,这样做可以强化教师岗位意识和岗位责任,并对其专业发展形成任务驱动和目标激励。应用型大学需依据自身学科专业建设的特点和人才培养特点设置教师职务岗位,基于工作分析制定教师聘任条件、明确岗位任务,教师的岗位绩效目标应体现应用型大学的特色要求。有效的聘后绩效管理有助于提高和改善教师绩效,促进人力资源管理的激励效果和学校管理的公平性,从而提高教师工作质量,为组织目标的实现提供支撑,为应用型大学创造竞争优势。

(一)绩效管理概述

什么是教师绩效?教师绩效是教师工作的结果和取得结果过程的效率水平的复合体。什么是绩效管理?绩效管理是组织为实现其战略目的、管理目的和开发目的而建立的一个完整系统,由绩效计划、绩效监控、绩效评价和绩效反馈四个环节形成一个闭合循环,如图 6－3 所示,评价对象、评价主体、评价方法、评价周期和结果应用这五项关键决策始终贯穿于这四个环节之中,对绩效管理的实施效果起着决定性的作用。绩效管理的根本目的是提高和改善绩效。

在实际工作中常存在一种将绩效管理等同于绩效考核的误解。事实上,两者之间存在着本质的不同。教师绩效考核(即绩效评价)是高校根据发展战略要求,对教师的工作业绩进行考察和评估的环节。而绩效管理是一个完整的系统,它与绩效考核的不同在于其不仅强调教师的绩效结果,而且关注达成这一绩效结果的行为过程。绩效管理是以教师为中心,强调承诺和自我控制,着眼于过去、现在和将来的有机统一的、一种主动开发型的、在过程中解决问题的管理系统,绩效考核是该系统中的核心环节,而非唯一环节。

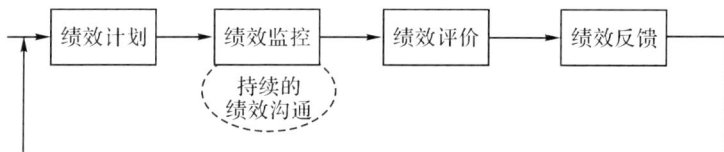

图 6-3　绩效管理体系构成

（二）教师绩效管理体系的构建

应用型大学应构建促进教师专业发展的以绩效评价为核心的绩效管理体系,形成绩效计划、绩效监控、绩效评价和绩效反馈四环节的良性循环,在管理者与教师之间建立动态沟通的渠道。在制定岗位职责和任务的基础上,强化绩效管理,制定针对不同层次和不同学科领域教师的较为全面合理的应用型大学教师绩效评价指标体系,引入发展性教师评价模式,建立高效的绩效反馈机制并使评价结果更好地发挥作用,不但为管理决策提供有效信息,也为教师的专业发展提供准确和实用的绩效反馈,促进教师不断提升战略执行力,促使学校的愿景能够通过教师的主动追求和能力发挥得以实现。

绩效管理体系的绩效计划、绩效监控、绩效评价和绩效反馈四环节各自承担着相应的任务。绩效计划是绩效管理的起点,它是管理者与教师就该绩效周期内要完成的工作内容和职责、应达到的工作效果、个人能力开发等问题进行互动沟通而达成共识,形成协议的过程,教师个体的绩效计划应是学校总体任务的逐层分解。绩效监控是管理者始终关注教师的各项活动、以保证它们按计划进行,并纠正各种重要偏差的过程。其间,管理者要进行绩效信息搜集,与教师进行持续的绩效沟通,预防和解决绩效管理期间可能发生的各种问题,帮助教师更好地完成绩效计划。绩效评价指在绩效周期结束时,由管理者和教师使用既定的合理的评价方法和衡量技术,对教师绩效进行评价的过程,它是绩效管理过程的核心环节。要将学校的战略目标转化为教师的具体行为,就必须在评价制度上予以行为引导。学校要根据办学定位和人才培养目标要求,设计科学、合理的教师绩效评价指标体系,依此对教师绩效进行评价,得到的评价结果不应仅仅为管理决策(如教师招聘、晋升、培训与开发、薪酬福利等)提供依据,更重要的应为教师分析诊断工作中存在的问题和产生的原因,为制定绩效改进计划提供依据。绩效反馈指管理者和教师就绩效评价进行面谈,使教师充分了解和接受绩效评价的结果,并指导其在今后如何改进绩效的过程。绩效反馈实际上贯穿于整个绩效管理的周期,在绩效周期结束时进行的绩效反馈是正式的绩效沟通过程。将绩效反馈作为一个环节列于绩效管理体系中,是为了强调其在绩效管理过程的重要作用。

在构建教师绩效管理体系时需要强调以下几点:

一是要将学校的整体目标逐层分解融入每位教师的绩效计划工作目标之中,确保教师的工作成效与学校的目标保持一致。二是要重视达成绩效目标的过程,以往的绩效评价只强调绩效结果,而实施绩效管理不应只看到绩效结果,更应重视实现绩效目标的过程。因此,要建立有效的沟通和反馈机制,加强过程管理,使管理者与教师之间建立动态沟通的渠道。三是要引入发展性教师评价模式。改变以往的"奖惩性评价"(对教师过去的工作做出评价,判断是否达到要求、依此进行奖惩)为"发展性评价"(诊断性评价教师过去的工作,为教师未来发展进行规划),通过管理者与教师之间持续的绩效诊断、反馈与辅导,促进教师专业发展。四是要注重教师绩效评价体系的行为引导作用,在绩效评价指标体系中体现学校对校园文化的倡导、不同办学定位和人才培养目标对教师提出的不同要求。五是要实现有效的绩效管理,保证评价与沟通的持续性和有效性,促使学校各级管理者与全体教师的参与和主动投入。学校需要明确各级管理者(学校职能部门负责人、院系领导、学科带头人、专业带头人等)的管理职责,提高管理者的管理水平,包括改善领导风格、沟通技巧、以及采取合理的评价方法和技术、选择合适的评价主体等。

(三)教师绩效评价指标体系的制定

应用型大学的教师绩效评价指标体系有别于研究型大学的教师绩效

评价指标体系。绩效评价体系应依据应用型大学的发展规划和应用型人才培养的特征要求来设计,体现学校对教师工作的导向。基于博耶学术观的启示,应用型大学应以"教学的学术"和"应用的学术"为导向,从教师发展性评价理念出发,以多元和全面的视角设计教师绩效评价指标体系。通过绩效目标的建立与沟通,使教师充分了解学校的目标期望,通过绩效评价使教师发现自身不足,获得有益指导,增强自我激励的内在动力。博耶的学术评价四项原则也为构建应用型大学教师绩效评价指标体系框架提供了重要参考。应用型大学教师绩效评价指标体系包括学者品质、教学、科研、服务四个评价维度,12 个评价指标,如表 6 - 1 所示,体现了以下五个"注重"。

表 6 - 1   应用型大学教师绩效评价指标体系框架

评价维度	评价指标	评价内容
学者品质	个性特征	具有谦逊、正直、创新精神和毅力。
	教学品质	具有先进教学理念、责任心、进取心、工作激情,关心学生。
	研究品质	遵守学术规范和学术道德。
教学	教学时数	完成职责规定的教学时数,并承担一定比例的实践教学。
	教学质量	教学过程规范;学生取得较好的学习成果(教师能够促进学生自主学习,学生实践能力获得提升,学生毕业设计及实践成果获得较好的社会评价等)。
	教法创新	开展应用型人才培养的教学方法、教学手段和考核方式的改革。
	教学成果	新课程、新教材的开发应用;获得校外教研项目经费资助;获得教学成果奖;指导学生参加科技活动,学生参赛获奖。
科研	科研成果数量	完成职责规定的典型代表作(高质量研究论文或专著)和科研项目数量及经费额度等。
	科研质量	科研管理过程规范;取得创新性成果(高水平研究论文或专著、自主研发取得专利等);获得科研成果奖励;科研成果应用价值高;科研成果转化获得较好社会效益或经济效益等。
服务	校内服务	在与学科、专业发展相关的教学和管理活动以及学生工作中做出贡献;在校内学术教学组织(学术委员会、教学指导委员会等)中做出贡献。
	校外服务	在校外学术团体、行业企业协会中任职并做出贡献; 在社会服务中做出贡献,扩大学校的影响力。
	产学研合作	为行业企业提供服务、咨询等。

1. 注重学者品质评价,实行一票否决

教师要以德治学。谦逊、正直、创新精神和毅力是教师职业必须具备的个性特征。教师的先进教学理念、责任心、进取心、工作激情、关心学生等品质对其是否能够卓越地履行教学职责起到决定性作用。教师的学术道德和价值观是醇化大学氛围、提升大学精神的关键。学者品质是教师评价的核心,没有好的品质,其他任何成就都无从谈起。

2. 注重教学为要和应用为本的导向

应用型大学教师绩效评价应以"教学的学术"和"应用的学术"为重点,并将体现其特点的绩效成果纳入评价指标体系。在"教学"评价方面,要强调教师运用有效方法促进学生自主学习,加强与学生的互动与交流,开展教学方法、手段和考核方式的改革,毕业设计采用应用性课题或工程实践课题,真题真做,提升学生职业素养、实践能力和创新精神等。"科研"评价方面,要强调教师与行业企业进行横向合作,自主研发并取得创新性成果等。"服务"评价方面,强调教师的产学研合作、参与校内外学术组织或行业协会服务等。

3. 注重过程评价与结果评价相结合

教师绩效评价要克服目前存在的事后评价、重结果轻过程、重绩效考核轻绩效管理的问题,兼顾过程评价和结果评价两个方面,学院(系)管理者应承担起相应的绩效管理责任。过程评价是对教师取得成果的过程表现所做的评价,主要对教师在教学和科研工作中的创新表现和执行规范等进行评价,评价内容如:教学过程中的教学目标设计、课程教案、新的教学方法的运用、学生作业评判与反馈、教学反思等,以及科研过程中的阶段进展、科研项目管理规范执行情况等。过程评价有助于了解教师工作过程中的特色与问题、及时给予肯定、反馈和基本问题的沟通。如:对于教学的评价,应本着大学教育以促进学生学习为目的的理念,将学生评价作为主要的评价依据,并辅以同行评价和专家评价。结果评价是对教师在教学、科研和服务方面取得的最终成果进行评价,关注成果的创新性、应用性和社会效益。应用型大学对教师的教学成果考察更关注教学是否有效促进了学生学习及实践能力的提升,是否获得校外项目资助、获得教学成果奖励,是否开发应用了新课程和新教材,指导学生参加学科竞赛获奖等;对科研成果的考察更关注产学研合作研究是否具有应用价值或进行成果转化等;对服务成果的考察则关注教师在服务工作中体现的合作意识,参与学科专业建设、校内外学术组织和行业企业协会期间所做贡献,对于学校社会声誉与地位的提升等。

4.注重不同学科和不同层次教师的绩效评价差异

由于不同层次教师岗位的职责要求呈阶梯上升,因此,在绩效评价指标中,对不同层次教师的教学质量、获得教研和科研项目级别、取得教学科研服务成果的要求应有所区别。对于学科专业带头人,还应将战略意识、领导能力和其所率领团队的业绩列入绩效评价指标体系。不同的学科,如自然科学、人文社会科学、艺术学科,其成果的呈现形式不同,因此,评价指标的内涵也应有所区别。如:对于艺术类专业教师,"科研"包括诸如举办演唱会、举办艺术展览等,其成果质量可从社会认可度和影响力来判断。对于人文社科类教师,"科研成果"表现为发表论文、出版著作、为政府机构提供政策建议及咨询、电视学术专访和评论等,其水平的评判应通过学术共同体或同行进行评价,并可通过产生的社会效益进行验证。

5.注重成果数量与质量之间的平衡

教师绩效评价要把握好量与质之间的平衡关系。在评价指标中要有量的要求,如教学时数、科研典型代表作数量等,但更要注重质的要求,如典型代表作的学术水平、获得教学和科研成果奖励等级、取得创新成果的价值等。量化指标具有可测量、可比性等优点,但量要有度,不能一味追求量化,而忽视量化指标后的真正的"提高人才培养质量和科学研究质量"的评价目的。应引导教师多上高质量的课、发表有独到见解的论文、多申请对社会服务有益的具有创新性的科研课题等。

(四)教师绩效评价的实施

在教师绩效评价实施过程中,应注意处理好几方面的问题:一是注意绩效评价体系的全面性和可操作性,引导教师正确处理教学与科研、教学与社会服务的关系。对不同学科专业、不同层次、不同类型的教师要实行分类评价,根据不同岗位的工作特点确定具有不同侧重点的绩效评价指标,如:对于学科专业带头人,不仅要评价其个体业绩,还应评价其领导的团队取得的业绩等。要克服目前教师评价中存在的重视教学和科研数量而忽视质量、重教师科研能力发展而忽视教师教学能力发展的弊病。要将学术道德精神纳入到教师评价机制中,强调以德治学,采取教师师德"一票否决"的方式。二是绩效评价要实现平时评价、年度评价和聘期评价的有机结合。平时评价要对教师日常履行岗位职责和完成任务的情况

进行记载与考察,它是绩效监控的有效手段,平时评价资料的完备与否,
是高质量年度评价的基础。年度评价中要对教师一年履行岗位职责的情
况,包括工作业绩、工作表现进行综合评价。聘期评价中要对教师在一个
完整的聘任期间内履行岗位职责的情况进行全面评价,其结果要作为教
师奖励、下一个聘期续聘或解聘的依据。三是要制定严格合理的评价程
序,力求体现客观、公正、准确。对教师的绩效评价应从学者品质、教学、
科研和服务四个方面评价。评价应采取 360 度全方位评价,即自我评价、
学生评价、同行评价和专家评价等,并根据学校的特点和教师分型确定各
个方面的评价权重。要重视评价结果的反馈,让评价真正发挥其激励教
师更好地履行岗位职责的作用。尤其是重视对评价等级偏低的教师的评
价结果和存在问题的反馈,使教师了解自己的不足,并使其在一定时间内
学习、调整,参加相应的进修培训,改进工作。四是要将教师工作绩效与
教师的利益挂钩。将评价结果作为教师聘任、职务晋升、待遇分配与奖励
的基础与依据。要充分体现劳动成果的差异性,强化岗位和收入水平的
层次性,使教师收入、待遇随着个人工作业绩水平和岗位的变化而变化。

(五)基层教学组织实施绩效管理案例

仍以前述专业教学团队系统提升教师实践能力过程为例,探讨基层
教学组织有效实施绩效管理的方法。如图 6-2 所示,专业团队提升教师
实践能力的实现路径包括规划、实施、管理三个环节,在团队带头人与教
师进行充分沟通,制订教师发展实践能力的规划后,就要转入实施和管理
环节。

1. 团队教师专业实践活动的有序实施

(1)实践目标的确定与沟通

确立实践目标。对教师专业实践活动的目标要求体现在两个方面:
一是通过参与应用项目开发或顶岗研修,熟悉本专业实际岗位工作的内
容、实现程序和核心技术,了解新技术发展动态,提高技术应用能力、工程
意识、市场意识和质量意识;二是要将专业实践成果反哺于教学实践,克
服"理论与实践脱节、课程内容与工程实际脱节、学与用脱节"的问题,促
进教师积极、主动、不断地进行实践教学内容、方法和手段的改革,通过项
目驱动、任务驱动、赛事驱动等多样化实践课程教学模式的开展,有效地
执行本专业应用型人才培养方案,提高人才培养与岗位需求的匹配度。

进行有效沟通。有效沟通是实现绩效目标的前提,为了使团队对成

员的培养更有效,团队带头人要与成员进行有效的沟通,使每位成员了解组织对其实践活动的绩效预期,从而结合自己的课程教学,有的放矢地开展实践活动。

(2)实践方式的确定

教师参与实践的方式主要有七种,如表6-2所示。具体采用哪种实践方式,需要视教师所处职业生涯阶段和以往的实践经验而定。

表6-2　教师参与实践的方式与其所处职业生涯阶段的关系

序号	实践方式	适应期	成长期	成熟期	高原期	超越期
1	脱产到企业顶岗研修	√				
2	参加学校实验室和实践教学基地建设	√	√			
3	全脱产或半脱产参与行业企业的应用性项目合作开发		√			
4	到相关企业、科研院所兼职工作,从事应用性项目开发、技术开发与技术咨询服务等			√	√	
5	参与较高水平的科技创新或技术创新活动			√	√	
6	主持解决重大实际问题的横向课题研究或国家科技计划项目研究					√
7	作为行业专家主持或参与制定行业标准等					√

教师的职业生涯一般划分为五个阶段,包括适应期、成长期、成熟期、高原期、超越期。处于不同职业生涯发展阶段的教师,其实践活动的目标不同,选择的实践方式也不同。如,处于适应期的教师要努力完成从学生到教师的角色转变,学习掌握教学的一般模式,因此,选择第一、二两种实践方式较为合适;对于处于成长期的教师则选择第二、三两种实践方式较合适;对于处于成熟期的教师则选择第四、五两种实践方式;对于处于高原期的教师在选择第四、五两种实践方式基础上,还应辅以更具挑战性的工作目标,激励其创新意识和潜能,实现高原状态的突破,使自己的能力提升到新的水平;对于处于超越期的教师则更多选择第六、七两种实践方式。

(3)实践项目和实践企业的选择

实践项目的选择。选择实践项目要坚持三个原则,即专业实践为教学服务的原则、保证专业实践质量的原则、利于教师业务扩展与发展的原则。为了实现教师实践能力的全面提升,应在教师不同的职业发展阶段安排不同内容的实践项目。如在前1~2个阶段的专业实践中,实践项目的内容应与教师承担的课程任务相一致,要选择与教师现有能力水平相适应并具有一定挑战性的顶岗研修、实践教学基地建设或应用性开发项目内容。由于不同的实践项目提供侧重不同专业核心能力的锻炼环境,教师很难在一次实践中面面俱到。因此,要针对本阶段的培养重点选择难度适宜的实践项目,既不使教师因项目过难而产生畏难情绪,也不使教师因项目过简而难以提升能力。在后续阶段的专业实践中,实践项目的内容可从与课程相关拓展到本专业整个领域,调整教师实践活动的切入点,更侧重参与高水平的应用性开发项目。实践项目的确定还要与教师的业务扩展与发展相协调,为教师今后在专业发展中加强与社会、企业的长期联系与合作奠定基础。

实践企业的选择。通过互惠合作建立稳定的教师实践基地,重点选择与本专业相关、项目开发任务量较大且有意愿和条件安排教师参与项目开发或顶岗研修的大中型企业。专业团队要依靠带头人和骨干教师的业界影响力与相关企业建立广泛的校企合作基地,以形成教师专业实践的基地群,使团队可以灵活地根据本专业前沿技术的发展形势和教师承担教学任务的时间安排,对教师参加的实践项目进行合理布局,取得最佳的实践效果。

(4)付诸行动

团队成员在明确目标和任务后,按照培养方案开展专业实践活动,积累实践经验,认真进行实践反思和总结,并与其他成员进行切磋、研讨,共同提高。团队带头人要适时地与成员进行沟通,激励成员。教师的自觉行动和团队的有效管理相结合,可促进专业实践预期目标的达成。

2.团队教师专业实践活动的有效管理

从管理学角度看,要保证团队教师实践活动的高效实施,还需营造积极的团队氛围和完善的激励与约束管理机制,使团队成员实践活动得到有效管理,实现责任共担和利益共享。团队实践活动的管理应包括利益控制、质量控制和进度控制的"三控"管理。

利益控制。营造勤奋进取、乐于奉献、激励创新、平等互助、合作共赢的团队文化,建立团队内部的绩效评估与激励机制,形成积极向上、团结和谐、具有很强内聚力的团队。在赋予每位成员职责的同时,要充分考虑每位成员的发展需求和利益诉求,使每位成员的思想得到充分表达,主动性和创造性得到充分发挥,从而产生团队协同效益。开展团队实践活动面临许多利益问题,如实践活动需要经费支持、由于参加实践活动而使工资收入减少、因兼职工作获得额外收入、假期参加实践与个人生活之间的矛盾、实践成果的共享等。利益控制就是要通过制定团队内部规则和带头人的合理掌控,妥善处理在教师专业实践过程中的待遇与利益诉求,使整个团队活动的相关利益能够公平、合理地顾及每位成员。

质量控制。对团队教师实践活动的质量控制管理应采取目标管理和过程管理相结合的方式,不但要关注实践活动的结果,还要关注实践活动的过程和效率。管理环节一般包括日常记录与反思、阶段小结与小组研讨、实践成果考核、实践成效评价四个环节,如图6-2所示。一是日常记录与反思。在实践过程中,每位教师要对每天的实践内容进行简要记载,并结合教学实际进行认真反思,系统运用本专业知识将实践的感性认识进行升华,总结实践收获;二是阶段小结与小组研讨。在整个实践过程中设定几个关键节点,进行阶段性总结,就实践中遇到的各种技术或管理问题进行小组交流及研讨,发挥团队成员间的相互协作与相互启迪作用,团队带头人要给予建议并对取得的阶段成果给予及时的鼓励;三是实践成果考核。在实践结束时,每位教师要提交实践总结报告或调研报告,并在团队内进行交流。结合实践单位的鉴定意见,团队带头人给出实践成果考核意见。四是实践成效评价。教师实践活动的结束与总结并不是教师实践活动的终极目标,教师实践的成效评价要看教师是否通过实践,将自己的实践成果反哺教学,努力将实践所得引入校内的教学活动,通过更新教学内容、改革教学方法、开发综合性、设计性、创新性实验项目,指导学生完全融入以工程实际为主要内容的毕业设计和课程设计中,使学生的实践能力得到提升。团队对整体实践活动的全面质量控制管理是通过点、线、面控制而得以实现的。对每位教师各个关键节点的控制连接形成一条线,可达到对教师个体实践目标实现的控制,而对每位教师的专业实践线控成功就会形成一个面,覆盖于整体团队目标达成的控制管理。

进度控制。由于教师参加实践的时间受到学校教学任务安排的制约,教师参加企业项目研发不一定是全程的,为了保证实践活动与教学任务的协调,团队带头人要进行进度控制。进度控制包括前期控制、中期控制与后期控制。在实践的前期,团队带头人要重点了解实践项目的规模、进度情况,确定在实践项目进展的哪一阶段教师介入比较合适;在实践的中期,团队带头人要重点解决实践项目与教学任务在时间安排上的冲突,协调教学与实践活动的安排;在实践的后期,要重点考虑选择工作交接时间以及确定在项目进展的哪个阶段撤出。

三、构建服务体系,增强教师专业发展支持力

自 20 世纪 50 年代以来,随着高等教育改革和发展的不断深入,教师专业发展已被视为教育改革的核心要素。如何保证教师富有活力的教学、学术研究及富有创造性的活动和服务,已经成为各国师资队伍建设的重要方面。与发达国家相比,我国大学的教师专业发展服务体系还很不健全。因此,大学要转变观念,从以往狭义的教师培训转向广义的促进教师专业发展,从对教师实施管理转向为教师提供服务。应用型大学要立足办学定位和战略发展要求,构建促进教师专业发展的服务体系。学校要了解教师的发展需求,依据教师能力素质模型,跟踪调查教师的绩效表现以及与目标的差距,为教师发展搭建"分层次、多元化、多模式"的培养平台。要创新教师培养理念,变革教师培养模式,系统开发针对性强和多元化的教师发展项目,为教师发展提供综合的和全方位的支持。教师培训要按需施教以利于教师学以致用,要将内容全面的培训与教师个性培养相结合,达到全员共享培训资源,共同提高,使教师的能力素质与培养应用型人才的要求达到动态匹配。

1. 分层次的培养体系。建立校、院、系分层次的教师培养体系,各有侧重地为教师专业发展提供支持。一是在学校层面,建立和完善教师培养机制,如青年教师导师机制、教师企业实践机制、优秀教师示范机制、督导专家导教机制等,促进教师教学能力的提升。学校要着力开发提升教师思想素质的培训项目,如传播学校的价值观、办学理念、道德准则等,引领教师形成共同愿景;学校要重点进行学科专业带头人的培养,提升其战略意识与决策能力、创新意识、督导与管理团队能力等;学校还应根据教师胜任特征现状分析,针对教师队伍整体欠缺的能力开展覆盖面广的培训,如聘请专家开设精品课程建设、教学方法、团队建设、科研项目申报、教师职业生涯发展规划指导等培训课程,组织教师进行优秀课堂观摩学习;学校要建立知识共享平台,通过建立互动的、人性化的知识交流网站,达成教师之间知识的交流、传递、共享。二是在学院层面,要对教师能力素质提升进行系统设计和规划。学院要制定基于学科平台建设的整体教师队伍规划,依托学术创新团队和教学团队两个载体,为教师专业发展提供机会,使教师通过参与应用学科建设、产学研合作研究和技术服务,提升专业实践能力和社会服务能力。三是在系或团队层面,要在与教师进行有效沟通基础上,制定教师职业生涯发展的个性化培养方案,重点关注教师教学能力的提升,使教师通过参与教研活动和教学团队建设,树立现代教育观,创新教学方法,提升课程开发能力、合作能力等。

2.多元化的培训项目。应用型大学教师来源的多样化、专业的多样化和受教育层次的多样化,使教师培训需求呈现多元化特征。基于教师胜任特征需求,结合所在学科的专业建设和教学实际,开发培训项目,确定培训课程的目标和内容,开展小规模的有针对性的学术讲座和培训,按需施教。对青年教师的培训应侧重于教师道德和行为规范教育、理想教育、教学方法与技能培训、企业定期实践等;对中青年教师的培训侧重于学科水平提升、信息搜寻能力、教学方法改革和现代教育技术应用等培训;对学科专业带头人的培训侧重于提升战略意识与决策能力、创新意识、督导与管理团队能力等;对带头人梯队人选的培训侧重于领导能力、沟通能力和高级别研究项目申报辅导等。

3.多模式的培养方法。教师培养模式要改变以往的单一的课堂教学(讲座)方式,采取灵活有效的方式进行。第一,在企业环境中培养教师。与企业行业深度融合,确保教师参加行业企业实践制度化,教师通过参与应用项目开发或顶岗研修,熟悉本专业实际岗位工作的内容、实现程序和核心技术,提高专业实践能力,并将专业实践成果反哺于教学实践。第二,以项目驱动方式培养教师。鼓励教师参加教改项目研究和应用性项目开发,以研究项目为载体,引导教师的自我发展,通过项目研究和自主学习,更新知识结构,提升教学能力、科研能力、合作能力和学习能力。第三,在竞赛活动中培养教师。通过举办青年教师教学基本功比赛、多媒体课件制作大赛、优秀教案评比、教师执教能力比赛等教学技能竞赛,以赛促教,以赛促改。第四,通过国内外学术交流、学术休假和高级研修,培养学科专业带头人和梯队人选,创造宽松环境使教师安心著书立说,开展研究,取得创新成果,赢得学术地位和社会声望。第五,采用小组讨论法、案例研讨法、情景模拟法、角色扮演法等方式进行提高思想素质的培训,以巩固培训效果。第六,倡导学习型组织的建设,藉此促进教师团队创造、运用并转化知识,进而强化持续创新的能力,以适应不断变化的任务要求。

四、完善激励保障,增强教师专业发展引导力

人的一切行动都是由某种动机引起的,它对人的行动起激发、推动、加强的作用。而激励的过程是激发人的动机,使人产生一种内在的动力,朝着所期望的目标努力的过程。美国哈佛大学的威廉·詹姆斯(W·James)教授的研究表明,如果没有激励,一个人的能力只能发挥其潜能的20～30%;而施以充分的激励后,其工作能力就能发挥出80～90%,两种情况之间60%的差距就是有效激励的结果。美国心理学家弗雷德里克·赫茨伯格(Frederick Herzberg)的双因素理论认为,影响人的行为的因素可划分为两类:一类是保健因素,另一类是激励因素。保健因素是指工作的环境因素,包括学校政策、管理措施、监督方式、人际关系、工作条件、工资水平、福利待遇等。这些条件必须维持在一个可以接受的水平上,否则会使人们产生不满。激励因素是指与工作本身性质有关的因素,包括那些能满足个人自我实现需要的因素,如工作成绩得到认可和赞赏、工作本身富有挑战性、有成长和发展的机会等。这些因素一旦得到满足,就能对人们产生强烈的激励。因此,学校在教师专业发展的过程中,要将保健因素和激励因素结合,营造有利于教师发展的组织氛围,完善教师专业发展的激励机制,有效激发教师的专业发展热情,提高教师发展的主动性和积极性。要营造服务教师发展的环境,注重人文关怀,建立和谐的人际关系,为教师专业发展提供组织保障和经费,尽可能满足教师发展的多样化需求。

(一)完善教师激励体系,有效激发教师的专业发展热情

教师作为具有较高层次需求的群体,激励主要来自对工作的成就感、受到的尊重和肯定。对教师的激励,应采取激励教师内在动机的"软"管理策略,形成层次性的激励体系,激励方式可采取目标激励、差别化激励、情感激励、经济激励等。

一是目标激励。在学校教师队伍整体建设目标基础上,针对教师个体制定具有激励性的绩效目标,实施绩效管理。在教师岗位聘任中引入竞争聘任机制,根据学校的战略任务和发展定位,制定不同级别岗位的聘任条件和聘期任务,采取竞争上岗方式,教师与学校对聘期工作绩效目标

和年度绩效目标进行沟通并达成一致。工作绩效目标设定要明确,即对教师每年度应完成的教学、科研和社会服务工作进行定量和定性描述,使教师做到心中有数。工作绩效目标要具有一定的挑战性,教师必须通过一定的努力才能达到。通过目标激励,促进教师不断改进教学,在目标实现的进程中采取过程管理方式,促进教师加强教学行为的反思与调节,主动适应大众化教育阶段的需要。

二是差别化激励。对教师整体队伍的各层次施行差别化激励,在教师教学发展的激励方面,依据评选与奖励国家级教学名师、市级教学名师、校级教学名师、优秀教师、教学示范教师、教学优秀奖、中青年执教能力竞赛的层次不同进行激励,形成对教学优秀教师的激励体系。在科研与创新发展的激励方面,形成市级高层次人才、市级拔尖创新人才、校级拔尖创新人才、市级中青年骨干教师、校级中青年骨干教师的骨干教师激励体系。在团队精神和创新能力激励方面,形成市级学术创新团队和教学创新团队、校级学术创新团队和教学创新团队、实践教学团队分层次的团队建设激励体系。对年轻教师的激励,通过给予表现突出的教师更多的国内外进修、交流机会,职位的提升机会或安排更具有挑战性或更符合个人爱好和特点的工作等形成激励。在激励政策实施时,要注意防止马太效应,对普通教师特别是年轻教师所做出的成绩要给予应有的重视和及时的鼓励。

三是情感激励。良好的组织文化是教师动机与希望的催化剂,学校要营造追求学术卓越的氛围,加强团队合作,形成上下级良好的沟通,对学校的战略与发展取得共识,激发教师的事业心、责任感、创造力。要关注青年教师的成长,进一步建立和完善青年教师导师制度,做好老教师的传帮带,帮助青年教师尽快适应教师角色,提高执教能力。要满足教师渴望得到尊重和理解的心理需求,给予教师参与学校管理与决策的权利,保证教师对学校事务的知情权、参与权和决策权。要注意发挥教师在学术管理中的优势,保证教师在学校中的地位,使教师自觉地融入组织,顾全大局。

四是经济激励。运用工资、津贴、奖金、惩罚等经济手段激励教师。学校一方面要通过普遍提高教师的经济收入和福利待遇,使教师工资具有外部竞争力,从而调动教师的积极性。另一方面要在健全绩效评价体系、实施科学合理绩效管理的基础上,根据教师劳动的复杂程度、工作质量、贡献大小合理拉开薪酬差距,在薪酬制度设计上对一般教师也应形成一定的区分度,鼓励教师立足本职工作,多做贡献。对于拔尖人才和工作业绩特别突出的教师应考虑给予特别的物质奖励。对于不能很好完成岗位任务、不具有良好师德的教师,也应通过调整岗位、扣发岗位津贴等方式予以处罚。

(二)营造服务教师的良好环境,主动保障教师专业发展需求

人的工作热情还与"保健因素"有关。保健因素是指工作环境和工作关系方面的因素。容易引起人不满意的保健因素主要有:组织政策、行为管理、监督方式、工作条件、人际关系、安全和生活条件。保健因素得到改善时,不满就会消失。学校要努力落实"以人为本"的管理理念,实现教师管理从规范教师行为、实施控制与监督的功能转到对教师的发展和服务上来。

一是要为教师提供良好的信息服务。学习发达国家的经验,建立相关机构协助教师的专业发展,如建立评估和教学支持中心、教学技能培训中心、学术发展中心、校园俱乐部等,及时提供有利于教师个体发展的各种信息,如:课题申报、课题研究、教学改革、论文发表、职务晋升、成果评优等方面的政策和资料信息。

二是要创造教学便利条件。要加大投资力度,改善办学条件,营造舒适的工作环境、宽松的学习环境、优良的研究环境和高质量的生活环境,使教师能心情舒畅地从事教学和科研工作。

三是要给予教师人文关怀。近年来,应用型大学教师承受着来自各方的压力,如高校扩招引起的教学工作负荷的急剧增加,信息化社会的海量信息使教师的知识权威性受到挑战,应用型人才培养对教师提出了多元化要求,教师需要适应大众化高等教育阶段的生源变化和学生特点,教师还需要应对教学科研要求的不断提升和优留劣汰的职业挑战等。相关调查数据表明,中青年教师的生存状态尤其应引起关注,因此,高校应借鉴美国斯坦福大学的做法,加强教师的心理疏导和压力缓解,关爱教师的身心健康,为教师及时解决实际困难,防止教师的职业倦怠。

第四节　教师专业发展的支持保障体系建设案例——以北京联合大学为例

北京联合大学是一所综合性地方高校,为了满足培养应用型人才的需要,促进教师发展的系统化、规范化和可持续性,学校经过多年的努力,建立健全了校、院、系分层次的教师培养体系,各有侧重地开展了一系列促进教师专业发展的活动。在学校层面,建立和完善了促进教师发展的一系列保障和激励机制,如青年教师导师制、教师参加企业实践制度、督导专家导教制度、双师素质教师认定与管理制度、中青年骨干培养机制、优秀教师遴选机制等。学校独立设置的支持教师专业发展的教师培训学校,开发了不同主题、有针对性的培训项目,力求全面满足多元化的教师发展需求。在院系层面,加强了教师职业生涯发展的系统规划,在与教师有效沟通的基础上,帮助和引导教师制定个性化的专业发展方案,促进教师依托学科建设和专业建设平台,积极参与团队建设、精品课程和精品教材开发等教学资源的开发与建设工作,提升教师的教学能力、科研能力和社会服务能力。完善和健全的教师培养体系,促进了教师队伍整体水平的提升。

下面分别以学校独立设置的教师培训学校、教学团队系统规划教师能力发展为例,探讨促进教师适应应用型人才培养要求,提升自身能力素质的有效途径和方法。

案例1:依托教师培训学校开展多元培训

学校于2008年12月独立设置了支持教师专业发展的教师培训学校,培训学校的培训采取轮训的方式,培训项目面向全校1600名左右的教师开设。培训学校开发了符合校情的、有针对性的培训项目,力求全面满足多元化的教师发展需求。

1.教师培训学校的宗旨

建立教师培训学校旨在进一步落实学校的应用性教育办学理念,促进教师培训的系统化、规范化。加强教师专业发展研究,通过开发有针对性的培训项目,促进教师深刻理解学校的办学理念和文化,不断提升执教能力和执教艺术,更好地完成应用型人才培养任务。

2.教师培训学校的组织机构

教师培训学校的校长由学校校长担任,副校长由主管教学的校领导、主管师资的校领导担任。教师培训学校办公室设在校人事处,具体负责培训学校的培训与组织工作。培训学校办公室成员包括校人事处主管师资的处长、校教务处和科研处负责相关工作的处长。由此足以看出,学校非常重视教师的专业发展。完善的组织机构设置为教师培训学校取得工作成效提供了保障。

3.教师培训学校的经费来源

教师培训学校成立伊始就确立了较高的目标定位,它需要一支高水平的专家队伍和学校充分的经费保障。教师培训学校自开办以来,一直得到了学校的大力支持。在每年的学校经费预算中都以专项经费形式予以考虑。专项经费主要用于教师培训所需的专家咨询费、设备购置费、学员文具及工作餐、学习交流等费用的支出。近年来,教师培训学校的经费额度呈现逐年上升趋势。

4.教师培训学校的培训课程

教师培训学校开设的教师专业发展项目是基于应用型大学教师职业生涯发展规划和教师胜任特征来系统设计的。每年由学校人事处、教务处、科研处共同针对学校发展规划需求以及各学院的相关需求,开发有针对性的培训课程。培训内容涉及教育发展趋势与理念教育、学术道德与师德教育、新教师入职培训、教师教学能力提升培训(如教学方法、执教艺术、多媒体课件制作、精品课程建设、人才培养模式培训等)、科研能力提升培训(如申报高级别科研项目的方法培训等)和社会服务能力培训(如团队建设、沟通能力、职业生涯发展规划指导培训等),培训学校还定期安排优秀学员到兄弟院校交流考察,促进校际间的相互学习,拓宽教师的视野。

5.教师培训学校的学业管理

教师培训学校在成立伊始就制订了严格的管理制度。为了保证培训效果,要求各教学单位要全力支持教师参与教师发展活动,帮助参训教师解决工学矛盾,保证全程参加培训学校安排的系列培训。培训学校为每期培训班配备了班主任,他们随时听取参训学员的建议、意见,帮助参训学员解决学习中遇到的一些实际困难,协助主讲教师做好培训活动的组织工作。培训学校对学员有明确和具体的学习要求,要求学员必须参加全部的培训课程、参与小组研讨、撰写学习论文,并进行答辩,培训学校根据对学员学业的考核情况颁发结业证,教师参加培训的时数计入继续教育学时。

6.教师培训学校的工作实施与取得的成效

学校希望教师培训学校能在学校的发展与改革实践中发挥重大作用。教师培训学校成立以来,开展了不同主题的专题培训。第一期培训是关于"应用性高等教育的理念与人才培养模式"的专题培训,参加培训的学员均是当年晋升副高级以上职务的教学和科研骨干,约计50名。学校领导亲自精心设计了该期培训的系列培训项目,包括"适应时代发展,推进应用型人才培养改革"、"关于应用型大学建设"、"创新工科应用型人才培养模式"、"北京高等教育的现状及发展思路"、"国际应用性高等教育人才培养模式的启示与借鉴"、"应用性文理科教育和应用型人才培养"、"关于培养一线工程师的若干思考"、"关于国家自然科学基金项目申请的几个问题"、"应用型大学专业建设的思考"、"PBL课程设计与教学方法改革"、"跨越新高度,关键在教师"等讲座。培训学校邀请了教育部高教司和北京市教委的有关领导、国内知名的应用性教育专家、兄弟院校的校长和管理干部、本校教学名师等作为主讲教师,校党委书记和校长也亲自开讲。专题讲座的内容贴近学校改革发展实际,聘请的主讲教师具有前沿视野和丰富实战经验,讲座内容符合教师的需求,受到了广泛好评和欢迎。除开展讲座外,培训期间还穿插安排了小组研讨、小组报告,并在培训结束时组织了结业答辩,培训取得了预期的成效。教师培训学校还组织优秀学员赴青岛大学、烟台大学和大连理工大学等高校交流考察,拓宽了教师视野。

教师培训学校的第二期培训的主题为"青年教师执教能力提升",全校近两年入校的50名青年教师参加了培训。培训项目专门针对刚刚步入教学岗位的青年教师而设计,包括"学校办学指导思想体系"、"应用型大学建设和人才培养模式"、"如何做好应用型大学教师"、"高校教师职业生涯规划"、"国家级教学名师谈教学"、"高校教师职业道德修养"、"教学方法与教学艺术"和"怎样申报社科类科研课题"等。培训学校邀请了国家级和市级教学名师、国内知名应用性教育专家、北京市社科规划办和北京市教科院专家等作为主讲教师。学校希望通过该期培训,帮助青年教师了解学校校情和应用型大学对教师的要求,引导青年教师做好职业生涯规划,努力掌握教学和科研的初步技能,尽快适应角色转变,逐步在学校的教育教学和科研工作发挥重要作用。

几年来,培训学校陆续举办了"新教师入职培训"、"青年教师教学技能提升"、"新晋升副教授科研能力提升"等专题培训,收到了很好的效果,得到了教师的认可和欢迎。

2012 年,学校为了实现建设高水平有特色的应用型大学的目标,进一步加强人才队伍建设,促进教师的专业发展,全面提升教师整体队伍的能力素质水平,在原有教师培训学校的基础上成立了教师(教学)发展中心。该中心成立之初即明确了职责:一是开展教师执教能力、学术道德和职业道德方面的培训工作;二是提供多样化的教师教学咨询指导服务;三是举办教师发展论坛等学术活动,促进教育教学研究;四是开展教师专业发展研究,探索教师专业发展规律,协助有关部门开展相关工作,促进教师专业发展;五是促进教师团队建设,组建和鼓励教师参与多种形式的学术共同体,促进跨学科专业的教师交流。显然,从观念理念上,学校对于教师的专业发展又有了新的转变和提升。该中心设有高级顾问、指导委员会和专家委员会,倾力打造品牌活动。相信教师(教学)发展中心的成立,必将对学校教师的专业发展起到积极的促进和支撑作用。

案例 2:基于专业团队建设促进教师发展
——专业团队提升教师实践教学能力规划书及实施成效

体现应用型人才培养特色的实践教学体系能否最终得以高质量地执行并取得预期成果,关键在于教师实践教学能力的高低。因此,提升专业教师的实践教学能力是专业教师发展最急迫需要解决的问题。在教师专业发展过程中,教师必须以学科专业建设为依托来谋求发展,因为每个学科或专业有其特定的知识体系、思考方式和教学方式,不同的学科或专业的教师所面临的问题具有差异性,而相同学科或专业的教师具有共通性,教师之间可以通过知识共享和同伴互助达到共同发展。因此,教师所在专业团队对于教师发展的引导与系统规划就显得尤为重要。

北京联合大学建筑电气与智能化专业团队是市级优秀教学团队,该团队为了适应应用型人才培养对教师能力素质提出的新要求,加强了对团队成员专业发展的系统规划。团队带头人在分析团队成员特点的基础上,认真制定了系统提升团队教师实践教学能力的规划,提高了团队成员对提升实践教学能力、开展产学研合作开发重要性的认识,鼓励团队成员深入企业或工程一线,结合所研究课题或毕业设计课题承接实际工程项目,并在团队内部建立了成员普遍认同的激励与约束机制。该团队多年来坚持不懈地开展旨在提升教师实践教学能力、进而提高人才培养质量的教师发展活动,依托专业建设任务开展实践教学资源建设,团队成员的实践教学能力得到了普遍提升,从而促进了教学水平的提升。近年来,该团队成员合作完成了30余项教研项目和科研项目,编写完成了10余部包括实践教学在内的专业教材或著作,发表了相关学术论文60余篇。团队成员共同参与完成了校级教研课题"建筑电气与智能化专业实践教学体系构建与实施",取得的成果荣获学校教育教学成果一等奖,该团队带头人被评为北京市教学名师。团队成员还完成了近10项电气工程项目的软硬件开发、工程设计与实施、工程监理、咨询与顾问等工程服务工作,进一步加强了与清华同方股份有限公司、中信国安、中建电子、北京玛斯特系统工程有限公司等二十余家企业的产学研合作关系,形成了比较稳定的校外人才培养基地群。团队成员在为企业提供服务的同时,提高了实践能力,推动了实践教学内容、教学方法和教学手段的改革,促进了项目驱动、任务驱动、大赛驱动等"工程化"实践课程教学模式的应用。多年来,团队成员在指导学生毕业设计的工作中,坚持真题真做的原则,以实际建筑电气与智能化工程为背景完成毕业设计的指导任务,大大提升了学生的工程综合应用能力。

下面以该团队制订的提升教师实践教学能力的规划书为例,说明基于专业团队教师发展规划,提升教师实践教学能力的途径和方法。

专业团队提升教师实践教学能力规划书

专业团队名称：　建筑电气与智能化专业团队　

所　在　学　院：　　　　自动化学院　　　　

制　订　人：　范同顺(专业团队带头人)　

制　订　时　间：　　　2009 年 4 月　　　

一、提升专业团队教师实践教学能力的规划

（一）教学团队成员结构及实践教学能力现状分析

"建筑电气与智能化"本科专业教学团队共有 8 名教师,其中教授 1 名,副教授 2 名,讲师 5 名;团队成员中 87.5% 具有硕士以上学位,其中包括一名在读博士。团队成员从事高等教育的教龄基本在 3～10 年之间,处于职业生涯的适应期或成长期。从团队成员的专业工作经历看,具有工程实践经验 2 年以上的教师仅有 3 名,占团队中总数的 37.5%,其余 5 名教师(占团队成员总数的 62.5%)均没有或很少经过专业实践的锻炼,欠缺专业实践经验,专业实践能力严重不足。

（二）教学团队承担教学任务的特点及能力要求

本团队教师承担着专业课程的教学工作,同时还承担着学生的专业实习、毕业设计等指导工作。鉴于应用型人才培养的要求,多年来建筑电气与智能化专业围绕"着力培养学生智能建筑工程应用能力"的目标,构建并实施了适应于应用型人才培养要求的实践教学体系,积极探索产学研结合的实践教学之路,要求教师能够有效提升学生的应用能力,提高人才培养与实际工作岗位需求的匹配度。因此,要求教师必须具备很强的专业应用能力和实践教学能力。

1. 很强的专业应用能力体现在:教师熟悉本专业领域的实际工作标准和规范,能够有效地将专业知识、专业技能应用于实践,解决本专业领域复杂的实际问题,具有进行技术开发、技术服务,技术创新的能力。

2. 很强的实践教学能力体现在:教师既善于将理论与实践相结合,做好实践教学的设计、示范和指导;又能运用先进的教学方法组织教学,开发一系列基于本专业工程项目模式的实践教学讲义,将实践教学内容工程项目化,使学生在项目开发中提升能力。

针对大多数团队成员实践能力欠缺的实际情况,团队必须为教师提

升专业实践能力搭建平台,鼓励教师参与应用项目的开发与研究、参与校内外实践基地的建设或在真实的专业工作环境中顶岗研修等。同时,要通过专业建设的任务共担,促进教师在专业建设中锻炼成长。

(三)提升团队教师实践教学能力的规划思路

1. 要使团队成员认同专业团队建设目标,激发教师参与专业实践的自主意识,这是教师提升实践能力的内在动力。要使教师充分认识到实践能力在人才培养中的关键作用,增强对自身实践能力现状的认知,主动积极地参与到提升专业实践能力的活动中。

2. 根据专业实践教学课程体系的总体方案和每位教师的专业知识背景及实践能力水平现状,系统规划团队中每位教师当前承担的课程及其今后将承担的课程,确定教师提升专业实践能力的侧重点。系统制定在今后三到五年内提升团队教师实践能力的整体方案,使提高专业实践教学水平的责任由各成员共担,并形成知识技能的优势互补。

3. 建立稳定的教师实践基地群,为教师专业实践活动提供坚实保障。由专业带头人牵头,与相关企业和研究机构建立优势互补,互利共赢的合作关系,以形成稳定的专业实践的基地群,保障产学研一体化校企合作模式培养教师的活动处于有序状态。

4. 团队制定完善、有效、可持续提升教师实践能力的管理措施,加强教师提升实践活动能力的绩效管理,加强成员间的传帮带和同伴互助,实现知识融合与思路启迪,实现专业实践能力共同提高。

(四)提升团队成员实践教学能力的目标

团队教师认识到由于实践能力的欠缺,难以满足应用型人才培养的任务要求,因此他们有提高专业实践能力的迫切愿望。学校在《关于加强实践教学队伍建设的意见》、《关于教师提高专业实践与应用能力的实施办法》中也对教师提出了提升专业实践与应用能力的要求。因此,本团队要以学校政策导向和北京市人才强教计划提供的经费支持为契机,以本专业教学改革与实践任务为平台,全面系统地规划本专业团队教师提升实践能力的活动,结合专业实践教学课程体系的要求,制定教师个性化的培养方案,争取用五年左右的时间,使团队成员在工程应用能力、工程服务能力与水平方面普遍得到提升,同时,要求教师在此基础上,实现实践教学能力提升。教师要能够将专业实践成果反哺于教学,根据专业培养目标的要求,在实践基础上将理论与实践相结合,自主设计形成以实际需求为驱动的课程教学方案,参与系列实践教学教材(讲义)的开发,以实际工程实践项目为案例,使实践教学内容工程项目化。采取项目驱动、任务驱动、大赛驱动等多样化实践课程教学模式开展教学,提高教师指导学生完成工程实践的技术与管理能力,努力使学生在解决工程实际问题中提升专业应用能力,达到有效执行本专业应用型人才培养方案和教学大纲要求。

(五)系统提升团队教师实践教学能力的实施方案

实施方案设计以本专业人才培养方案中实践教学体系为依据。当前,专业教学改革主要体现在构建符合应用型人才培养要求的实践教学体系上。教学改革的思路是:根据智能建筑行业的需求与发展设计培养方案和实践教学过程要素,构建基于产学研相结合、校内/校外实践教学环境建设与发展"双轨并重"的专业实践教学体系。努力发掘校内实践教学资源,大力拓展校外人才培养基地建设,广泛利用社会和行业资源,加强合作,互惠互利,把学生的专业实习、毕业设计课题放在企业的实际研究或工程项目中完成,逐步建立产学研相结合,以专业实习、毕业设计、实习、就业为主要环节的"一体化"的实践教学运行机制。体现上述教学改革思路的实践教学体系如表6-3所示。如表所示,实践教学体系中的大部分实践课程及相应的理论课程均由专业团队成员承担,具体如下:

表6-3 建筑电气与智能化本科专业实践教学体系

序号	实践领域	实践单元	实践环节	是否由团队成员承担	对应理论课程
1	实验	普通物理实验	基础实验		大学物理
		电路实验			电路
		电子技术实验	专业基础实验	是	模拟电子技术、数字电子技术
		自动控制原理实验			自动控制原理
		计算机原理及应用实验			计算机原理及应用
		网络与通信基础实验			网络与通信基础
		建筑供配电与照明实验			建筑供配电与照明
		建筑电气控制技术实验	专业实验	是	建筑电气控制技术
		建筑设备自动化实验			建筑设备自动化
		建筑物信息设施系统实验			建筑物信息设施系统
		公共安全技术实验			公共安全技术

续表

序号	实践领域	实践单元	实践环节	是否由团队成员承担	对应理论课程
2	实习	建筑电气工程、建筑智能化工程	认识实习	是	专业导论、建筑结构与设备等
		专业核心课程	课程实习	是	建筑供配电与照明、建筑电气控制技术、建筑设备监控系统、传感与检测技术、公共安全技术、建筑物信息设施系统
		建筑电气工程、建筑智能化工程设备安装与调试	生产实习	是	建筑电气与智能化工程施工技术等课程
		建筑电气工程、建筑智能化工程设计/设备安装/管理	毕业实习	是	建筑供配电与照明、建筑电气控制技术、建筑设备监控系统、公共安全技术、施工技术、施工组织与管理等课程
3	设计	专业课程	课程设计	是	建筑供配电与照明、建筑电气控制技术、建筑设备监控系统、传感与检测技术、公共安全技术、建筑物信息设施系统等课程

注：表中未列出限选课程。

（1）承担 13~14 门与理论课程体系相配套的实验课程，主要包括专业基础课实验以及专业课程、限选课程的相关实验，约计 570 学时左右。实验课程的重点是对学生通用技术能力的训练，包括工程认识训练和工程技能训练。

（2）承担 28 周校外实习的指导工作，主要是对小型综合性、设计性工程实践环节的指导，包括认识实习、课程实习、生产实习、毕业实习等。

（3）承担 9 周课程设计教学，包括大型综合性工程训练与拓展实践活动，如四年级的专业综合训练、毕业设计、科技创新训练、实际工程项目或科研活动等。

为了保证实践教学的质量，鉴于团队成员普遍缺少实践经验的现实情况，团队将选取几位有一定实践经验，动手能力较强的教师作为承担实践教学的骨干，重点加强对他们的培养，更多地安排他们参与行业企业工程项目实践或社会服务。每位团队成员应熟知专业培养方案中实践教学体系中每一个实践环节所要求的知识点和相关技能,并对照自己,查找知识和能力方面的不足,主动提高自身的实践教学能力。

团队成员参加专业实践的内容分为两个层次:第一层次,专业实践内容与所授课程密切相关;第二层次,实践内容有利于教师延伸掌握与所授课程相关的其他课程内容。通过这两个层次的实践,使教师最终能熟练掌握自身所授课程的内容和技能,同时也能延伸掌握与所授课程相关的其他课程的内容和技能。

本团队提升教师专业实践能力的活动规划如表6-4所示。表中列出了本团队每位教师目前承担的理论课程和实践课程以及今后拟承担的课程。团队带头人在对每位团队成员的实践能力现状进行分析的基础上,根据专业教学改革的要求,确定每位教师的实践重点和发展方向,安排教师到工程实践项目基地参加相应的工程项目开发与实践。

在为教师选择实践项目时本着三个原则,即专业实践为教学服务的原则、保证专业实践质量的原则、利于教师业务扩展与发展的原则。在前期阶段的实践中,注意教师参与实践项目的内容与其所承担课程任务的一致性,实践项目具有一定的挑战性。建筑智能化工程建设主要包括工程项目的前期策划阶段、工程招投标阶段、深化设计阶段、设备安装与调试阶段、工程验收、系统试运行以及智能化工程设备制造与技术研发等环节,教师通过参与一个完整的工程实践项目开发,可加强对各环节的认识并掌握其中的核心技术。在选择实践项目时,注意做到难度适宜,在专业实践的后续阶段中,会安排教师参与一些较高水平的应用项目开发,使教师将专业实践内容拓展到本专业领域的技术综合应用上。

本规划中,教师开展专业实践的企业均是与本专业有长期合作关系的大中型企业,这些企业的项目开发任务量较大,有意愿和条件安排团队教师参与项目开发或顶岗研修。

在本规划初步形成后,团队带头人与团队成员进行了沟通和讨论,并对规划进行了补充完善,达成了共识。每位教师了解了自己在整个规划中所处的位置,承担或拟承担相应的课程,并对自己在这些课程的教学中实践能力方面的不足进行了分析。在整体规划基础上,制定了以提升实践教学能力为重点的教师个性化培养方案(见表6-5),确定了经过三年培养团队教师应达到的目标,并将该目标分解成了分阶段目标,明确了教师在不同阶段的实践工作重点和绩效要求。

表6-4 建筑电气与智能化专业团队提升教师专业实践能力的活动规划表　　2009年4月

序号	姓名		理论课程	实践课程	工程实践项目名称	项目内容及实践重点	工程项目承包单位	计划起止时间
1	赵老师	现承担	电梯控制技术	电梯控制技术实训	北京某学院安防工程	工程实施	北京某智能系统工程公司	2008.01~2009.12
			建筑供配电与照明	供配电与照明实训				
		拟承担	智能建筑工程英语					
2	邓老师	现承担	PLC与电气控制	PLC与电气控制实训	奥运某新闻中心楼宇自控系统工程	1.工程设计 2.工程实施 3.运行、维护、管理	北京某工程公司	2008.01~2009.12
			建筑设备自动化	建筑设备自动化实训				
3	唐老师	现承担	智能建筑系统集成	系统集成实训	金融街某大厦变风量空调控制系统工程	1.工程设计 2.软件安装与调试	美国某驻京工程公司	2009.01~2010.08
			建筑设备自动化	建筑设备自动化实训				
		拟承担	建筑物信息设施系统	建筑物信息设施系统实训	某部委办公大楼楼宇自控系统	BAS系统调试	北京某控制系统公司	2009.12~2010.12
			综合布线	大学生创新训练				
4	李老师	现承担	综合布线	综合布线实训	北京某公司机房动力配电及环境工程	1.工程设计 2.设备安装与调试	北京某科技公司	2009.01~2010.08
		拟承担	建筑物信息设施系统	建筑物信息设施系统实验				
				大学生创新训练				

续表

序号	姓名		理论课程	实践课程	工程实践项目名称	项目内容及实践重点	工程项目承包单位	计划起止时间
5	史老师	现承担	安防工程技术	安防工程技术实训	奥运某新闻中心楼宇自控系统工程	1. 工程设计 2. 工程实施 3. 运行、维护、管理	北京某有限公司	2008.01~2009.12
			火灾自动报警	火灾自动报警实训				
			公共安全技术					
		拟承担	电气工程设计	电气工程设计实训				
6	范老师	现承担	建筑电气与智能化工程施工技术	施工技术实训	北京某学院安防工程	1. 方案设计 2. 工程监理	北京某智能系统工程有限公司	2010.01~2012.06
		拟承担	施工组织与管理	大学生创新训练				
7	郭老师	现承担	智能建筑系统集成	智能建筑系统集成实训	喷泉智能控制系统工程	1. 系统设计 2. 设备组装与调试	北京某瀑布环境艺术有限公司	2009.08~2011.08
			现场总线	现场总线技术实训				
		拟承担		大学生创新训练				
8	汪老师	现承担	建筑电气控制技术	建筑电气控制技术训练	北京某检察院系统集成	1. 集成系统设计 2. 系统调试	美国某驻京工程公司	2009.05~2010.10
			建筑结构与设备	建筑结构与设备实践				
		拟承担		大学生创新训练				

表6-5 教师发展的个性化培养方案示例

制订人:专业团队带头人　　　　　　　　　制定时间:2009年4月

规划序号		3	姓名	唐老师	性别	女	出生日期	1976年
所学专业		控制理论与控制工程		高校教龄		4		
最高学位		硕士		最高学位授予院校		北京某重点大学		
现职称		讲师		取得现职称年月		2006年		
现聘岗位类型		教学科研型		现聘岗位级别		讲师二级		
	课程类别		课程名称			总学时		其中:实验学时
已承担的课程	理论		智能建筑系统集成			44		8
			建筑设备自动化			44		8
	实践		智能建筑系统集成实训			2周		2周
			建筑设备自动化实训			2周		2周
拟承担的课程	理论		建筑物信息设施系统			44		12
	实践		建筑物信息设施系统实训			2周		2周
			大学生创新训练					
专业实践(研究)经历		目前已有两年在美国某驻京自动化工程公司从事系统集成工程的实践经历。						

教师对教学能力和实践能力的自我评价,希望学校和团队提供哪些政策环境支持:

　　具有较强的工程实践能力,能够顺利完成实践教学任务,教学效果良好。但因高校教龄尚不长,还需在教学方法改革方面进行探索和实践,同时还需进一步提升工程实践能力。希望学校鼓励教师参与工程实践或社会服务的相关政策能够落实到位,也希望学校能够加大经费投入,加强校内实践教学设施建设。

专业带头人对该教师的优劣势分析与评价:

　　优势:该教师入校前有两年工程实践经验,曾参与了应用项目研究,具有较强的工程实践能力,尤其在系统集成方面的能力较强。该教师具有较强的事业心,乐于钻研,工作热情,积极投身教育教学改革,能够结合实际工程研究项目完成毕业实践和毕业设计的指导工作。

　　不足:从教学能力看,还需拓展知识的广度,需在教学方法改革和高质量地开展"案例教学"方面下功夫;从实践能力看,虽有一定的工程实践经验,但还需进一步加强。

规划序号	3	姓名	唐老师	性别	女	出生日期	1976 年

教师专业发展目标:

作为实践教学骨干和专业带头人的梯队人选进行培养,在近三年内全面提升教学科研水平,具体目标如下:

1.教学水平提升:能够采用先进教学方法,高质量地开展"案例教学",达到优良教学水平。

2.科研水平提升:主持或主要参与完成 1 项企业技术服务项目、1 项以上教研课题。

3.知识水平提升:考取博士,并在职攻读。

4.出版规划教材:主编并出版 1 部规划教材。

提升教师实践能力与实践教学能力的三年计划:

1.经三年培养后应达到的目标:

(1)实践能力提升方面:具有独立完成中型建筑智能化工程设计的能力。

(2)实践教学能力提升方面:能够独立讲授两门以上实践课程,教学效果优良;开设"大学生创新训练"课程;编写一本实践课程教材;以实际工程研究项目为题,高质量地完成学生毕业设计指导任务。

2.分阶段培养目标:

2009 年:参加与美国某驻京工程公司合作的"金融街某大厦变风量空调控制系统工程"项目实践和社会服务;编写一部实践课程教材;发表两篇学术论文。

2010 年:争取市级或校级中青年骨干项目资助,开展科研课题研究,发表两篇高质量学术论文。

2011 年:为开设"大学生创新训练"课程做筹备,并独立开设该课程;指导学生参加"全国大学生智能建筑工程技能竞赛",并争取获奖。

规划实施效果评价和修正意见(每年对规划实施效果评价一次):

2009 年:按计划目标完成任务,具体完成以下工作:

参加了"金融街某大厦变风量空调控制系统工程"项目实践和社会服务;作为副主编出版了专业实践教学所需的教材《楼宇自动化工程技术训练》;作为主编出版了十一五规划教材《智能建筑系统集成》;发表了三篇学术论文。

2010 年:按计划目标完成任务,具体完成以下工作:

参加了"某部委办公大楼楼宇自控系统"项目实践和社会服务;发表两篇学术论文,并被EI 收录;荣获校级教育教学成果一等奖(排名第三);参与并完成了《建筑智能化相关专业实践教学体系的研究》、《智能建筑工程质量监理体系的研究》两项横向课题研究。

2011 年:按计划目标完成任务,具体完成以下工作:

参与完成了市级纵向课题《基于模糊神经网络的嵌入式中央空调控制器研发》;参与完成了校级教研课题《建筑电气与智能化专业人才培养方案》;参与完成了《高等学校建筑电气与智能化专业规范》相关内容;考取了北京某重点大学博士研究生。

规划序号	3	姓名	唐老师	性别	女	出生日期	1976 年

三年计划实施效果评价(三年培养方案结束时的评价与分析):

　　团队为该教师制定的三年培养方案中所设定的规划目标和任务均已顺利完成,达到了预期的培养效果。通过三年的培养,该教师的实践能力、科研能力和实践教学能力均获到较大幅度提高。三年间,该教师参加了两个工程项目的实践和社会服务,并注意在实践中积累经验,编写和出版了实践教学教材,参加了《建筑电气与智能化专业规范》的制定,参加了校级教研课题的研究,发表了多篇学术论文。2010 年,该教师作为主要成员获得校级教学成果奖,争取到校级中青年骨干资助,开展了科研项目研究;2011 年:该教师独立开设了"大学生创新训练"课程,作为指导教师指导 4 名学生参加了"全国大学生智能建筑工程技能竞赛",获得二等奖。该教师还于同年考取了在职博士研究生。

　　希望唐教师今后能够继续勤奋努力,全面发展自己的教学、科研和社会服务能力,使专业水平更上一个台阶!

二、规划的实施与管理

　　上述规划的实施需要团队带头人的组织协调、团队教师间的协作配合和教师不懈的努力。团队带头人应尽可能合理地协调团队成员的教学任务,保证每位成员能够在一定时期内有足够时间专注地投入专业实践。带头人须有计划地分批选派成员参加产学研合作开发、校内外实践基地建设或顶岗研修,使每位团队成员都能在五年内获得参加专业实践的机会。团队成员根据团队带头人制定的个性化培养方案和各阶段目标要求,结合自己的教学,有的放矢地开展专业实践活动,并注意积累相关教学资源建设的资料。

　　为保证团队教师专业实践活动的高效实施,团队内部的管理与交流是必不可少的,主要包括以下几个方面:

　　1. 团队带头人要关心团队教师的成长,对教师专业实践活动进行监督和指导。

　　2. 建立团队内部的激励机制,营造团队文化氛围,鼓励先进,鞭策后进。

　　3. 团队成员要勤奋进取、乐于奉献。成员间要平等互助、团结协作、成果共享。

　　4. 团队带头人对团队成员的专业实践活动进行质量控制与管理。采取目标管理和过程管理相结合的方式,不但关注实践活动的结果,还要

关注实践活动的过程和效率。实施管理包括以下四个环节:

(1)日常记录与反思。在实践过程中,每位教师要对每天的实践内容进行简要记录,并结合教学实际进行认真反思,系统运用本专业知识将实践的感性认识进行升华,总结实践收获;

(2)阶段小结与小组研讨。在整个实践过程中设定几个关键节点,进行阶段性总结,就实践中遇到的各种技术或管理问题进行小组交流及研讨,发挥团队成员间的相互协作与相互启迪作用,团队带头人提出建议并对取得的阶段成果给予鼓励;

(3)实践成果考核。在分阶段实践结束时,每位教师要提交实践总结报告或调研报告,并在团队内进行交流。团队带头人结合实践单位鉴定意见,给出教师的实践成果考核意见。

(4)实践成效评价。教师实践活动的终极目标是提高教学水平,因此,对教师实践活动的成效评价要从教师是否将自己的实践成果反哺于教学,提升了学生的实践能力来评价。教师要努力将实践中积累的案例引入校内的教学活动,通过更新教学内容、改革教学方法、开发综合性、设计性、创新性实验项目,指导学生完成基于工程实际的毕业设计和课程设计等活动实现教学水平的提升。

表6-5中记载有团队带头人在规划实施过程中对实施效果的逐年评价,以及在团队成员的三年培养计划结束时对教师培养效果的评价与分析,这些评价与分析会为团队成员的后续专业发展提供重要的参考。

第七章　应用型大学管理队伍能力素质

第一节　应用型大学管理队伍能力素质要求

能力素质是判断一个人能否胜任某项工作的起点,是决定并区别绩效好坏差异的主要特征。管理能力素质是驱动管理人员产生优秀工作绩效的各种个人特征的集合,反映的是通过管理人员外在的工作行为所表现出来的知识、技能、个性、态度、价值观、内驱力等。

根据国内外心理学界和管理学界的研究,我们将管理人员能力素质的内涵界定为三个方面:

一是知识:主要是指一个管理者所必须掌握的、并在实际工作中需要直接和间接运用的,关于自然、社会和思维等的方方面面的知识,如管理学知识、教育学知识、经济知识、法律知识等。

二是技能:主要是指一个管理者解决具体问题、完成具体任务时所要用到的各种过程性能力,比如:战略思维能力、决策能力、沟通能力、协调能力、运用计算机的能力等。

三是品质:主要是指管理者的个性、态度、价值观、社会动机等,如政治思想素质、公平公正素养、合作意识、服务意识等。

应用型大学的管理人员,是指校、院领导班子成员以及在校、院机关党政部门、群团组织、直属单位中从事党务、行政管理或教务管理工作的人员。

应用型大学中的党政管理人员,是指在应用型大学党政管理部门工作的所有人员。应用型大学中的教务管理人员、学生管理人员都属于党政管理人员的范畴,但由于这两类人员在应用型大学管理中具有特殊的重要性,所以,本书将这两类管理人员单独分列出来进行研究。这样,我们就将应用型大学的管理人员划分为三个系列:一是党政管理队伍(不含教学管理人员、学生管理人员);二是教学管理队伍;三是学生管理队伍。

通过对应用型大学管理工作的分析和研究,得到的能够解释和预测管理者工作绩效的一系列能力素质,反映了应用型大学对管理队伍能力素质方面的要求。

一、党政管理队伍的能力素质要素

一所应用型大学管理水平的高低,关键在于管理队伍的能力素质。提高应用型大学党政管理队伍的能力素质是提高学校教学质量、学术水平和办学效益的组织保障。作为应用型大学党政管理人员,应该具备以下能力素质,才能适应应用型大学改革、发展的需要。

(一)知识

应用型大学的党政管理人员必须要有广博的通用知识和扎实的专业知识,才能胜任应用型大学的管理工作。具体说来,应该具有如下知识:

一是综合性知识。包括政治理论(如中国特色社会主义理论体系、时事政治、国际政治等),党和国家的方针政策,哲学、文学、历史、现代科技方面的知识等。

二是领导学知识。应用型大学的党政管理人员,特别是领导干部,必须具备管理学、组织行为学、心理学、人力资源管理等方面的知识。

三是教育学知识。应用型大学是一个培养工作在生产、建设、管理、服务一线的应用型人才的教育机构,应用型大学的党政管理人员必须具备教育学的相关知识,特别是应用型大学的相关知识,如应用型大学的办学定位和办学特色、学科专业建设特点、教育教学改革、人才培养模式等方面的知识,这样才能办好人民满意的应用型大学教育,不断提高应用型人才培养质量。

四是法律方面的知识。应用型大学的管理人员要学法、知法、懂法、用法,以合法地行使自己的职权。

五是现代信息技术方面的知识。要能熟练地掌握各种现代化的办公设备,如计算机、传真机、复印机等设备和办公软件的使用方法。

六是专业知识。应用型大学的管理人员还必须拥有相关的专业知识,如财务管理人员应该具有财务方面的专业知识,宣传管理人员应该具有宣传、新闻方面的专业知识,每位管理人员都要力争成为所工作领域的内行乃至专家。

不同级别的党政管理人员对上述知识素质的要求是不一样的。校级领导对领导学知识、教育学知识、综合性知识的要求是比较高的;中层领导(部/处以及院/系级的领导)对现代信息技术方面的知识、专业知识要求是比较高的;而一般管理人员对现代信息技术方面的知识的要求最高,而对其他方面的知识要求相对较低。

总之,应用型大学的党政管理人员必须既具备广博的通用知识,又具备从事专门化管理工作的专业知识。如校级领导首先应该是教育家,然后是某一方面的专家;学院的负责人、校机关重要行政部门负责人应该既是学科、专业上的带头人,同时也是管理上的专家。各个层次的管理人员都应该具备多方面的知识,只有这样,才能不断提高服务水平和管理质量,保持管理创新的活力。

(二)技能

1.战略思维的能力

应用型大学的党政管理人员,特别是领导干部,要具备战略思维能力,也就是能从宏观、大局、长远考虑问题,"站得高、看得远"。在空间上要"站得高",即要有较强的全局意识,跳出局部利益的狭隘圈子,打破"单位所有制"的意识,跳出本学校、本单位、本部门的视野,在综合分析校情、院情的基础上,放大优势,强化特色,扬长避短,比学赶超,实现由弱变强、由劣变优;要跳出大学围墙,主动服务地方经济和社会发展,在服务中拓展空间,在服务中赢得支持。在时间上要"看得远",即立足长远,规划未来,既要有近期的发展目标,更要有中长期发展打算,在迈出第一步时,就要想到第五步、第十步。"人无远虑,必有近忧",大学更是如此,在高等教育竞争日趋白热化的今天,特别是对社会认可度还不是太高的应用型大学来说,对未来的超前谋划并搞好"顶层设计",制定有效发展战略,对学校在竞争中获胜非常重要。

2.知人善任的能力

政策确定之后,干部就是决定性的因素。对应用型大学党政管理部门的领导干部来说,选人用人是其重要职责。他们必须善于了解不同下属的特点,并深刻理解不同岗位和任务对任职者的不同要求,从而能够在充分发挥下属之长、避其之短的情况下,实现人与岗位的最佳匹配,同时为下属提供充分发挥才能的最佳舞台和空间。

3.决策执行的能力

应用型大学党政管理人员担负着将上级的决策付诸实施的职责,为了雷厉风行地落实决策,就必须具有较强的执行能力。这其中应该包括制定计划的能力、组织推动的能力等。制定计划的能力也就是指为了完成或实现某一时期的任务或目标预先拟订办法、措施、方法和步骤的能力。应用型大学党政管理人员的工作是由很多具体事务综合而成的,需要事先进行周密的计划。只有善于科学计划,才能忙而不乱;组织推动的能力是指在管理活动中能够将人力、物力、财力等各方面的力量组合起来,调动和运用各个方面的积极因素,为实现管理目标做好工作的一种能力,主要包括贯彻执行方针、政策、法规等方面的能力,推进计划的能力,进行事务处理和方案最优化的决策能力等。只有具备较强的决策执行能力,才能很好地履行管理工作的职责,实现管理工作的目标。

4.沟通与协调的能力

在开展局部工作的过程中,有很多需要沟通协调的问题。沟通协调问题牵扯到部门和全局的关系,也牵扯到部门与部门之间的关系。一个学校的内部外部、横向纵向、各部门之间都有一定的联系。大学管理离不开上下左右、方方面面的沟通和协调,因为部门不是孤立存在的,而是全局中的一个方面,需要部门之间的工作配合;另外应用型大学更注重与社会上企业、行业的合作,党政管理人员更应具有较强的沟通与协调能力,处理好学校内外的关系,促进产学研合作,努力为本校、本部门的各项工作以及发展创造一个宽松、和谐的工作环境。要做好沟通与协调工作,党政管理人才要具有良好的语言表达能力,能友善、得体、适时、清晰地表达自己的意见、提出自己的观点。此外,党政管理人才还需要具备较强的自我控制能力,能理性地控制自己的情绪,这是正确处理好各方面的人际关系不可缺少的能力,是建立良好人际关系的基础。高校党政管理人员的日常工作,主要是对人的管理,与人打交道,要沉着、宽容、耐心,妥善处理工作中的各种矛盾。

5.化解危机的能力

随着社会的发展,现在影响学校安全与稳定的不可预测因素和突发性事件越来越多,这是对管理人员能力的一个严峻考验。应用型大学的党政管理人员要通过学习和实践,不断提高应对复杂局面、维护校园安定团结、保障师生及国家利益、促进事业和谐发展的能力。要做到及早发现问题,把问题解决在萌芽状态。正如古人所说"上医医无病,中医医欲病,下医医已病",管理学也强调,事后补救不如事中控制,事中控制不如事前预防;当偶然出现了个体性事件,要迅速处置,做好舆论引导,防止演化成群体性事件;当不幸出现了群体性事件,局面复杂,要知道处置的程序,临危不乱。应用型大学的党政管理人员要在不可预料的事件中艰苦锻炼,才能促进自己的快速成熟,才能经受得起各种考验,组织领导水平才会显著提高。

6. 调适心理的能力

健康的心理、良好的心态,是顺利工作、幸福生活、进步成长的重要条件。作为应用型大学的党政管理人员,一定要培养健康的心理和良好的心态。一是应该做到谦虚,"满招损,谦受益",尊重身边的每一个人,听得进意见;二是宽容,海纳百川,有容乃大。作为一名管理人员要心胸宽广,既能容事,又能容人,不能以个人好恶为标准,不能把别人的特点、个性、与自己的不同当做缺点,应多用包容之心对待同事和下属,多用换位思考对待分歧和意见;三是合作,懂合作是大智慧,会合作是大本事。工作中多谦让一些,多开诚布公,多救台补台;四是豁达,人生中有顺境,也有逆境,有成功、也有失败,有表扬也有批评,有幸运的时候,也有挫败的时刻,人要经得起挫折,承受得了失败,正确地对待自己的得失进退,胜不骄败不馁。

7. 工作创新的能力

管理的本质就是创新。如果我们的干部只埋头做那些过去已经做过的事情,那么,学校的党政管理工作就会停滞不前,甚至可能衰退。创办应用型大学本身就是个创新,故应用型大学的管理人员应该不断去探索,永远做一个创新者。创新不仅体现在制定学校规划,使之适应社会进步和教育发展的客观要求,也体现在行使各项管理职能时的创新精神。应用型大学在方方面面的新目标、新要求、新做法等,都需要在实践中探索、开拓。另外,目前的高校管理体制改革基本上是为了适应传统的计划经济向社会主义市场经济的转化,有许多新问题是前所未有的,甚至是无法借鉴的。在这种形势下,管理干部应充分发挥各自的创造潜力,勤于思考、善于实践、勇于开拓、不断创新,能根据党的教育方针政策,从学校和本单位的实际出发,不断提出新的工作目标,创新工作方法,提高工作效能,取得新的工作业绩。

8.学习与研究的能力

党政管理人员承担着为教学服务,为广大师生员工服务的重任,必须有终身学习的意识,做到边工作、边学习、边研究。应用型大学的办学历史还不长,应用型大学的办学规律和管理方法需要探索和研究,所以,应用型大学管理人员的学习与研究任务很重。要自觉把自己培养成为学习型人才,把所在的单位和部门建设成为学习型组织。深入的学习就是研究,管理人员需要把学习提升为研究式的学习,这里的"研究"是围绕着本职工作的研究。管理人员应努力具备学习研究的能力,这是因为,认识需要在研究中深化;工作需要在研究中提高;难题需要在研究中化解;局面需要在研究中开拓。很多党政管理人员都感觉到建设人民满意的应用型大学、提高人才培养质量,有很多阻碍和困难,自己的工作中也有很多难以解决的问题,这就说明需要大力加强学习,努力推进调查研究。党政管理人才要自觉树立学习意识,自觉学习管理理论和专业知识,还要向实践学,向其他同志学习,作为办学者,应用型大学的党政管理人员应博采众长,要向老大学学习,要向高职院校学习,也要向同类院校学习,汲取办好应用型大学所需的有益知识和经验。同时也要善于在实际工作中总结提炼,总结好的经验和做法,提升到理论高度,以利于在以后的实践中发挥作用,另外,要善于分析失败的原因,查找根源,以便于在以后的工作中吸取教训,少走弯路。要善于从日常工作中提出问题,因为研究发端于问题。党政管理人员不仅要研究日常工作中的问题,而且要研究工作中不断出现的新情况、新问题,还要勇于研究工作中存在的老大难问题、长期解决不了的问题。要培养研究问题的风气、氛围,鼓励大家研究问题。要把研究问题列入党政部门的日常工作计划之中,部门负责人应当成为研究问题的提倡者、思考者和组织者。

9.运用现代办公设备的能力

应用型大学要求学生有较强的动手能力,首先应要求教师、管理人员都要具有较强的技术应用能力,这是自然也是必然。能力建设是应用型大学所有成员必修的功课,这其中就包括对计算机、传真机、复印机等现代办公设备和各种计算机软件的操作运用能力,与之相关的还需要具有较强的外语能力。现代办公设备、信息网络设施、软件等其技术越来越复杂、越来越先进,要求应用型大学中的党政管理人员要善于接受新生事物,加强学习和实践,对现代办公设备和技术驾驭自如,跟得上科技发展的步伐和要求,真正胜任自己的工作。

不同级别的党政管理人员对上述技能的要求是不一样的。校级领导对战略思维的能力、知人善任的能力、学习研究的能力要求较高;中层领导对决策执行的能力、沟通与协调的能力、化解危机的能力、调适心理的能力、工作创新的能力、学习研究的能力、运用现代办公设备的能力要求均较高;而一般管理人员对调适心理的能力、运用现代办公设备的能力、决策执行的能力、工作创新的能力要求较高。

(三)品质

1. 政治思想素质要高

政治思想素质是应用型大学党政管理人员品质最重要的方面,主要内容包括较强的政治意识、大局意识和责任意识。也就是说,应用型大学的党政管理人员要坚持社会主义办学方向,认真贯彻落实党的教育方针,要不断以科学的理论武装自己,坚定理想信念,增强政治觉悟,提高对政策的理解水平;要从国家、地方、学校大局考虑问题、做出决策,要坚持局部利益服从全局利益、短期利益服从长期利益、个人利益服从集体利益;要有办好应用型大学的强烈责任感和紧迫感,以及为此而奋斗的奉献精神。在履行工作职责、完成工作任务的过程中,要勇于承担责任,不回避责任所带来的风险,也不推卸在完成任务的过程中所出现的各种失误,要义不容辞地担当起"管理育人"的重任,模范高效地服务于学校人才培养和发展事业。

2. 敬业精神要强

随着办学规模的不断扩大,目前应用型大学"家大业大",党政管理工作门类众多、千头万绪,任务繁重。党政管理工作人员要处理好各种纷繁复杂的事务,要协调好各方面的关系,整日忙忙碌碌,但同时高校党政管理工作又是比较清苦的,不可能像从事教学、科研的教师那样,能够取得明显的学术成果和学术地位,获得种种精神奖励和物质报酬。因此,党政管理工作人员要无怨无悔、爱岗敬业、甘于奉献,要舍得投入精力、感情,踏踏实实工作,方能有管理工作的高效运转,否则,就会由于社会分配的不尽合理感到吃亏而不安其位。

3. 工作作风要过硬

过硬的作风是高校党政管理人员紧密联系师生、高质量完成各项工作任务的先决条件,其中包括较强的服务意识、合作意识,处事公平公正、做事雷厉风行。党政管理人员要把全心全意为人民服务的思想贯穿于管理工作的全过程,深入了解广大师生的内在需求,组织本单位、本部门为广大师生提供高质量、高效率和低成本的公共产品与服务;要善于觉察广大师生的内在需要,并将其与本单位、本部门的工作相联系,从而不断改进服务师生的方式,不断提高服务师生的质量;要善于通过与他人的协作来实现工作目标,能跟同事、上级、下属和周围的人形成和谐的团队,共同应对各种困难问题;要善于协调处理不同群体之间及群体内部的利益关系,充分调动各方面的积极性和创造性,形成战胜各种困难和风险的强大合力;要不断提高民主意识,公平公正待人处事,以实事求是的态度,而非个人的主观好恶来对人和事做出判断、评价和处理;工作中讲究时效,养成立说立行、争分夺秒的工作作风,实现管理的高效能;要廉洁守法,干干净净做事,清清白白做人。

不同级别的党政管理人员对上述品质要素的要求是不一样的。校级领导对政治意识、大局意识、责任意识、爱岗敬业、踏实奉献、处理事务的公正性要求较高;中层领导对合作意识、爱岗敬业、踏实奉献、政治意识、大局意识、责任意识、服务意识要求均较高;而一般管理人员则对合作意识、服务意识、爱岗敬业、踏实奉献、责任意识要求较高,而对其他方面的品质要求较低。

二、教学管理队伍的能力素质要素

应用型大学教学管理人员包括学校、二级学院分管教学工作的校领导和院领导、学校教务处所有工作人员、学院负责教务的工作人员、系(部)教学秘书等专、兼职从事教学管理的人员。

教学是大学的中心工作,教学管理是全校教学计划得以顺利实施、教学质量得以保证、人才培养目标得以实现的前提和重要环节,教学管理在大学管理工作中处于核心地位。下面,仍从知识、技能、品质三个方面对应用型大学的教学管理人员能力素质要素进行分析和研究。

(一)知识

教学管理人员要具备较为扎实的基础知识和专业知识,可将这些知识概述如下:

一是人文社会科学、自然科学方面的基础知识,包括政治理论、党和国家的方针政策、哲学、文学、数学、物理、外语等方面的知识。

二是作为教学管理人员应具有的基础知识,如管理学、教育学、社会学、运筹学、心理学、人际关系学、法律方面的知识等,并能灵活运用于实践。

三是教学管理人还要熟悉教学管理的专门知识,如学籍管理、教学计划管理、考务管理、教学质量管理等日常教学管理业务理论,并能按照这些知识、规律和标准做好教学管理工作。

四是教学管理人员所在教学单位的专业知识。作为教学管理人员必须了解本专业各学科的教学特点,熟悉课程设置规律,在安排各个教学环节、制定实施教学计划和教学活动时要保证其科学性、合理性,否则,不适宜的安排活动势必造成工作的混乱,甚至导致教学事故的出现。

五是教育学知识,应用型大学工作人员本身就应是一个知识库,有许多教育学知识需要学习、研究和探讨,如办学定位、办学特色、培养目标、培养方式、教学改革等。

不同级别的教学管理人员对上述知识要素的要求是不一样的。校级领导对人文社会科学、自然科学的基础知识,教学管理基础知识(管理学、教育学、社会学、运筹学、心理学、人际关系学、法律方面的知识等)要求较高;中层领导对教学管理的专门知识、教学管理基础知识(管理学、教育学、社会学、运筹学、心理学、人际关系学、法律方面的知识等)要求较高;而一般管理人员对教学管理的专门知识、教学管理人员所在教学单位的专业知识要求较高。

(二)技能

1.战略思维的能力

应用型大学的课程设置、教学规律、时间安排等与研究型大学相比,有自己的特点和复杂性,应用型大学的教学管理人员要头脑清晰,具有良好的思维能力。校、院教学管理的领导,要解放思想,具备战略思维的能力和前瞻眼光,能够进行顶层设计;中层教学管理人员要能为学校领导出谋献策,能够推动落实学校各项教学管理计划;基层一般教学管理人员要能够对教学管理工作的各个环节和程序了如指掌、心中有数,操作起来游刃有余,有较强的执行力。总之,教学管理工作异常复杂,千头万绪,教学管理人才必须头脑清晰,思维敏捷。

2.知人善任的能力

担任领导职务的教学管理人员必须具有知人善任的能力,要能发现和正确识别下属的个性和特长,给每一个人都安排最合适、最能发挥特长的工作。把最合适的人放在最适合的岗位上,才能产生最大的工作效率。用人是一个领导者的基本功,应用型大学教学管理工作异常繁重,用好人,才能事半功倍,用人不当,不但工作质量不高,还会给领导造成困扰、加重负担。

3.观察能力、表达语言、应变的能力

应用型大学办学过程中会遇到很多新事物,需要有敏锐的视角和洞察力,应对新情况、新问题。教学管理人员要具有对客观事物进行去粗取精、去伪存真、由此及彼、由表及里的全面、正确、深入认识的能力,对客观事物要既能看到它的正面,也能看到它的反面;既能看到它的本体,也能看到与它相联系的条件;既能看到它的现象,也能透过现象看到它的本质;既能认识到它的现状,也能比较准确地预见它的未来。在教学管理工作中,只有具备这些能力,才能及时发现教学运转过程中存在的问题和教学活动中具有普遍意义的现象,才能提出解决问题的途径和方法。

教学管理人员要有较强的口头表达和文字表述能力,善于和学校各职能部门进行良好的沟通,能够清楚地有说服力地表达自己的思想和意图,使各项改革措施和规章制度能得到各部门的支持。处理具体业务工作时,能做到上情下达,下情上报,能够书写一般的应用文,如会议纪要、工作计划、总结、调查报告、教学情况分析、通报、表扬、处分决定等等。教学管理人员还要明确开学准备阶段、开学阶段、稳定教学及管理阶段、期末阶段等各阶段的主要工作内容及特点,能够参与教学计划的制订、修改和实施,教学活动的组织安排,期中教学检查,学年教学评估等,并能提交书面形式的工作文件。

应用型大学在教学过程中,可能会遇到较多的实验、实习、实训教学安排,及较多的与行业、企业打交道的机会,教学管理人员要学会适应这种新的教学管理状况。同时,教学管理人员既要与学校有关职能部门联系,又要与学院、系(部)以及教师、学生打交道,这就需要较强的应变能力。首先,必须具有良好的人际关系。教学管理人员在工作中,要谦虚谨慎、相互尊敬、相互理解;其次,在教学的具体运行过程中,往往会出现这样或那样的突发情况,比如:教室停电、教室没开门、任课教师没到等等,遇到这类情况,教学管理人员要保持清醒的头脑,果断地处理偶发事件,稳定学生的情绪,以确保教学工作的正常进行。在教学过程中教师和学生既是管理的对象,也是管理的主人,教学管理人员应该虚心听取教师与学生的反馈意见并及时作出相应的调整,使教学管理工作不断迈上新台阶。

4.组织管理、统筹协调的能力

教学管理人员要具备较强的组织管理、统筹协调的能力,主要包括贯彻执行政策、方针、法规等方面的能力;制订规划、方案、程序的能力;进行事务处理和选择最优方案的决策能力;对教学管理工作进行有效地指挥、协调、监督的控制能力等。教学管理人员的组织管理能力,主要体现在围绕本部门的工作计划,妥当安排工作,切实完成各项工作任务,同时调动广大师生的参与热情和积极性上。教学管理人员在学校、院、系(部)的教学管理中不能等同于一般的办事员,在许多看似琐碎的事务性工作中,要事事有原则,件件有章法,处处讲研究。教学管理人员是整个教学活动过程的主要参与者和组织者,这就要求他们都必须要在自己的岗位上精心设计、认真组织,把每一项教学要求落实到具体工作之中。因此,教学管理人员的科学管理能力对保证教学质量和人才培养质量起着举足轻重的作用。

美国学者唐纳利等在《管理学基础——职能、行为、模型》一书中对管理是这样定义的:"管理是由一个或更多的人通过协调他人的活动,以便收到个人单独活动所不能收到的效果所进行的各种活动"。现代科学管理理论的一个重要原则,就是要在合理分工的基础上,组织起严密有效的协作,唯有这样,才能提高效率。这要求教学管理人员必须对教学工作的整体构成及如何完成整体工作有充分细致的了解,能从本部门和系统的全部内外因素考虑问题,并尊重他人的意见建议,只有这样,才能达到整体目标,实现效益的最大化。教学管理人员必须善于发现矛盾,并通过交流和沟通,使认识统一到总目标总要求上来,以总目标总要求为依据来协调工作,充分发挥各个部门和广大师生员工的主动性和创造性。应用型大学的教学工作具有多学科、多层次、多样化的特点,教学管理工作呈现出多样性和复杂性,因此,教学管理人员要有综合统筹的协调能力。

教学管理人员还要具备妥善处理问题的能力,也就是教学管理人员在处理问题时,要有达到原则性和灵活性高度统一的能力。在学校的教学管理工作中有许多规章制度,如学生学籍处理依据的《学生学籍管理规定》,计算教师工作量依据的《教师工作量计算办法》等,每一项都和教师、学生的利益密切相关,这就要求教学管理人员具有高度的原则性,不徇私舞弊,严格按照规章制度办事。譬如,学生考试作弊要毫不留情地敢抓敢管,抵制来自方方面面的"说情风",及时做出处理决定,按原则办事,决不手软。当然,管理也是服务,应把严格管理与热情服务紧密结合起来,提高管理的艺术。

5. 运用现代化办公设备、处理信息的能力

随着现代科学技术的迅速发展和教育改革的不断深化,传统的办公方式、方法和手段已经不能适应新形势的需要,办公自动化已成为管理现代化、决策科学化的重要一环。如今,校园网、多媒体、计算机、传真机等在教学管理中的运用越来越广,教学管理人员应具备运用现代化设备的能力,能够用之来处理大量的信息和数据,不断提高办事效率和工作质量,促进管理工作的进步。比如:使用校园网可以进行日常办公和管理;使用教务管理信息系统可以对学生的学籍、教师的档案、教学设备仪器、成绩的统计分析、课程的编排以及各种公文等进行管理,能够实现教学管理工作的系统化、规范化、科学化,提高管理工作的有效性。因此,教学管理人员尤其要能够熟练掌握和运用计算机网络知识和应用技术,不断提高教学管理水平。

教学管理人员还要具备较强的信息处理能力。在当今这个信息社会里,信息是一种资源,教学信息既是教学资源也是管理资源。教学管理人员要善于捕捉各方面的教学信息,逐步提高获得信息的能力,并能运用教育测量、教育统计、教育评价等方法分析处理获得的各种信息资料。要善于利用获得的信息,为教学管理、教学改革、提高教学质量服务。教学管理过程从某种意义讲也就是信息处理的过程,因此可以说,信息是教学管理者管理活动中决策和计划的基础,是组织和控制教学管理过程的依据,是各教学工作环节和管理层次互相沟通、联络,形成有机网络的纽带。要充分发挥信息在应用型大学教学管理中的作用,充分重视教学管理信息的处理。管理信息的处理,是指把来自管理环境的间接管理信息和本系统输出的信息,通过管理者的收集、加工整理,转变为直接管理信息,以供管理活动使用,主要包括:教学管理信息的收集、加工、使用、传递和储存。

6. 教育科研的能力

教学管理是一门科学,在当前的中国国情下,兼有行政管理与学术管理的双重职能,它不仅要履行一般的行政性管理,而且要根据办学指导思

想和人才培养目标等,进行大量的教育教学研究,承担起学校教学工作的学术性管理职能。应用型大学与研究型大学在课程设置、人才培养模式、教学方法、质量评价、教学管理等许多方面都存在着诸多不同,在应用型大学中,如何推进专业设置与改造、课程计划的制订与修订、教学内容与教学方法的改革、教学质量的评价与管理、优秀教材的选用与推广等问题都有很强的学术性与实践性,教学管理人员必须运用正确的方法去观察、分析、思考和解决才能不断提高教学质量和人才培养质量。因此,对教学管理人员来说,具有较强的教育科研能力是非常重要的。同时,大学又是人才荟萃之地,管理者面对的是当代大学生和学有专长的教师,他们思维敏锐,思想活跃,学识渊博,认识问题全面深刻。为此教学管理人员应有较高的学术水平和科研能力,才能胜任所从事的工作。

7. 开拓创新的能力

管理的本质是创新。创办应用型大学本身就是教育创新,它将创新性注入了各工作环节。如果教学管理人员只埋头做那些过去已经做过的事情,那么,这所学校的教学管理就会墨守成规,停滞不前。管理人员应该永远是一个创新者。创新不仅体现在制订规划之中,使之适应社会经济和科学技术发展的客观要求,而且在执行管理的各项职能时,也需要有创新精神。目前的应用型大学在教学管理、质量监控和教务管理系统的运用中,都有许多新问题是前所未有的,甚至是无法借鉴的。在这种形势下,管理人员应充分发挥各自的创造潜力,勤于思考、善于实践、勇于开拓、不断创新,要能根据党的教育方针政策,从学校的实际出发,设计自己学校的教学管理方案,不断提出新的教学管理目标。总之,要具有研究新问题、解决新矛盾、开拓新途径、产生新思想的能力。

8. 自主学习、吸收新知识的能力

在终身学习、学习化社会风潮扑面而来的同时,知识、科技、生活无时无刻不在变化,人们再也不可能仅依靠十几年的学校教育就能将终身需求的知识掌握。办好人民满意的应用型大学教育,就必须不断提高教育教学质量和人才培养质量,这就要求不断提高教学管理水平。因此,教学管理人员不能因循守旧,要适应教学管理工作和时代发展的新需求,不断补充和更新个人知识。要注意学习信息技术和网络技术,掌握现代化的办公设备。要注重学习现代教育科学和管理科学,把握现代教学规律和教学管理规律,以达到管理质量的最优化。要注重学习教育法律法规,在制订教育管理规范、处理教学事故等教学管理实践中要坚持依法办事,合法地行使包括教学管理在内的各项权利,制订出上符国法,下合校情的教学管理制度,避免发生各种纠纷。

不同级别的教学管理人员对上述技能的要求是不一样的。校级领导对战略思维的能力、知人善任的能力、组织管理和统筹协调的能力、教育科研的能力、开拓创新的能力、自主学习、吸收新知识的能力要求较高;中层领导对观察、表达、应变的能力、组织管理和统筹协调的能力、运用现代化办公设备、处理信息的能力、开拓创新能力、自主学习、吸收新知识的能力要求较高;而一般管理人员对运用现代化办公设备、处理信息的能力、观察、表达、应变的能力、自主学习、吸收新知识的能力要求较高。

(三)品质

1.较高的政治思想素质

应用型大学的主要任务是为地方经济建设和社会发展培养合格的应用性高技能人才,进行应用性的科学研究,以产学研合作为主要途径服务地方经济建设。要完成好这些任务,就需要有高质量的教学工作以及教学管理工作。如果教学管理工作搞不好,就会影响学校工作全局,影响应用型大学任务的完成和办学目标的实现。教学管理人员必须具有很强的全局意识,要能从学校工作全局、从学校师生的整体利益、长远利益出发考虑问题、处理问题,处理好全局利益与局部利益、长远利益与短期利益、集体利益与个人利益之间的关系,在工作中协调好校、院之间的关系,学校与教职工之间的关系,教师与学生之间的关系,学生与学生之间的关系等。教学管理工作都是为教学服务、为师生服务的,管理只是手段,是过程,服务才是内容,是实质。因此,教学管理人员必须具有很强的服务意识,做到全心全意为教学服务,为师生服务。教学管理无小事,一个合格的教学管理人员应该具有较强的责任意识,以高度负责的工作态度、认真细致地对待每一项工作。教学管理工作许多都涉及到师生的切身利益,教学管理人员待人处事必须做到公平公正,让师生心悦诚服。

2.较高的职业道德素质

由于应用型大学的教学管理工作多为琐碎、具体的工作,使得一些人对教学管理工作存有偏见,认为这都是些不足挂齿的简单劳动,甚至认为基层教学管理人员就是"听差的"、"跑腿的",往往对教学管理人员比较轻视。而且,教学管理工作责任大、压力大,事务繁忙,付出多、名利少,按规定处理事务时很容易得罪人、被人误解。因此,做这种"吃力不讨好"的工作,要求教学管理人员必须具备较高的政治思想素质和自我奉献精神。只有具备了较高的政治思想素质,才能树立正确的观念,做到以饱满的工作热情、强烈的事业心和严肃认真的工作态度,积极投入到教学管理工作中去。这也就是说,只有自愿、安心地做教学管理工作,不计名利,甘于奉献,才有可能成为合格的教学管理人员。

由于教学管理工作的性质和特点,教学管理人员接触的事情多,涉及范围广,因而遇到的矛盾和问题也相对复杂。当学院与机关之间、师生之间、领导与教师之间因缺乏交流产生误解,或对政策文件理解不一致时,教学管理人员应耐心解释、努力促进沟通,消除误会。当领导、教师或学生需要查阅资料、统计数字、打印材料或通过教学管理人员互相传达信息时,要做到认真、耐心、全心全意服务,不计个人得失。教学管理人员还要具备严谨的工作态度。特别是基层的教学管理人员,每天面对的可能都是一些诸如教师调课、为学生安排考试、传达上级文件精神、整理教学档案等等"小事",然而这每一件"小事"的完成情况都有可能直接影响到全校的教学活动和教务管理工作。在这每一件"小事"上,如果出现差错都将可能导致部分教学工作无法正常进行,因此,教学管理人员要养成一丝不苟的工作作风,尽量减少差错的发生。

3.较好的身心素质

要具有健康的体魄,才能够支撑高强度的工作。健康的身体、充沛的体力是教学管理人员胜任工作的物质条件和基础。教学管理工作任务繁重、艰苦,既有定期的常规性工作,也有临时性的突击任务,既有主动的、有计划的工作,也有上面交给的临时任务,常常需要加班,这不仅需要教学管理人员付出繁重的脑力劳动,也需要有健康的身体、充沛的体力来支撑。

教学管理人员还应具有良好的心理素质,即良好的人际关系和良好的个性心理,能够承受各种挫折、误解、委屈,学会调整心态,保持良好的情绪和坚强的意志力,培养积极向上的工作作风,正确认识自己,悦纳他人,学会化解各种矛盾,协调各方面关系,克服一切困难,愉快地完成教学管理工作任务,在工作中切实做到"以人为本,管理育人"。

不同级别的教学管理人员对上述品质要素的要求是不一样的。校级领导对全局意识、责任意识、公平公正、甘于奉献的精神要求较高;中层领导对全局意识、服务意识、责任意识、公平公正、爱岗敬业、甘于奉献的精神、认真严谨、身心健康要求均较高;而一般管理人员对服务意识、认真严谨、责任意识、公平公正、爱岗敬业、甘于奉献的精神、身心健康要求较高。

目前应用型大学的教学管理人员中,不少同志,特别是一般管理工作者,没有相应的教学、科研任务,没有更多的机会参与到应用性教育教学改革的探索和实践中去。所以,他们对应用型大学的理念和宗旨理解还不够深,在管理工作中,常常沿袭重点大学的管理体制和管理模式,没有将应用型大学管理的特殊要求转化到职能机构设置和岗位职责中,并更改相应的办事程序和办事流程,修订相关教学管理文件。教学管理人员应该进一步完善学分制,增加学生实验、实训课程和实践活动的学分,把学生职业资格证书的获取和学分挂钩,允许学生离校到实际岗位锻炼,根据实际情况延长学制。加强应用型大学管理队伍建设应着力解决以上的问题。

三、学生管理人员的能力素质要素

应用型大学的学生管理人员队伍由分管学生工作的校、院领导,学生工作部(处)工作人员、学院学工办、辅导员以及班主任等组成。学生管理人员队伍具有自己的能力素质特征。

伴随着我国高等教育的大众化,应用型大学得到了快速发展。由于社会转型、制度转轨、观念转变、高等教育大众化的影响,以及独生子女等原因,导致应用型大学的大学生出现许多新特点:他们在政治上趋于成熟,但对大部分问题的理解仅停留在表面,对一些深层次问题认识不清;思想活跃,求新意识强,但鉴别能力差,思想容易波动;对人生比较积极,但面对困难却缺乏勇气及处理问题的能力;价值取向多元化,但更多带有明显的功利性;追求人格的独立,注重自己个性的张扬,但集体观念差,团队精神不强,怕吃苦;重视人际关系,活动能力较强,社交范围扩大,社会同学关系亲情化,渴望教师的理解、支持,希望与教师平等;学习的自觉性、主动性较差,学习意识、学习能力有待提升,需要关心帮助的学生较多。为了做好这些学生的管理工作,应用型大学的学生管理人员应该具有较强的能力和较高的素质,具体讲应有如下的能力素质。

(一)知识

当代大学生是一个知识群体,他们思想敏锐,信息灵通,接受新事物快,拥有一定的科学文化知识,应用型大学的学生管理工作人员要想有效地做好大学生思想政治教育工作,就必须以较高的文化素质、广阔的知识面做基础。多元的知识结构和深厚的知识储备是高校学生管理人员做好大学生思想政治教育工作的基石。学生管理人员的知识结构应包括以下几个方面:

一是广泛的社会文化知识,包括政治理论以及马克思主义基本原理、中国特色社会主义理论、党和国家的方针政策、哲学、历史、地理、自然科学等方面的知识;二是管理方面的基础知识,如管理学、法律知识等;三是思想政治工作知识,如思想政治工作、德育工作基本理论等。掌握了这方面的知识,才能提高思想政治工作的针对性和科学性;四是教育学与心理学方面的知识。拥有这些方面的知识,才能对学生更好地实现导学、心理辅导、思想政治教育;五是前沿的现代技术知识。比如计算机、网络、手机、汽车等现代日常生活常常涉及到的相关产品及技术。只有了解同学们所关注和喜爱的事物,才能走近大学生,与他们交朋友。

目前的大学生群体对知识的需求表现得非常迫切,而学生管理人员面对的学生的专业不一定是自己所学的专业,作为一名"传道授业"者,学生管理人员必须学习全面的知识,特别是现代的新知识、新技能,对各个领域的知识技能都要有一定程度的涉猎和掌握,这样,做学生管理工作才会游刃有余。

不同级别的学生管理人员对上述知识要素的要求是不一样的。校级领导对管理方面的知识、社会文化知识要求较高;中层领导对管理方面的知识、社会文化知识、思想政治工作知识、教育学与心理学知识、现代技术知识要求均较高;一般管理人员对思想政治工作知识、教育学与心理学知识、现代技术知识、社会文化知识要求较高。

(二)技能

1. 战略思维的能力

对担负领导任务的学生管理人员来说,应具备战略性思维的能力、逻辑思考的能力、分析判断的能力,能够根据单位内外的环境,正确地判断形势,根据党的路线、方针和政策,以及上级部门的战略、目标与政策,确定本单位的目标以及完成这些目标的策略和战略性措施、手段。要确保本单位的工作能够与党和国家的方针政策保持高度一致,并充分体现当代社会发展的要求;要有能力建设和发展组织的愿景,进而将组织成员凝聚于共同的组织愿景之下,以实现管理工作的高效率;要善于博采众长,广泛听取师生与专业人士的意见,集中集体智慧,实现最优化的决策。

2.调查研究的能力

学生工作管理人员对广大学生进行教育管理时,一定要有的放矢,有针对性地开展工作才有成效。故此必须经常深入到自己的教育对象中,了解情况,掌握学生思想、心理动态和活动倾向,从了解和掌握的情况中发现问题和需要加强的工作,提高教育管理的时效性和有效性。

3.要具备灵敏的时代潮流感知能力

要想领导别人,首先要站在别人的前面,这是对学生管理人员要求的一个重要方面。应用型大学的学生和其他类型大学的学生一样追随潮流的步伐,对时代的变化不仅停留在认识层面,更具有主动创造的态度。以往曾经有言"三年一代沟",而对于当今时代,"三月一代沟"都不是妄言。在我们认真地研究学生中的一个动向的时候,有可能他们已经脱离了这个动向,转到了另一个动向去了。例如前段时间风行"拉丁文化",我们不断为他们的"街舞热潮"创造平台,但此时西班牙风、肚皮舞又要席卷许多高校了,满校园的瓷烫发又开始变回直发,满眼的拉丁短裙又变回了混搭风格。这个年代是丰富多彩的,让人目不暇接。我们的学生管理人员如果跟在学生后面跑也很难跟上他们的步调,不跑就更会被抛离,只有比学生具有更强的前沿时代感,灵敏地感知世界潮流动向,并辨别出真善美和假丑恶,才能正确地引导他们正确地面对潮流趋势,成为学生心目中崇拜的"明星"。

4.要具备较强的自主学习与业务研究的能力

当今时代,科学技术日新月异,知识信息不断更新,每个人都面临着新知识的挑战。应用型大学的学生管理人员必须具有较为完善的知识结构,通晓教育学、心理学、政治学、人才学、管理学等方面的知识,更需终身学习,不断掌握新的知识、技术和技能。因此,一名合格的学生管理人员必须养成终身学习的习惯与能力。

学生管理人员尤其应加强对心理知识和相关心理辅导技术的学习,强化心理训练能力,掌握心理发展规律,了解和分析自己的心理特征,完善自我意识,正确认识自己的角色定位。同时,还要掌握心理疾病的常见表现、成因及处理方法的一般知识,为大学生提供有效的心理健康咨询和服务,帮助大学生培养自信心和意志力,掌握心理调控的手段和方法,使大学生形成良好的情绪反应能力和适宜的宣泄方式,保持乐观、积极向上的心态。

学生管理人员还要加强对信息、网络知识和技能的学习,提高对信息的甄别、选择和分析能力。当今的社会是知识化和信息化的社会,对于正在构建知识结构、设计人生美好未来的大学生而言,并不是所有的信息都是有用的。即使有用的信息,仅靠大学生自己处理,其效能也会大打折扣。这就要求学生管理人员具有较强的信息处理能力,包括发现和确认信息的能力、选择和分类信息的能力、根据信息选择教育内容的能力等等。同时要学会和善于运用校园网平台,及时传输一些对专业教育、情感引导等有用的信息。学生管理人员只有尽快更新观念,加强对信息、网络技术的学习,不断提高现代网络应用技能,才能同大学生一起驶向信息高速公路,才能有效指导他们健康成长。

大学生思想政治教育是一门艺术,有赖于学生管理人员的创造性。但它又是一门科学,其理论需要在实践中不断地丰富和发展。面对工作中越来越多的"变量",应用型大学学生管理人员应该注意积累素材,加强调查研究,总结经验教训,进行理论提炼。要透过当前大学生中存在的各种现象,探索高校思想政治教育的规律和方法,预测思想政治教育的发展趋势,从而掌握工作的主动权。

5.具有较强的沟通能力和思想政治工作能力

学生管理人员要经常通过内容丰富、生动形象的语言去教育学生,因此,语言表达能力和沟通能力极其重要。一个优秀的学生管理人员要能熟练驾驭语言,做到准确、严密、通俗、生动。要努力掌握说话、对话和辩论的语言技巧,能够在公开的场合准确表达自己的观点、善于做演讲和宣传;要善于把自己的工作思路准确地用语言或文字表达出来,以便向上反映问题,向下进行宣传;要善于针对应用型大学的学生思想实际和心理特点,进行个别谈心和说服教育,多表扬、多鼓励、少批评,让学生树立自信,能够心悦诚服地接受思想政治教育。

把解决实际问题与解决思想问题结合起来是思想政治教育的一条重要原则。人们之所以会产生思想问题,不外乎两个方面的原因,一个是思想认识上的偏差,另一个是实际困难和问题。因此,对大学生的实际问题要尽心尽力帮助解决,比如对学习有困难、家庭条件差、心理有障碍的同学,要切实关注,尽心尽责地解决他们的问题,对由于条件所限一时解决不了的问题,也要做好耐心细致的解释工作,让同学们感受到学校及学生管理人员的真切关怀与温暖。

培养学生的创新精神,不仅有赖于课堂教学的改革,还有赖于有利于创新的校园文化氛围。这就需要学生管理人员加强引导,形成舆论氛围,大力宣传,激发创新。可以采用组织科技讲座或开展一系列创新实践活动的形式,为大学生参与创新活动搭建舞台。

目前,应用型大学的毕业生就业压力很大,毕业生迫切需要得到就业指导和帮助。与大学生接触最密切的学生管理人员在大学生就业指导工作中无疑承担着非常重要的任务。目前在我国,毕业生的就业指导工作远未达到专业化,应用型大学的学生管理人员应明确其就业指导和服务角色,增强自己指导毕业生就业的能力。

学生管理人员集教书育人、管理育人、服务育人于一身,是全面推进素质教育的重要力量。所以,应用型大学的学生管理人员要有较强的沟通和思想政治工作的能力以便做好大学生的教育、管理和服务工作,让组织信任、教师称赞、家长放心、学生爱戴。

6. 具有较强的应对危机和处理突发事件的能力

随着现代社会的不断发展,社会生活中的一些不确定性因素逐渐增多,在高校中由简单原因引起复杂结果的事件随时都可能发生。所以,在思想政治教育中,教育者应密切关注影响人们思想和行为的直接或间接因素,准确把握人们思想和行为变化的临界值,增强对思想行为可变因素的敏感性。面对复杂局面和突发事件,学生管理人员要有能力做到思维敏捷、判断准确、决策及时、行为果断、处置妥当。

学生管理人员与学生接触最多,会遇到许多无法通过预案处理的突发事件。为此,要求学生管理人员能通过在复杂环境中的实践锻炼,培养和提高自身审时度势、灵活反应、当机立断的能力,一旦发生重大灾害性事故、治安案件等突发事件,能做到处变不惊,沉着应对,果断处置,及时稳定学生的情绪,防止事态扩大。这就需要学生管理人员在日常生活中处处做有心人,积累生活经验,敢于面对各种复杂局面,处理事件时做到胸中有数。在发生新的情况变化时,学生管理人员要能够从现实出发,对原有的决策、方案和意见及时进行修改和补充,因势利导,把工作向前推进,把危机有效化解或妥善处理。

不同级别的学生管理人员对上述技能要素的要求是不一样的。校级领导对战略思维能力、知人善任能力、自主学习与业务研究能力、应付危机和处理突发事件的能力要求较高;中层领导对知人善任能力、时代潮流感知能力、自主学习与业务研究能力、沟通和思想政治工作能力、应对危机和处理突发事件的能力要求均较高;一般管理人员对时代潮流感知能力、沟通和思想政治工作能力、自主学习与业务研究能力、应对危机和处理突发事件的能力要求较高,其他方面的能力要求较低。

(三)品质

1.具有较强的政治素质和较高的道德素质

用马列主义、毛泽东思想和中国特色社会主义理论体系教育学生,把坚定正确的政治方向摆在首位,培养有理想、有道德、有文化、有纪律的社会主义新人,是教育工作者的任务。要完成好这一任务,就要求应用型大学切实加强和改进学生管理工作,学生管理人员具有坚定的共产主义理想和中国特色社会主义信念,具有鲜明的政治态度和坚定的政治立场,掌握正确的政治观点,具备较高的理论素养。面对大学生在政治上追求进步的热情,学生管理人员唯有具备良好的政治素质、才能,因势利导,保护好、引导好、发挥好大学生的政治热情,推动大学生思想政治教育。因此是否具备较强的政治素质是衡量学生管理人员是否合格的重要标志。

学生管理工作的重要性和岗位的特殊性,要求学生管理人员必须具有较高的道德素质,能给大学生言传身教,因为学生管理人员在一言一行中表现出来的思想境界和道德品质是一种直接而有力的教育。学生管理人员对大学生具有强烈的示范性,要把大学生培养成为思想道德合格的人才,首先要求作为导航人的学生管理人员具有较高的思想道德水准。为此,应用型大学学生管理人员应成为遵守公民道德规范的楷模,始终忠诚于党的教育事业,具有强烈的事业心和社会责任感,以培养优秀人才为己任,时刻不忘自己的使命和职责;要严于律已,为人师表,树立良好的形象,凡是要求学生做到的,学生管理人员必先做到,凡要求学生不做的,学生管理人员坚决不做,用自己的人格魅力感染学生,做他们的良师益友。

2.对学生拥有炽热的爱心

"爱学生之所爱,急学生之所急",学生管理人员既是教育学生的教师,又是服务学生的管理者。做好这些工作的基本前提是热爱学生、热爱学生工作。爱能产生伟大的力量,只有爱才能赋予工作人员高度的责任心。应用型大学的大部分学生在中学学习成绩可能不是很突出,他们常常受批评多,受表扬少,普遍缺乏自信心,因此,学生管理人员更要关爱学生,不疏远、不蹂落、不嫌弃、不指责,以诚心、爱心、耐心、细心的态度对待学生,以学生为本,尊重学生,建立和谐师生关系,做学生的良师益友。应用型大学的学生管理工作应为学生的健康成长提供全方位的服务。学生管理人员必须主动走出办公室,走进教室,走进宿舍,增加与学生接触的机会,增强对学生工作的了解,关心学生的日常生活、情感问题、家庭状况,另外不断开阔工作视野,改善工作方式,增强人格魅力,增加工作亲和力,成为学生信赖和佩服的人。

3.具有旺盛的工作热情和奉献精神

学生管理工作是面向未来和富有创造性的重要工作。学生管理人员队伍要兢兢业业、任劳任怨地工作,要树立奉献思想,爱岗敬业。要不断转变工作作风,上级布置的工作要迅速、优质地去开展、去完成,要踏踏实实,不搞花架子;要雷厉风行,加快工作节奏,提高工作效率,做到脑勤、手勤、腿勤。学生管理人员队伍还要搞好团结合作,团结合作才有力量,才出人才、出效益。学生管理人员队伍是一个有机的整体,这就要求在工作中,求大同存小异,个人服从组织,局部服从整体,工作中同志之间有了问题、有了矛盾要相互交流,把问题讲透,消除误解解决问题,同时在工作中要相互体谅,讲协作,讲配合,分工不分家,只有这样才能形成一盘棋,才能成为一个坚强的集体。总之,学生管理人员队伍必须增强责任感,从脚下做起,从点滴做起,把自己对事业的执著追求落实到具体的岗位责任中,在自己的岗位上做出优异成绩,做学生日常生活和学习的知心人、贴心人和引路人。

4.具有过硬的心理素质

当前,由于各种社会影响和各方面的压力,许多大学生都存在心理问题,关注大学生的心理健康是当前学生工作中非常重要的一项工作。学生管理人员必须充当大学生心理辅导员的角色,做好大学生的心理疏导工作。如同所有的教师一样,学生管理人员自身也面临繁重的学习、工作、生活压力,同时还要充当大学生心理问题的辅导者、心理素质的塑造者,因此他们具有健康的心理素质显得尤为必要。学生管理人员应具备四个方面的心理素质,即文化心理素质、社会心理素质、专业心理素质和人格心理素质。其中,学生管理人员的人格心理素质十分重要,它不仅影响教育管理,而且影响大学生的个性及其身心发展。可以预见,一个活泼积极、乐观的学生管理人员能够带领出积极、乐观的班集体,能感染到身边的每一位学生,给予他们欢乐;而一个情绪低落、消极低沉的学生管理人员也会直接用情绪影响到他的学生。因此具备良好的心理素质,开朗、乐观的性格,灵活的处事方法是决定学生管理人员工作成功与失败的重要素质。同样,关注学生管理人员人格心理素质和心理健康也将会是一所应用型大学学生整体工作中的一个重要方面。

不同级别的学生管理人员对上述品质要素的要求是不一样的。校级领导对政治思想素养、诚实守信、严于律己、敬业、奉献、积极乐观的精神品质要求较高;中层领导对政治思想素养、诚实守信、严于律己、爱心耐心细心、敬业、奉献、积极乐观的精神品质要求均较高;而一般管理人员对政治思想素养、诚实守信、爱心耐心细心、积极乐观、敬业、奉献的精神品质要求较高,对其他品质要求则较低。

目前应用型大学的学生管理队伍在能力素质方面还存在较大的不足,需要多管齐下,努力建设。要发挥应用型大学的特色,通过走出去、请进来的方式加强学生管理队伍建设。可以邀请富有政治思想工作经验的各行业代表、专家、学者到学校讲座,传授最新思想政治工作和学生管理经验,开阔视野,启发创新意识,有条件也可聘请他们成为学校兼职学生辅导员;同时,支持学生管理人员参加学历教育进修或到企业挂职锻炼,鼓励他们成为"双师素质"学生管理人员;健全对学生管理人员的考核工作,修订考核标准和方法,在进行与普通高等学校同样的业务考核外,还要加强对应用型大学办学思路的理解、贯彻的考察和考核,使学生管理队伍建设更好地适应应用型大学办学和应用型人才培养的需要。

第二节　应用型大学管理队伍结构

应用型大学管理队伍必须具有合理的学位结构、职称结构、年龄结构、学缘结构、学科专业结构、组成结构、应用能力结构、经历结构等,才能形成最佳的团队,产生最好的效益。下面,对应用型大学管理队伍应该具有的结构进行探索性的分析。

一、党政管理队伍的结构要素

（一）一般性结构要求

1.学位结构

应用型大学党政管理队伍整体上都应该具有学士或以上学位,其中硕士以上学位不低于80%(博士不低于15%),校级干部一般应具有博士学位,中层干部、一般干部(除教辅、后勤服务岗位外)一般应具有硕士以上学位,教辅、后勤服务岗位的一般干部应该具有学士以上学位。

2.职称结构

应用型大学党政管理整体队伍中高级专业技术职务人员应占30~40%,其中正高级职务人员占10%左右,校级干部一般应具有正高级专业技术职称,中层干部一般应具有副高级或以上专业技术职称。

3.年龄结构

应形成橄榄型的老中青相结合的合理梯队。

4.学缘结构

本校毕业的管理人员在全体管理人员中所占比例应在10%以下。

5.学科专业结构

所学专业(或专长)与所工作部门专业相吻合的管理人员应占40%以上。

(二)特殊性结构要求

1.组成结构

校级干部、中层管理干部应该为专职;一般干部中80%以上应该为专职,有不高于20%的兼职管理人员。

2.应用能力结构

中层干部和一般干部应该具有较强的计算机应用能力。

3.经历结构

有基层工作经验的管理人员应占管理人员总数的50%以上,有教师工作经历的管理人员应占管理人员总数的50%以上。

二、教学管理队伍的结构要素

(一)一般性结构要求

1.学位结构

应用型大学教学管理队伍整体上都应该具有学士以上学位,其中硕士以上学位占80%以上(博士不低于15%),校级干部一般应具有博士学位,中层干部一般应具有硕士以上学位。

2.职称结构

应用型大学教学管理队伍中高级职务人员应占30~40%左右,其中正高级职务人员占 10% 左右。校级干部和中层干部一般应具有正高级或副高级专业技术职称,一般干部一般应具备中级或以上专业技术职称。

3. 年龄结构

35 岁以下的年轻干部应占 50% 以上,形成老中青相结合的合理梯队,保持管理队伍的生机和活力。

4. 学缘结构

本校毕业的管理人员在全体管理人员中所占比例应在 10% 以下。

5. 学科专业结构

所学专业(或专长)与所工作部门专业相吻合的教师应占 50% 以上。

(二)特殊性结构要求

1. 组成结构

兼职管理人员应占管理人员总数的 10～20% 左右。

2. 应用能力结构

全部教学管理人员都应该具备较强的计算机应用能力。

3. 经历结构

具有五年以上教师工作经历的管理人员应占总管理人员的 80% 以上。

三、学生管理队伍的结构要素

(一)一般性结构要求

1. 学历/学位结构

应用型大学学生管理工作人员应具有学士以上学位,其中硕士以上学位占 80% 以上(博士不低于 15%)。校级干部、中层干部一般应具有硕士以上学位。

2. 职称结构

应用型大学学生管理队伍中校级干部一般应具有副高级及以上专业技术职称,中层干部具有中级或以上专业技术职称。

3. 年龄结构

35 岁以下的年轻干部应占管理人员总数的 80% 以上,保持学生管理干部队伍的活力。

4. 学缘结构

本校毕业的管理人员在全体管理人员中所占比例应在 15% 以下。

5.学科专业结构

所学专业(或专长)与所工作部门专业相吻合的干部应占80%以上。

(二)特殊性结构要求

1.组成结构

校级干部、中层干部应全部为专职干部;一般管理人员中,兼职人员应占20~30%左右。

2.应用能力结构

中层干部、一般管理人员都应该具备较强的计算机应用能力。

3.经历结构

校级干部、中层干部一般应该具有5年以上的学生管理工作经验。

第八章　应用型大学管理队伍的建设和管理

　　应用型大学是以服务地方经济、培养应用型人才为根本任务的高等学校,是适应高等教育大众化、普及化的发展趋势,相对于传统精英型高等学校而言的一种高等教育办学形式。它是针对生产、建设、管理和服务等第一线工作的教育,也是服务于地方区域大众的教育,这类大学办学的一个突出特征就是强化对学生实践能力的培养,强调理论教学与实践教学的紧密联系。按照新的办学理念、办学定位、服务对象、教育对象、教学模式与改革要求等建设好应用型大学,人才队伍建设是关键,其核心是要与时俱进地建设一支高素质高水平的教师和管理人才队伍。高水平的教师队伍是高等学校开展好教育教学工作的基础和保障,而一支为应用型大学服务的高效率的管理队伍则是高等学校顺利开展各项工作的前提和保证。

第一节　管理队伍的招聘录用

　　管理队伍的质量直接影响着高等学校整体运营的效果,越来越多的应用型大学在高度重视教师队伍建设的同时,认识到了管理队伍的重要性。管理队伍的招聘录用既是学校发展与建设的现实需要,也是一所应用型大学能够持续发展的战略需要。

一、管理队伍招聘录用工作的必要性

　　管理队伍招聘录用是指高等学校为了发展和建设的需要,通过信息的发布和科学的甄选,对众多的求职者进行甄别,利用计划、组织、领导、控制等职能优化招聘活动,获得学校所需合格管理队伍,并安排他们到学

校所需岗位上工作的过程。招聘录用是高等学校管理其管理队伍的入口,作为高等学校人力资源管理活动的基础,是学校各项管理工作顺利高效地进行的一个重要的人力保障。

(一)做好招聘录用工作,保持学校健康发展

一般来说,高等学校在下列情况下需要招聘录用人员:其一是目前的学校因为业务规模的扩大而造成管理人员缺乏;其二是目前的人员在年龄结构、专业等方面不够合理,需要进行重新配置,比如裁减不符合应用型大学需求的人员,重新吸纳符合应用型大学要求的、能适应应用型大学发展和建设需要的管理队伍;其三是出于学校内部晋升等因素而造成岗位空缺。由此可见,管理队伍的招聘录用与教学科研人员一样,也直接关系到学校的生存与发展,同时也为学校人力资源管理工作提供基础平台。一旦这项工作开展得好,就能让后续工作变得更加容易;反之,所引进管理人员不符合应用型大学管理工作的要求,就无法做出较好的工作业绩,从而影响应用型大学人才培养、科学研究、社会服务和文化传承等目标的实现,无法保证学校健康发展。

(二)做好招聘录用工作,会增强管理团队工作士气

高等学校的管理工作由多个管理人员组成的团队完成。这就要求学校在配备团队成员时,了解和掌握管理人员在认知和个性上的差异状况,按照工作要求合理搭配,使其能够和谐相处,创造最大化的团队工作绩效。所以,有效的招聘录用工作会增加团队的工作士气,使团队管理人员能彼此配合默契,愉快和高效率地工作。应招聘录用具有应用性教育理念或具有一定实践经验的管理人员,并按照应用型大学独特的文化,关注能与岗的匹配,任人唯贤,采用多样化的选聘手段,依此选聘多元化的对象。一般来说,强调创新和学习的高等学校文化要求以外部招聘录用为主,通过外部招聘录用可以为学校带来新的观念和思维方式,增强管理活力;而强调稳定的高等学校文化要求以内部招聘为主,选择内部招聘可以使学校内部安定,从而带来较高的工作满意度和责任感,同时,吸引和保留住高等学校真正需要的优秀人才。

二、管理队伍招聘录用工作中存在的问题

(一)岗位分析工作不完善

岗位分析是人力资源管理的基础,通过对管理岗位的具体分析描述

可以明确每个管理岗位的工作职责、权限及任职资格条件,为有效的人力资源预测和计划提供可靠的信息,为人员招聘录用提供明确的目标、方向和标准,也为以岗定薪、按劳取酬、岗位考核等人力资源管理提供科学依据。目前,很多高等学校对管理岗位分析不到位,没有强化岗位职责定位和岗位管理的重要性,招聘录用工作的职责和权利行使没有明确的归属,对所招聘岗位的任职资格也没有明确的规定,具有随意性、主观性和经验性等特征,无法调动管理队伍的积极性和创造性。

（二）人力资源规划不合理

我国高等学校普遍存在管理工作人员的数量不足与相对过剩同时并存的现象,主要是由于人力资源规划不完善造成的。人力资源规划工作是岗位分析的延伸,也是招聘录用工作的前提。它由总体规划和各个分类执行规划构成,内容包括确定某种岗位人员的需求量和供给量,为调整职务、任务和培训等提供可靠的信息,以保证人力资源管理活动的科学性和有序化。

目前,很多高等学校在招聘录用管理人员时都是由各基层单位上报需招聘岗位的学历、年龄、职务等要求,经过简单的集成形成管理人员引进计划,这一过程中存在着很大的随意性和经验性,并没有过多考虑到应用型大学长远发展对管理人才的需求,也没有考虑到高等学校文化和引进人才的个性匹配等问题。根据这样的人才引进计划进行招聘,必然会造成选择标准过粗过泛、选择范围过宽,使得招聘工作难度加大、风险增加。很多高等学校虽然明确了任职资格,对招聘人员的素质、能力、学历、职称、年龄等都有一些相应的要求,但在具体的招聘过程中就脱离了规划,盲目地寻找优秀的人员,而忽视了合适人员的选择。

（三）招聘录用人才信息不对称

招聘行为是学校和应聘人员的一种非信息性博弈,双方所掌握的信息不对称,就容易造成"逆向选择"和"道德风险"。人才市场会出现一般人才"驱逐"优秀人才应聘于优秀单位,一般单位"驱逐"优秀单位招聘到优秀人才的现象。如何达到一种决策均衡,使得优秀人才和优秀单位都得到最优的选择,是招聘录用工作的一个重点。

高等学校在招聘活动中的信息不对称主要体现在:一是应聘人员对应用型大学管理工作的工作性质和工作内容的理解不深刻。目前社会普遍存在先就业后择业的观念,很多应聘者更多地关注于岗位名称、薪酬、福利等显性的条件,而忽视了自身的特长和对应用型大学管理工作本身的理解,往往容易造成上岗后工作积极性不高,人才流失和工作效率低下等现象;二是学校对应聘者的素质了解不足。学校过多地关注于学历、职称、毕业院校等显性的条件,而忽视高等学校招聘工作中一些重要的隐形素质,比如,是否愿意投身于应用型大学的管理与服务,是否愿意研究应用型人才培养的工作规律等等。人显现在外的素质就像冰山的一角,高等学校单凭简单面试无法充分识别一个人的全部素质,若同时存在道德风险,容易造成人与岗的不匹配乃至人力资源的浪费。

(四)管理人员甄选方法单一

人员甄选是在众多应聘候选人中识别出与岗位要求相匹配的人。高等学校如何在众多的应聘者中甄选、挑选出适合学校管理岗位的高素质人才,是招聘录用工作面临的挑战。目前很多高等学校对于管理人员招聘只采用多对一的问答方式。这种甄选方法过于传统、单一,单纯的问答形式无法对应聘者的多维素质进行考核。由于没有采取结构化面试,对于同一岗位应聘人员的考核维度过于主观、随意,考核权重分布不均,考核评分标准不统一,易出现对应聘者所提出的问题不具有同一性、考核的维度偏离任职资格、无法获取同一的应聘者的隐性信息、应聘人员的得分不具有可比性的现象。

三、做好管理队伍招聘录用工作的措施

人才是高等学校建设和发展的第一资源,学校发展的根本在于合理用人,适时引进具有管理能力的高素质人才,优化人才队伍的知识结构、学历结构,增强人才发展后劲和高等学校管理队伍整体素质,从而增强学校的管理创新能力。与高等学校实际情况和战略发展相结合,根据需求确定招聘人才的范围,因需设岗,以岗择人,这样人才招聘就有明确的目的性和针对性。目的明确的招聘可以选出一些能为高等学校注入新鲜活力的人才,而盲目的招聘会将带来潜在的、无休止的人事问题。

(一)做好人力资源规划与岗位分析

人力资源规划是组织战略规划的一部分。由于人才的稀缺性、趋利性、价值易变性等,使得组织不可能刚好在需要人才的时候就能够获得适用的人才。招聘录用管理队伍要根据应用型大学的实际工作需要和工作任务进行,以事定岗、因事设职,按学校的工作性质、完成工作任务所需要的知识和业务技能的要求以及工作量等情况确定不同的职务岗位。对"事"的分解要适度,要充分考虑管理队伍的综合利用效应。设立岗位既要保证科学合理性,又要面对现实,具有可操作性,能少设岗位就可满足需要的,决不多设岗位。岗位总量过多,容易产生以次充好的现象,增加人力资源开发的成本;岗位总量过少,就会制约优秀人才的正常晋升,不利于发挥优秀人才的创造性和积极性。所以,人力资源规划变得越来越重要。通过规划可以避免招聘录用工作的盲目性、随意性,从而提高招聘录用的效益和效率。

人力资源规划成功的关键在于岗位分析。岗位分析的关键是明确岗位工作目标,也就是明确这个岗位最终要取得怎样的结果和意义,同时还需要对岗位在整个组织结构中的位置进行分析,另外岗位的基本要求和承担岗位需具备的技能、管理及人际关系的协调能力等也是岗位分析的主要内容。这些内容对于招聘录用工作都有十分重要的意义。岗位分析之后要为每个岗位设计一份详细的说明书,把需要完成的任务和承担的责任清晰地列出,使管理人员一目了然,也为岗位管理和聘任提供依据和约束。

高等学校在进行岗位分析时,首先须要求所有职能部门、直属单位、教学科研单位的管理岗位结合学校管理工作重心下移,进行流程再造工作,可以聘请专家小组通过对各个单位职责范围内每一项日常管理工作流程的细化分析和科学论证,在理清各项工作的繁简、难易程度和对有效工作量进行认真核算的基础上,确定各单位的岗位设置方案。通过流程再造和岗位论证,可使学校机关岗位数减少,满足淡化行政级别、强化岗位职责、服务基层、重心下移和扁平化管理的要求。在国家确定的通用岗位类别和等级的基础上,高等学校作为岗位管理的主体,可以结合办学过程中不同发展阶段的需求,自主探索不同类型岗位结构比例和最高等级的调整办法,优化岗位结构,形成岗位动态管理机制,逐步完善岗位管理制度,对于每个岗位的任职资格、任职能力,都设置具体的量化要求,促进优秀人才脱颖而出。

(二)严格公开招聘程序

目前,国家人力资源和社会保障部对事业单位的招聘工作出台了暂行条例,要求事业单位只有在岗位空缺的情况下才能通过公开招聘的形式聘用工作人员。各单位须按规定根据招聘范围、条件等方面的要求,制定公开招聘方案并报送有关部门核准备案。招聘工作必须坚持公开透明,遵循民主、公开、择优的原则,做到信息公开、过程公开、结果公开,严格规范招聘信息发布。招聘信息发布内容应包括公开招聘的范围、条件、程序和时间安排、招聘办法、报名方法等内容,对于招聘中资格审查、笔试、面试、考核等环节的进展情况应当面向社会公布。另外,事业单位公开招聘工作可以根据不同类型事业单位的特点以及各类工作人员的专业、岗位特点,分类组织实施,采取考试与考核相结合的方法,择优聘用。事业单位公开招聘工作必须强化组织纪律,认真落实关于回避制度的规定,对违反回避规定的公开招聘行为,应当及时纠正,造成不良影响的,要对相关责任人进行严肃处理。

公开招聘制度体现了现代社会人与人之间的平等关系,招聘中,以岗择人,严格按照公开、公正、公平的原则和程序进行招聘,使高等学校在人员聘任上以能力和业绩的标准取代人情关系标准,使岗位管理制度真正发挥作用。

高等学校根据具体工作岗位的不同特点,实施公开招聘,在制定招聘计划、公开发布招聘信息、招聘过程监管、招聘结果公开等程序中,灵活运用符合高等学校管理、服务和岗位特点的招聘办法,以岗位职责任务和任职条件为基础,以品德、能力和业绩为依据,扩大选人用人视野,严把人员进口关,通过平等竞争,择优聘任,吸引和遴选更多的国内外优秀人才,真正达到提高管理队伍素质、优化人力资源配置的目的。

(三)完善招聘录用工作的评价体系

传统的招聘测评方法是根据应聘材料进行初步筛选,符合基本条件的人员进入面试环节,面试结束后初步确定人选,而后进入试用期,试用期间如果没有问题就正式聘用。这种方法的优点是操作简单、成本低;缺点是信度和效度难以保证,由于测评内容和形式的单一以及测评者的主观性影响,很难考察应聘者的综合素质和能力,从而影响招聘人才的质量和效果。

评估作为招聘人才的一个环节,可以在一定程度上解决人才招聘的问题。人才测评是建立在教育测量学、心理学、行为科学、管理学、计算机技术等理论基础上,根据岗位需求及高等学校的组织特性,对人员的知识水平、能力、智力、个性特征等方面进行综合测量和评价的一种科学的方法体系。人才测评从技术层面上分为两大类,一类是标准化的心理测验,通过笔试测验来了解人的基本能力素质和个性特征;第二类是评价中心技术,包括小组讨论、结构化面试。

应针对不同的测评对象,选择和确定具体的人才测评方法。现代人才测评的方法较多,许多方法也比较复杂,不适合高等学校管理队伍的招聘。在实际测评中可以综合运用多种方法:运用笔试测评有关知识、统计、逻辑推理、文字表达、独立判断等能力要素;使用面试法,在真实的情境中对应试者的知识、智力、技能、技巧、素质、人际关系、口头表达能力、动机、兴趣、爱好、理想、品德等要素进行有效测评;采用心理量表对应试者的智力、潜能、气质、性格、态度、兴趣等心理素质完成有效测评,可根据既定的标准,将测评对象的测评要素归入相应等级;情景模拟法一般在选择高级人才时使用,评价者根据应聘者在模拟活动中表现出来的能力对其进行评定。利用人才测评技术对应试者的综合素质进行评估后,测试系统会输出被测试者的各种能力情况的详细报表,内容包括领导能力、社交能力、工作能力、工作投入度等等,根据这个结果再结合其背景材料就能为引进与否提供决策依据。

在测试题目和标准的设计上,一定要充分考虑应用型大学管理人员应该具备的职业化技能,通俗地讲就是要测试出应聘者有没有能力来承担特定的工作任务。应用型大学管理人员在学校日常运作中所进行的各种活动以提升应用型大学运作效率为导向,其职业化技能主要包括:应用型大学办学的战略思维能力、决策能力、沟通能力、协调能力、运用计算机的能力等。在组织中每个人都不是一个独立的个体,而必须与上司、下属、同事等交往,形成一系列的关系链,在这些关系链中,产生了向上级的工作汇报、向下级的任务分配,以及同事之间的沟通、协作与配合,同时,还必须对自己进行有效管理,包括时间的管理、心态的管理、突发事件的处理等。人才测评技术的应用实现了识别人才从依靠经验到依靠科学,从观察表象到预测未来的全方位转变,既节约了人力资源管理成本,又提高了招聘录用管理人才的效率。这里还需要指出的是,应用型大学的管理人员,除了应具备职业化技能外,还应具有为探索、实践应用型大学办学规律,敢担当和乐于奉献的敬业精神。

在做好外部招聘录用管理队伍工作的同时,也要注意做好管理队伍内部招聘和调整。从学校内部招聘人才,不仅明显比外部招聘节约成本,而且是激励管理队伍的有效手段。如果管理人员在一个岗位长时期不发生变动,就会产生懒惰思想,缺乏竞争意识,没有危机感,就很难从根本上调动其积极性。内部招聘和升职机会向教职工提供了可以抓住的机遇,同时减少了离职的诱因;另外,评价在职管理人员优劣远比通过简历和面试评价外来候选人更为容易,这样就缩短了员工适应工作的时间,提高了工作效能。最重要的是:无论招聘多么认真、全面,外来候选人总是一个未知的个体;相反,内部应聘者却是已经被工作所证实的对象。但是内部招聘也有其无法避免的缺点:在很大程度上限制了新思想和活力的融入,组织内部容易产生自满情绪;另外一个消极影响是,一个职位被填补的同时,又可能出现另一个职位的空缺。

学校管理工作的主体应该是具有较高素质的管理人员组成的创新型管理队伍。高等学校中的教学科研管理、党政管理和学生管理工作人员,要考虑高中低级人员的恰当比例和协调配合,以及梯队是否合理等问题,在管理人员的结构和素质方面进行优化调整,从而加快管理人员素质提高。调整管理队伍结构应注意,管理队伍应以本科以上学历为主,其中研究生应占较大比例;多种专业与管理专业应兼顾融合,根据综合能力,量才定位,明确职责,履行权利和义务。同时,由于知识的快速更新,要求管理人员不断提升自身素质,增强创新意识,注重创新精神和能力的培养,在实际工作中不断发展,从而实现学校管理人员的自身价值。

第二节　管理队伍的培养

任何一个高等学校的发展,只有人才辈出,拥有创新高素质人才,才能欣欣向荣、优势长存。创新高素质人才既包括教师队伍,也包括管理人员队伍。近年来对教师队伍的培养已取得了广泛的共识,但管理队伍的培养还没有引起人们的足够重视,存在着诸如专业化水平不高、培养不够等问题。加强对高等学校的管理干部特别是应用型大学的管理人员的培养显得尤为重要,必须适应新形势,研究新特点,全面落实科学发展观,提高管理能力,向管理要效益,向管理要质量,向管理要水平。

一、加强管理队伍培养的必要性

(一)高等教育的国际化要求必须加强管理队伍的培养

随着科技的发展和经济全球化趋势的加强,中国的高等教育更加开放,更多地参与全球范围内的教育服务竞争,高等学校的国际化交流合作更加活跃,出国留学人员和吸收的国外留学生人数持续增加。应用型大学的发展也同样如此,已不再局限于在国内或区域内发展,而是面向全球市场。一方面,应用型大学要及时抓住机遇,充分利用我国对全球开放的教育资源为我国的教育事业服务;另一方面,必须要学习和借鉴外国先进的管理理念、管理模式、管理经验,必须加强管理队伍的培养,造就一批高素质的管理队伍,通过管理这个杠杆,实现办学资源的整合优化,使应用型大学的发展理念同国际接轨。

(二)实现科学发展必须加强管理队伍培养

要实现应用型大学的快速发展,管理工作必须跟上。因此,学校迫切需要培养和造就一支政治坚定、作风过硬、业务精湛、紧密联系教职工的高素质的管理队伍。在学校快速发展的形势下,管理队伍新老交替加快,一大批高学历的年轻同志被充实到管理人员队伍中。这些管理人员年轻、富有朝气,思想活跃、有生气,善于接受新生事物,工作热情,有较强的事业心,但他们中也存在不容忽视或亟待解决的问题,比如:政治理论基础比较薄弱,大多数人从校门进校门,从课堂到管理岗位,对如何做好应用型大学管理工作还缺乏经验等等,这些问题必须通过加强培养培训来解决。另外,从重点大学来应用型大学工作的硕士、博士们,有一个"服水土"的问题,他们必须转变精英式的办学观念,适应新环境、新需求。

(三)建设应用型大学必须加强管理队伍培养

办学理念是学校发展的先决条件,是指导办学行为的思想观念和目标。在推进应用型大学发展的进程中,必须让管理人员深化对应用型大学办学理念的认识。同时,我国高等教育的大众化、市场化、社会化、地方化、国际化、办学方式多元化和结构优化、质量不断提高的趋势,客观上要求加强管理队伍建设。另一方面,应用型大学又存在不同于普通大学的管理工作要求,需要既能适应不断变化的高等教育规律,又能适应应用型大学要求的管理队伍。所有这些,必然要求加强对管理队伍的培养,提高管理人员的素质和水平。

(四)出于管理干部自身成长的迫切需要,必须加强管理队伍培养

随着高等学校聘任制和岗位设置管理的实施,管理人员必须加强理论和业务学习,不断提高自己的理论水平、政策水平、办事能力和创新能力,拓宽视野和知识面,全面提高自身素质,增强自己的竞争能力,以适应

学校改革和发展以及岗位发展的需要。

二、管理队伍培养中存在的问题

近年来,高等学校管理队伍的教育培养工作取得了比较显著的成就,为促进高等教育的发展做出了积极的贡献。但是,我们也应当清醒地看到,高等学校管理队伍的教育培养工作中存在的不足使高等学校管理队伍,特别是应用型大学管理队伍的整体素质还不能很好地适应学校发展的需要,还不能充分满足国家实施科教兴国发展战略的需要。

（一）存在重使用轻培养的现象

有些人认为应用型大学的管理队伍教育培养工作不重要,是可有可无的事,认为对管理队伍进行教育培训会影响学校正常的工作秩序,认为工作是硬任务,工作、业务是实的,培训是软任务,培训是虚的,对管理队伍教育工作存在着轻视和忽视的倾向,有消极应付情绪,不能全身心地投入学习。由于存在这些思想,部分应用型大学的管理人员对培训任务抱有应付心态,不能很好地结合自身实际实施、参与培训,认为高校管理工作不重要,凭经验办事就行了,重使用轻培养。

（二）教育培训的管理体制不健全

有的应用型大学管理队伍教育培训的管理体制不健全,存在着教育培训渠道不畅的现象;有的应用型大学管理队伍教育培训的师资不到位,经费不落实;有的应用型大学管理队伍教育培训的制度和机制还没有完全形成,存在着教育培训计划难于实施,抽调骨干尤其是领导骨干培训难的现象;有的应用型大学管理队伍教育培训工作中存在着理论与实际联系不紧密,针对性不强,适用性不强的现象等等;部分应用型大学在管理队伍培训、考核与使用上缺乏工作的闭合性和有效的制约机制,对单位选调干部参加培训缺乏调控手段,缺乏管理激励约束机制,对干部教育培训考试考核制度执行得不够严格,存在着流于形式的现象;另外,教育培训与选拔任用缺乏有机结合,造成了"学与不学一个样,学好与学坏一个样"的现象。

（三）培训形式比较单一

有的应用型大学管理队伍培训仍然以会代训,把培训班办成一般性的讨论会或一般性的工作研讨会,或采用填鸭式教学方法,实行强制性灌输。教育培训形式落后、习惯于照本宣科、缺乏对社会实际的深入调查,使管理人员参加培训学习的积极性受到很大影响,难以取得满意的培训效果。

三、全面加强管理队伍培养的措施

应用型大学在近些年得到了突飞猛进的发展,对管理队伍的要求也越来越高,管理队伍既要坚持传统的富有成效的工作内容与方式,又要不断解放思想、与时俱进,研究新问题,开辟新途径,不断增强工作的创新性和时效性。一方面,分析自身管理队伍建设中遇到的问题与挑战,探讨应对这些问题与挑战的路径与机制;另一方面,挖潜所在学校办学的历史传统及应用型大学的办学思想和思路,不断理清、整合和总结发展脉络,采取整合的眼光和切合实际的行动,形成适合所在学校发展的管理队伍建设体系。

加强应用型大学人才队伍培养要体现时代要求,赋予管理队伍德才兼备原则以新的内容,把忠实实践"科学发展观"作为对管理队伍的首要要求,注重工作实绩和群众可信度,围绕科学决策能力、驾驭全局能力、履行职务能力、执行能力、开拓创新能力等,构建管理队伍核心能力框架。

(一)转变观念、提高认识,不断增强应用型大学管理队伍培养的战略意识

培养有"特色"的管理意识。每所应用型大学都有不同的办学特色、地缘优势和校园文化,每个管理干部也有各自不同的个性、学识和管理方式。在管理人员的培养中,要很好地把握这一规律,充分认识到发展应用型大学没有固定模式,办出"特色"是一所学校的灵魂和发展的基础,特色才是应用型大学的生命力所在。同时,考虑办学的理念、人才培养的定位、管理的模式是否符合企业、行业的需求,是否能为学生的可持续发展创造条件。按照唯物辩证法对立统一规律的观点,发展应用型大学,既要关注其共性的、普遍性的因素,同时也要关注其个性的、特殊性的因素,两者的有机统一才能发展真正意义上具有特色的应用性高等教育。从世界各国的情况看,应用性高等教育成功的发展模式都有一个共同点,就是主动适应本国、本地区经济社会发展的需要,以服务为宗旨,以就业为导向,为生产、建设、管理和服务第一线培养高级应用技能型人才。各应用型大学要认真研究地区支柱产业的结构和布局,深刻把握本地区的经济增长点,在此基础上对学校发展进行科学定位,有针对性地进行专业开发、专业调整、课程设计等;引入先进的管理体制和运行机制,实现应用性高等

教育与国家、地区经济社会发展的有效对接,从而不断提升服务经济社会的综合能力。因此,培养管理人员要注重培养敏锐的洞察力,管理人员要密切关注社会的发展和应用性高等教育的发展规律,以超前的意识、领先的思维和开拓创新精神构建独特的管理理念,通过科学的组织形式形成独特的管理模式。

培养全局意识。把应用型大学管理队伍培养工作放在全局中开展,一切服从全局,维护和推动全局的发展。"胸无全局者,不足以谋一域",要自觉将应用型大学管理队伍培养工作放在国际国内大背景和高等教育结构的调整中去思考、去研究、去把握。管理队伍要善于通过学习、考察等形式,不断开阔自己的眼界,提高把握全局的能力。

培养发展意识。用发展的眼光看待应用型大学管理队伍培养工作,不断研究、探索,对国际国内高等教育的发展趋势都要有正确的认识和把握,增强自身发展意识。在应用型大学管理队伍培养工作中,应善于用发展的眼光看待问题,能够根据社会和高等教育的发展趋势,超前培养出适合应用型大学需要的管理队伍。

增强创新意识。以改革的精神和科学的态度研究新情况、解决新问题、总结新经验,使管理队伍培养工作在新形势下,在继承和发扬传统的基础上发展创新。

增强政治意识。自觉坚持党的基本理论、基本路线和基本纲领,善于从政治的高度来思考和做好应用型大学管理队伍培养工作。对管理队伍的培养、招聘、任用等都要在"讲政治"和思想政治品德方面从严要求,从而保证每一位管理人员有较高的政治素质和道德修养。

要克服重使用、轻培养的思想。应用型大学应该充分认识到,为学校和社会培养优秀管理人员是学校培养人才、服务社会的重要内容。高等学校要将自身的事业不断推向更高更好的发展阶段,就要在培养学生、培养教师的同时,培养出更多优秀的管理队伍。好的管理队伍不是天然自成的,如果只重视对他们的使用,而没有相关配套的措施让他们在使用中得到进一步提高,就很可能会使我们的良好愿望变成泡影,会使他们走弯路,也会使学校的工作受到损失。

(二)要建立完备的培训体系、采取切实可行的培养措施,对管理队伍边使用边培养

对管理队伍的培养是一个系统工程,应本着边使用边培养的原则,建

立学习型组织并树立终身教育的观念,完善管理队伍的培养机制。

1.建立分类管理机制。学校管理队伍是一个复杂的群体,不同层次、不同类型、不同职位的人员有着不同的职业特点、成长规律和发展需求,学校对他们的素质和能力也有不同的要求。要根据党政管理人员、教学科研管理人员和学生管理人员等各自不同特点开展有针对性的教育培训。对从事不同工作的管理人员要制定不同的目标,提出不同的要求,从而建立学校教育培训的分类管理机制。这样既是提高教育培训科学化和规范化水平的要求,也是提高教育培训效果的切实可行的办法。

2.完善教育培训投入机制。做好教育培训工作,需要一定的经费作保证。长期以来教育培训经费不足成为困扰教育培训的突出问题。为此要建立教育培训投入保障制度,完善学校和单位、个人分担教育培训经费的"三位一体"的经费投入机制。同时,在各类重点项目中,要按比例地安排用于人才培养的专项经费,把用于人才培养的经费列入项目的成本。另外,加强成本核算意识,对教育培训的成本进行科学核算,加强对投入资金使用的监督管理,切实提高投入效益。

3.建立教育培训激励机制。管理队伍的教育培训需要建立相应激励机制,以充分调动人的积极性和创造性。第一,实施荣誉激励。对那些经过培训且在工作中取得优异成绩的人员或集体,除了给予相应的物质奖励外,还要给予表彰,进行通报表扬、嘉奖等,使之感到他人所未有的光荣与荣耀;第二,实施竞争激励。要使管理人员充分认识到,参加培训,提高自我,是在竞争中立于不败之地的关键。对拟晋升职务者,要规定其必须参加有关的培训,把培训与职务晋升有机结合起来;第三,实施物质激励。物质激励对鼓励管理人员参加培训是至关重要的。可以采用向参加培训的人员发放费用补贴的方法,同时为参加培训的管理人员报销资料、交通等费用。

4.建立符合应用型大学实际的教育培训模式。教育培训能否取得新的突破,创新是关键。要解决好这个问题,就必须从根本上改革传统的教育培训模式。第一,完善教育培训内容。培训内容不外乎知识和技能两个方面。应按应用型大学党政管理人员、教学科研管理人员和学生管理人员等对知识和技能的不同要求,从宏观和微观角度进行调查、分析,制定培训的目标,进而确定培训的内容。教育培训内容要注重内容的先进性、针对性、实用性等特点,同时要注重教育培训的灵活性、开放性和适应性。教育培训要按照"在继承中创新,在创新中发展"的原则,把提高管理队伍科学素养和岗位所需要的技能,以及思想政治素质、服务意识等作为培训重点,使教育培训的内容不断适应应用型大学发展的要求,适应管理队伍职业发展的要求;第二,采用符合实际的教育培训方法。传统的教育培训方法大都是填鸭式的灌输教育方法,导致学员只能接受信息,参与度低。管理队伍的培训应该是培训者与学员、学员与学员之间的多向信息传递,不能不顾及学员的个别差异。可以考虑采用集中讲授与交流研讨结合的方法,集中讲授有利于知识的传播,交流研讨有助于培训学员的综合能力,通过集中讲授,学员基本了解了业务知识,在此基础上,允许学员提问、研讨和争辩,可以训练学员的思维方式,检验学员运用管理知识和原理的水平,也能帮助他们找到自身的不足。同时可以采用案例培训法,案例培训法就是把学校管理实践中存在的情况加以典型化处理,形成供学员思考与分析的案例,使学员通过独立研究、讨论案例的方式提高分析问题和解决问题能力的一种方法。通过案例培训可使学员不仅获得管理案例中所提供的信息和方法,而且促使管理干部之间交流、讨论更加积极主动。

5.创新教育培训的方式。可采用以下培训方式:第一,上岗时集中培训。在一批管理人员新到岗时,可采用集体谈话的方式,让他们了解学校党委及行政工作发展的大思路,并向他们提出政治思想、党风廉政、行政管理的目标和要求。集体谈话可以让管理人员进一步明确自己肩上的责任、明了学校对管理人员的总要求,使其更具备宏观意识、大局意识和目标意识。可采用集中学习培训学习《高等教育法》、党纪法规以及学校现行的规章制度,使管理人员在头脑中建立依法行政、按章办事的观念,同时,要进行"知校"、"爱校"教育,传授办好应用型大学的应知、应会;第二,开展校外教育培训,组织管理人员到国内外大学或有意义的地方考察。组织管理人员到国内一些重点大学或类似的大学进行学习考察,是开拓干部眼界、学习他校管理与发展经验的好机会,还可以组织管理人员到国外一些大学,特别是应用型大学考察学习,扩展管理人员的国际视野并提高适应大学国际化发展的能力;第三,坚持专题化培训管理人员的策略,逐步使全校从事各种工作的管理人员都能得到培训和轮训。要本着干什么学什么、缺什么补什么的原则培训干部,努力增强管理人员的政治意识、大局意识、学习意识、忧患意识。要加强工作研究,增强创新力度,形成多层次、多类别、更加有效的管理人员培训格局。要不断总结培训的经验,不断地提高管理人员培训的实效性。要通过各类管理人员培训,更好地发现人才、培养人才、招聘人才,进一步开阔全校管理人员的眼界,实现管理人员的相互交流、相互学习、相互促进,提高管理人员的整体素质、领导能力和工作水平,为学校事业发展提供组织保障和人才支撑。

6.不断完善教育培训管理模式。围绕教育培训的新任务、新要求,不断引入市场竞争机制,不断提高教育培训水平。科学完善教育培训管理制度是做好教育培训工作的关键。应创新教育培训管理制度,在归口管理、培训计划、考试考核、质量评估、基地建设、经费保障等方面做到有法可依、有章可循,提高培训管理的制度化、规范化、科学化水平。同时,也要认真抓好各项规章制度的落实,保证大规模培训工作按计划顺利开展。管理制度第一要体现培训管理的计划性。要建立宏观管理制度,制定总体规划,要定期对管理人员培训工作做出周密规划,对教育培训工作实行宏观管理,同时注意对教育培训的调控;第二要体现培训管理的流畅性。首先要建立管理人员教育培训的考核制度,要求各级领导高度重视管理人员的教育培训工作,给予必要的经费支持,将教育培训管理的成效纳入各单位领导班子任期工作的重要考核指标。其次建立健全机构管理制度,强化培训管理职能,从组织和人员上保证教育培训工作的顺利实施。同时,要加强与有关部门的协调合作,使各部门积极支持、督促本部门人员参加培训,以保证年度培训任务的完成。第三要体现培训管理的合理性。健全教育培训实施、监督制度,建立培训管理部门的督导机制和效益评估体系。在评估标准上,坚持近期效益和远期效益、静态效益和动态效益的统一;在评估内容上,从教育培训管理机构的运转是否高效、计划是否落实、方法是否科学、制度是否完善、经费投入是否到位、手段是否先进、综合素质和实际能力是否提高、学用是否相结合等多方面去分析,力求全面和深入;在评估方法上,借鉴管理科学中的检测、评估方法,对教育培训的实效性进行多层次、多方面的综合评估。

总之,教育培训工作的不断完善涉及到人的思想观念转变、体制改革、模式转变等诸多问题。随着科学技术的不断进步,教育培训观念的及时转变,新的培训机制、培训模式的建立,定能使教育培训更加适应事业发展,始终保持旺盛的生命力。

（三）着力提升管理人员自觉学习、善于学习的能力，培养管理人员的履行职务能力

随着我国产业发展和结构调整的加速，在应用性高等教育领域出现了许多新问题新矛盾，客观上也要求每一位管理人员不断提高自觉学习和善于学习的能力，及时更新办学理念，主动掌握区域产业发展的趋势，善于把握应用性高等教育的特点及总结学校发展过程中的经验和教训。管理人员要具有科学发展、服务地方的意识和能力；改革创新、贯彻执行制度的意识和能力；服务师生、促进和谐的意识和能力；依法治校、规范管理的意识和能力。要通过不断努力，培养管理人员的履行职务能力，把学校发展推向健康发展的快车道。

（四）通过艰苦环境和多岗位实践锻炼，提高管理队伍的能力

复杂环境的磨炼和多岗位实践锻炼是管理人员成才的重要途径。要有意识地让优秀的管理人员到情况比较复杂的岗位去工作。招聘任用管理人员，要优先提拔那些经过复杂环境锻炼，并取得明显成绩的管理人员。同时，还要把优秀的管理人员放到各种岗位特别是关键岗位上去锻炼，尤其要通过交流轮岗等措施，让他们尽可能地熟悉学校各方面的工作，成为复合型领导人才。

（五）进行挂职锻炼，拓展管理队伍的视野

管理人员挂职锻炼是培养人才的特殊手段，如果运用得好，对管理队伍的成长有很大帮助。可以选派优秀中青年管理人员到兄弟院校进行岗位培训，可以去老大学，也可去同类院校进行挂职，可以进行一学期的锻炼，也可以以年度为时间单位进行了锻炼。比如，北京联合大学2008年9月份分期分批选派优秀中青年管理人员到兄弟院校进行岗位培训、交流学习，以进一步丰富干部的经历，拓展其视野，提升综合素质。首批选派了10名处级干部到首都师范大学、北京科技大学的党办、科研处、教务处等岗位上进行了锻炼。参加锻炼的干部收获很大，每人撰写了培训总结，学校举行了座谈会，交流分享他们的学习收获；2009年上半年，学校又选派1名干部到京外高等学校挂职，1名干部到区县挂职，1名党外干部到区县挂职，1名干部到市教委挂职。近年来，一直有新疆和甘肃等地高等学校的管理人员在北京联合大学挂职锻炼。这些形式拓展了管理人员的视野，也有助于学校间干部的相互学习交流，有助于管理人员管理能力的提高。

第三节　管理队伍的绩效考核

绩效考核作为人力资源管理的核心环节,是人才队伍建设和管理的基础和依据。相对于日益完善的教师绩效考核体系而言,管理队伍的绩效考核显得相对薄弱。随着应用型大学的发展和成熟,全面加强管理队伍的绩效考核,使绩效考核工作真正地富有成效,是当前应用型大学进一步发展面临的重大课题。

一、管理队伍绩效考核存在的问题

对管理队伍的绩效管理,是将应用型大学的发展目标和管理人员个人目标相结合,实现办学效益和效率的一个过程。然而,各种各样的主客观原因使得目前在绝大多数应用型大学尚未形成一套专门针对管理队伍的合理有效的绩效管理和考核机制。

(一)绩效管理部分环节缺失,岗位职责不明

目前多数管理岗位的工作内容、任职资格、职责权限、工作关系等内容比较简单或不明确,缺乏细致的岗位分析,使得绩效考核时没有明确的目标和标准,对有没有完成岗位工作、完成的效果和质量等很难把握。造成岗位分析缺失、绩效目标不明确的原因首先是对管理岗位缺乏应有的重视。

(二)绩效考核指标不明确,工作不易定性定量

由于管理工作的复杂性、琐碎性,很多工作成绩不易量化,绩效考核多采用主观描述的方法。个人总结、部门鉴定、领导评语,很多套话,难以对工作定性定量。据调查有些应用型大学用了评分量化表,但量化依据不足,对于"出色完成"、"较好完成"、"基本完成"等一般没有明确的量化标准,主要还是依据打分者的主观印象,容易产生考核误差;在考核内容中,"德、能、勤、绩"太过笼统,不能准确体现各岗位的工作特色和业绩。在对优秀指标的分配中,学校一般采取强制分布法①,比如将每个部门优

---

①　即考核者将被考核者按照个人绩效的相对优劣程度强制放到一种类似于正态分布的评价集中去。这种方法是基于这样一个有争议的假设,即所有部门中都有同样优秀、合格、不合格的管理人员。

秀比例定为参加考核总人数的 20% ,由各部门内部自行考核分配,这就人为造成了有的部门表现一般人员"滥竽充数",有的部门表现优秀的管理人员得不到相应的认可,被考核为优秀的部门、人员之间,有可能其实际工作能力和业绩存在很大差异,最终造成的后果是大家对整个考核的公正性的质疑。

(三)绩效考核过程不合理,考核可信度不高

相对于教学、科研业绩的考核来说,对管理队伍的考核操作难度较大。目前应用型大学中,有的部门是由被考核者的主管领导或部门领导决定考核结果,主管领导的个人素质和偏好对考核结果具有决定性作用,如果凭借某一件事或第一印象就全面肯定或否定被考核者工作业绩,就会使考核结果缺乏足够的信度和效度;有的部门怕得罪人,轮流坐庄评优秀,使考核失去争优创先的激励作用;有的部门采用自评和同事之间互评相结合的方式,效果有所改进,看似民主,但容易演变为纯粹的"人际关系"考核。导致上述问题出现的原因,一是在考核中有主管、同事评议,却缺失了被服务对象的评议。管理工作既然是"服务性"工作,那么被服务对象的评价就注定是必要的而且是至关重要的考核依据。二是有些政策性、原则性较强的管理岗位易得罪人,被服务对象的评价有时受个人一时得失影响,有失客观,出现"好好先生得优多,原则干部得优少,埋头苦干得优少,搞好人际得优多"的现象。三是在考核周期上,应用型大学一般在学年末或学期末考核,对管理队伍的日常绩效管理和绩效记录不完善,易出现以近期工作为依据的"近因效应"或以被考核者一时言行为依据的"晕轮效应",导致考核中"人情分"、"印象分"的出现。

(四)对绩效考核结果的反馈利用不理想,激励约束效果不佳

绩效考核只是手段不是目的,绩效考核的最终目的是要激励约束应用型大学管理队伍未来的工作,使其保持优势,修正不足,明确以后努力的方向。有时考核者认为评出优秀来就行了,对绩效考核结果的信息反馈极力淡化,只通知优秀者考核结果,没接到通知的自然就是合格,或者只简单地发布考核结果,泛泛而论、避重就轻,缺乏有针对性地个性分析和结果反馈。被考核者即使对考核结果有异议,碍于面子或感觉"多一事不如少一事"、"不值当的",而只能意见保留或私下议论,发泄不满情绪。这极大地打击了管理队伍的工作积极性,使绩效考核的可信度和可利用度都大打折扣。

二、管理队伍绩效考核机制的设计实施

针对管理队伍绩效考核方面存在的以上问题,应用型大学要提高管理水平、实现"应用型"的办学目标,就要大力完善其管理队伍的绩效考核机制,创造公平、公开、公正的用人环境。孟德斯鸠说过:对一个人的不公正是对所有人的威胁。科学合理的绩效考核机制要充分考虑影响考核的各种因素,做到知人善用、人职相符。

(一)做好岗位分析,明确绩效目标

绩效管理作为一种全方位的管理系统,应侧重于信息沟通和绩效提高,并以过程为导向。绩效考核是绩效管理中的一个环节,在进行绩效考核前,要做好岗位分析和绩效目标的设置。

做好岗位分析,即对管理人员的工作岗位进行科学规范分析,以确定该岗位的工作目的、工作内容、职责权限、工作关系以及任职资格等内容。应用型大学的特点决定其管理队伍既要明确自己所在岗位所负有的责任、权力和工作关系等,又要适应"应用型"要求,具备基本的应用技能和常识,了解不同岗位之间存在的差异。要根据应用型大学的特点和发展目标,结合管理队伍的实际和现状,研究、分析各管理岗位的工作性质、内容、职责、应用性要求并对胜任这些工作所需的能力素质以及这些工作的激励条件、工作环境和机会等进行认真、务实、详尽的说明,制定出具体务实的绩效目标。

明确绩效目标,即是要在充分了解应用型大学战略规划的基础上,分析各部门的分战略和分目标,明确各岗位的具体目标,将应用型大学的办学目标转化为管理队伍的个人绩效目标。目标的难度要适当,既要符合应用型大学的实际情况,又要合理加压,具有一定的挑战性,以充分挖掘管理队伍的潜力。绩效目标可以是宏观的也可以是具体的,但都要有相应的绩效规划和实施方案保障其可实现性。绩效考核,关键要看管理工作的成绩和效果,即管理目标的实现程度。具体务实的绩效目标是高等学校绩效管理工作的起点。

(二)做好绩效沟通,明确考核内容

绩效考核不只是人事部门的事,而是各部门和全体人员的共同责任。考核应是主客体持续沟通的过程,这种沟通不仅包括信息交流,还包括情感、思想、态度、观点交流。在绩效管理的过程中,相关部门要和人事部门沟通,和管理人员本人沟通,通过双向沟通和交流,针对不同岗位的绩效目标,制定出相应的绩效考核标准和内容。借鉴管理学中的"哈佛模式",在面对分歧和矛盾时要坚持求同存异,通过寻找共同点、一致点,化解矛盾,统一认识,实现有效沟通和深度沟通。只有沟通顺畅,考核内容和标准明确,才能有效提高绩效考核的可操作性。

在考核内容中,要明确"德、能、勤、绩"的具体构成要素和相互关系。"德"的构成要素包括政治素养和职业道德。政治素养包含政治理论和遵纪守法两个要素,职业道德包含爱岗敬业、服务意识强、清正廉洁、民主团结四个要素;"能"的构成要素包括战略思维能力、知人善任能力、决策执行能力、沟通协调能力、化解危机能力、工作创新能力、学习与研究能力、管理知识水平及应用能力、语言文字应用能力、判断分析应变能力,具体可包括应用型大学教育行政管理相关理论水平及应用能力、岗位业务水平和专业知识水平、应用现代办公技术的能力、语言运用和应用文写作的能力、分析判断能力、组织协调处理事务的能力;"勤"则包括工作态度、工作质量、工作努力程度三个要素,要讲求实效、高标准严要求、认真负责、不断改进现有工作方法,运用现代管理理念和管理技术来提高处理行政事务的能力;"绩"的构成要素则包括按照目标完成任务情况、工作中取得的重大成就和显著效益,具体包含工作量及任务完成情况、责任、效果、公众满意度四个方面。

在德、能、勤、绩四项考核内容中,德是向导、能是实力、勤是条件、绩是结果,德、能、勤最终都为绩服务,而且德、能、勤的状态可以用绩显示,可实绩化。因此,明确以德为首、以绩为主的考核内容是构建绩效考核体系的关键。

(三)区分考核指标,构建考核体系

现代管理理论中"重要的少数与琐碎的多数原理"告诉我们,在确定绩效考核指标时,既要看到管理工作各个方面,又要分清这些方面的主次和轻重。在德、能、勤、绩等主要考核内容的基础上,要以各岗位中关键性、起决定作用的因素作为考核的主要指标,将主、次因素结合起来并赋予不同的权重,坚持任务绩效和情境绩效并重,定性和定量相结合,构建全面合理的考核指标体系。

不同级别、不同层次的管理人员,时间和精力分配重点不同,考核指标和权重要有所区别。管理队伍中既有高层、中层领导,又有一般管理人员,要区分不同的层次,选用不同的考核指标。罗伯特·卡茨(Robert Katz)曾提出三种基本的管理技能:技术技能、人际技能、概念技能。概念技能指管理者必须具备较高水平的心智和能力以分析和诊断复杂的情况;人际技能是与处理人际关系有关的技能;技术技能则是使用某一专业领域内有关的工作程序、技术和知识完成工作任务的能力。在应用型大学,三种技能都是管理人员要具备的,但在不同管理人员绩效考核中的地位不同,其在考核指标中的权重主要取决于管理人员的级别或层次。高层管理人员重点考核情景绩效,要求其概念技能和人际技能投入的精力多,所占的分值也多;一般管理人员重点考核任务绩效,其专业技能所占的分量就要重。

在应用型大学中,不同的职能处室,如党政管理、教学科研管理、学生管理、后勤管理等部门的不同岗位,考核指标应各有侧重。专业性、业务性比较强的岗位应重点考核其专业技能,协调性比较强的岗位应重点考核其人际技能。只有区分不同的工作岗位,运用不同的考核指标和权重,才能构建起更加合理、有效的考核体系。

(四)选择考核方法,明确考核标准

绩效考核的方法很多,有以业绩报告为基础的自我报告法、业绩评定表法;有以个体比较为基础的简单排序法、配对比较法、强制分布法;有以个人行为和个性特征为基础的因素考核法、图解式考核法、行为锚定行为等级评定表法;也有基于关键绩效指标(KPI)的考核、基于平衡记分卡的考核、基于目标的考核等等。各种考核方法都有其优点和不足,并不存在一种占绝对优势的方法,关键在于根据应用型大学的工作特点、根据管理队伍的人员特点,选择适合的考核方法。

在应用型大学中,绩效考核的目标是为了提供反馈信息、改进工作绩效、促进学校发展,那么强调个体比较的方法就不太适用;应用型大学大多处于发展的初级阶段,不宜选择过于复杂的方法;应用型大学管理队伍的知识层次逐渐提高,管理人员越来越关注自我实现和工作的成就感,这就需要选择个人参与程度较高的考核方法。不同的管理岗位之间,职能和特性不同,在选择考核方法时,需要考虑三个方面,即工作的程序化程度、独立性程度、工作环境的变动程度。从整体上来说,应用型大学的管理岗位一般程序化较低、独立性较大、工作环境的变动较小。基于以上考虑,可以选择360度考核。360度绩效考核是全视角考核,是指由被考核者的上级、同事、下级、被服务对象以及被考核者本人担任考核者,从多个角度进行全方位考核,再通过反馈程序,达到改变行为、提高绩效的目的。在360度考核中,关键是针对不同管理岗位选择相应的评议者,并根据与被考核者工作联系的紧密程度分别赋予他们的评价不同的权重,其中被服务对象的评价,要赋予较高的权重。

在绩效考核中,还可以适当选择针对团队的考核方法,对整个部门的工作做出评价,整体业绩好的部门适当增加优秀指标,部门整体绩效差的部门减少或取消优秀指标,以更好地发挥绩效考核的激励约束作用。

(五)严格考核程序,组织考核实施

按照设计好的绩效考核机制进行绩效考核时,要严格考核程序,做好绩效考核的组织实施工作。在应用型大学中,一般在学期末或学年末,由主管领导挂帅的考核委员会或考核小组安排部署考核工作,由学校人事部门具体负责,各职能部门相互配合实施绩效考核工作。考核前,要通过会议或专门培训,使考核者、各中层领导、被考核的管理人员掌握具体考核要求,学会操作办法。在实施中,要自上而下实施考核,这样便于目标的分解和压力的传递。要注意年末考核和日常考核相结合,将被考核的管理人员的日常工作表现反映到考核中来。对绩效考核全过程要进行定期跟踪,通过参与、访谈、研讨了解实施过程中遇到的问题和存在的不足。绩效考核的组织实施是一个循序渐进的循环过程,要针对发现的问题探寻解决办法,必要时对整个管理人员考核机制进行适当的调整和优化,并为下一次更好地做好考核工作做准备。

三、管理队伍绩效考核结果的反馈运用

针对管理队伍的考核工作本身并不能提高管理绩效,只有根据考核中所依据的标准,进行绩效诊断,将考核结果及时地反馈,并有效运用于优化绩效影响因素的过程中,才能有效地提高管理队伍今后的工作业绩。管理队伍的工作绩效受多种因素的影响,其中能力、机会、激励、环境等是影响绩效的主要因素,用模型表示如下:$P = F(A, M, E, O)$。其中,P(Performance)为绩效,A(Ability)为能力,M(Motivation)为激励,E(Environment)为环境,O(Opportunity)为机会。能力、激励是管理人员自身的、主观的影响因素,属于内因因素;环境、机会是客观性的影响因素,属于外因因素。要运用绩效考核结果,优化管理队伍的能力、激励因素,改善环境、

机会因素,充分调动管理队伍的工作积极性,为做好管理队伍职业发展规划,实现应用型大学办学目标创造有利条件。

（一）绩效考核结果的反馈

对管理人员的考核结果反馈,最好采用面谈的方式,并进行双向的、互动的、有针对性的沟通。这样可以使管理队伍明确自己工作中的优点和不足,充分认同考核结果,并及时消除考核中的误解或分歧。面谈内容要包括下一步如何改进和提高管理业绩和服务效果、个人管理能力和服务水平是否还有提升空间、下一个学年或学期的绩效目标与考核标准等。

在反馈面谈时,要掌握好面谈原则。对考核结果的反馈要及时,切忌等到很久以后或问题已趋恶化时才面谈。反馈面谈对事不对人,切忌从不当管理工作行为中引申出对管理人员个人素质方面的批评指责,面谈内容主要是绩效,而不是管理人员个人的人格特征,当管理人员和岗位合理配置后,考核的出发点和着眼点都是绩效。反馈面谈中要注重建立并维持彼此的信任,消除谈话人员的戒备、抵触情绪,允许管理人员对考核结果提出不同意见,并认真倾听事实依据。面谈中要优点和缺点并重,尽量不刻意地回避或抹煞谈话对象的优点或缺点。

（二）绩效考核结果的运用

应用型大学要加强绩效管理的观念和意识,把绩效考核的落脚点放在提升管理队伍素质、激发管理队伍工作积极性、提高管理业绩上来,使应用型大学的绩效考核工作在制定人事规划和进行人力资源管理的过程中发挥最大的作用。

1.根据考核结果,制定切实可行的管理队伍绩效改进计划和个人发展计划。将个人发展目标和应用型大学的发展目标相结合,实现学校发展和管理人员个人发展的"双赢"。

2.利用考核结果,提高选拔录用的有效性和针对性。根据绩效考核的情况,发现人才,及时选拔出有发展前途的、适应应用型大学发展实际的管理队伍,给予晋升机会;同时,也可以整理总结出空缺职位的要求和应用型大学下一步的引进招聘目标。

3.结合考核结果,制定合理的管理队伍进修培训计划。通过考核可以有效了解管理人员的不足与薄弱环节,针对考核中发现的问题,制定出最佳的管理队伍进修和培训方案,进而通过进修培训提高管理人员的工作技能,提高其工作业绩。而管理队伍进修培训的效果,也可以通过下一周期的绩效考核来体现。

4.运用考核结果,及时对管理队伍进行激励约束。绩效考核可促进合理使用人才,在建立公平的激励约束机制方面起到重要作用。参考管理队伍绩效考核结果,通过晋升招聘、进修培训、合理奖惩等激励约束手段,可构建多层次、多角度的物质激励与精神激励、近期激励与远期激励相结合的激励约束体系,充分发挥管理队伍绩效考核的激励约束功能。

绩效考核不是目的而是手段,是实现目标的途径。实现应用型大学的办学目标是绩效考核的真正出发点和归宿。对管理队伍的绩效考核,要充分挖掘管理队伍的潜力,调动管理队伍的工作积极性,变人才资源为人才资本,从而最大限度地实现应用型大学的办学目标。

第四节　管理队伍的激励约束

目前关于高等学校人力资源激励约束方面的研究越来越多,但整体上尚处于初期阶段,针对管理队伍的激励约束机制的研究更是薄弱环节。而适应高等教育大众化趋势而产生的应用型大学,尚处于探索发展的初级阶段,研究其管理队伍的激励约束机制尤显必要。

一、管理队伍激励约束机制存在的问题

从整体上说,高等学校激励约束机制多是借鉴管理学的一些基本理论和方法,其实践性和有效性尚待提高。目前,应用型大学在管理队伍的激励约束方面,既存在高等学校普遍存在的问题,又有应用型大学特有的问题。

（一）激励约束对象非专业化

高等学校管理队伍现行的管理体制是模仿专业技术人员管理模式,套用国家行政模式而形成的,具有管理的二元性。应用型大学的管理队伍多处于非职业化和非专业化状态。应用型大学同其他大学一样,大多数管理队伍还是依靠专业技术职务的聘任晋升,他们除了管理工作以外,还要花费大量时间用于所在专业技术系列的职务聘任,而专业技术研究内容可能与其岗位关系不大。应用型大学管理队伍中存在的上述情况,

使得激励约束机制的实施缺乏科学、合理的标准。

（二）职业激励作用不明显

工资待遇和职业声望是衡量一个职业社会地位高低的两个最重要的指标，也是对从业者产生激励约束作用的重要因素。和教学、科研人员相比，应用型大学管理队伍的职业声望并不理想。教师的教学成果与个人努力程度联系紧密，而管理工作的业绩主要体现在整体业绩中，个人努力程度和业绩评价经常不成正比。这种个人努力无法改变其业绩评价的缺乏独立性成果表达的工作性质，使得管理工作的职业地位评价不高。华中科技大学社会学专家综合了7次调查结果研究出的中国职业声望排行榜显示，大学教师稳居职业声望等级的绝对上层，而管理人员大致位于职业声望等级的中间位置。在工资待遇上，由于奉行向教学倾斜的政策，一般管理人员的收入远低于教学、科研人员的平均水平。同时，由于专业技术职务晋升聘任难，同等学历的管理人员和教师的收入差距不断扩大。管理职业的工作特点及其社会地位决定了管理工作本身对管理队伍的激励作用比较小。

近年来，应用型大学管理队伍的学历水平大幅提高，但由于很多管理工作停留在事务性层面，对岗位要求的高学历与实际工作特点的低层次相矛盾，同样学历的管理人员的职业社会地位仍远低于教师。职业社会地位的差异，使得管理工作的职业激励作用相对处于较低水平。

（三）激励约束体系不健全

一是激励约束标准不合理。绩效考核结果是实施激励约束的一个重要标准。通过绩效考核，应用型大学可以对管理队伍的工作态度、能力、工作效果和业绩等作出综合评价，以此作为奖励或惩罚的依据。而目前，应用型大学管理队伍的绩效考核还存在很多问题，岗位分析缺失，考核方法不合理，考核标准笼统，考核内容形式化，考核结果运用不足。不健全的考核机制和绩效管理机制使激励约束的效果大打折扣。

二是激励约束角度有偏差。表现在对有些年龄段的管理队伍尤其是青年人才的激励不足。职务聘任或进修培训中论资排辈现象普遍存在，个人职业发展规划实施难，抑制了管理队伍的工作热情和创新动力。

三是激励约束指标不合理。目前，激励约束的依据多是一些易量化的指标。这些容易量化的指标往往引导很多管理人员把精力大量放到培训、撰写论文、争取项目、申请课题上，而在日常管理中花费的心思偏少。

（四）激励约束的环境和制度障碍

应用型大学的历史沿革和发展历程,决定了对管理队伍进行激励约束的人文环境的复杂性。在其管理队伍中,既有学校转制或合并前的原有管理人员,又有在新一轮聘任中下岗而转为管理岗的教学人员,既有随引进人才调来的家属,又有适应高等学校发展需要陆续引进的高学历应届毕业生等等。新老群体间的融合,不同层次群体间的沟通,不同人文文化环境的交织,成为应用型大学必须要面对的现实问题。同时,应用型大学中各种人力资源管理制度还不够完善合理,在各群体原有制度已不适用,又无固定模式可参照的情况下,利益关系的不平衡客观存在必然影响到不同群体的共识度和认可度,使管理队伍融合难度加大,也使得对管理人员进行激励约束的环境大大复杂化。

另外,应用型大学多为地方性院校,这一性质使它在独立办学上受到各种制约和干扰。相对于比较好量化的课时酬金、研时酬金,管理队伍的薪酬制度还不够灵活。教学队伍中不称职人员可以转岗,而管理人员队伍中不称职人员的转岗相对困难,人员解聘更是不好操作。除薪酬设置、人员解聘等方面的工作均受到一定的社会关系和制度的制约,中高层管理人员的招聘任用还受到地方政府一定的行政干预,其管理工作多受上级指示和影响。这些制度上的障碍,也使管理队伍的激励约束问题变得复杂。

二、管理队伍激励约束机制的构成

基于以上问题,应该针对应用型大学管理队伍的特点和激励约束中存在的问题,采用适合的激励约束方法和手段,完善或改进激励约束机制的内容构成。

（一）物质激励约束

在社会生活中,每个人都离不开一定的物质需要和物质利益。物质激励,是应用型大学在正确评价管理队伍工作成果的基础上,给予其合理的物质报酬,从而激发其工作积极性的一种基础性的激励机制。从内容上来说,物质激励包括工资激励、奖金福利激励等。日本中部经济友好协会就激励情况进行调查的结果显示,在引发干劲的因素中,工资仅列第八位,而在打消干劲因素中,工资排在首位。可见,高工资不是引发干劲的关键因素,但低工资却是压制干劲的首要因素。这也表明了物质因素在激励约束机制中的基础地位。

（二）精神激励约束

对于应用型大学的管理队伍来讲，精神激励不仅仅是那种给予赞赏、表扬的传统的精神激励，而是更广泛意义上的形式，包括荣誉激励、榜样激励、授权激励、情感激励、培训激励等多种激励约束模式。

1.荣誉激励约束。荣誉激励是通过满足管理队伍的精神需要而达到激励的目的。它无需经济成本，但激励效果非常显著。授予荣誉称号、公开表扬批评、成果发布等，都是荣誉激励约束的典型方式。荣誉激励不宜过多过滥，否则会失去其激励约束效果。

2.榜样激励约束。应用型大学的各级领导特别是高层领导可以通过塑造自身的人格魅力，提升自己的工作魅力，为管理队伍树立良好的榜样。榜样的力量是无穷的，对青年管理人员尤为如此。青年管理人员一般精力充沛、崇尚正义、爱憎分明，比较注重精神层面的激励约束，如果能够和领导者产生理念上、思想上的共鸣，就很容易在行动上追随，从而在榜样的激励下最大限度地发挥潜力，甚至出现超水平发挥的理想职业状态。榜样激励还包括大力表扬管理人员身边的榜样和先进的模范行为和事迹，来感染、激励管理工作者。

3.授权激励约束。授权的激励价值在于使人获得被尊重、被信任和独立自主的感觉，产生精神和心理上的满足感，从而迸发出很大的工作热情。从内容上来说，它包含着信任激励和参与激励。授权（放权）不仅可以使领导者腾出时间和精力去思考更重大的问题，而且可以对管理队伍产生巨大的激励约束作用。

4.情感激励。情感需求是高层次的需求。在"以人为本"理念下，情感激励更是一种不可或缺的方式。主管领导通过对管理人员的职务聘任、住房、家庭等方面的主动关心，满足管理人员的情感需求，激发管理人员高度的责任感和事业心。

（三）职业激励约束

作为应用型大学的管理人员，工作不仅仅是其谋生的一种需要，更多地体现为一种自我价值的认可和实现。日本著名企业家稻山嘉宽认为：工作的报酬就是工作本身。对于应用型大学管理队伍来说，提高其职业社会地位，增加管理工作本身的吸引力和挑战性，运用职业激励激发其管理工作中的成就感和认同感尤其重要。

（四）目标激励约束

美国心理学家弗鲁姆的期望理论认为,人总是渴求满足一定的需要和达到一定的目标,一个人对他所追求的目标的价值看得越大,估计能实现目标的概率越大,其动机就越强烈,激励的水平也就越高。应用型大学管理队伍致力于实现目标的过程,既是对目标实现的期待过程,也是激励的过程,目标激励也含有期望激励的成分。应用型大学的目标激励,就是将"应用型"的整体办学目标与管理队伍个人目标结合起来,促使管理队伍把自己的管理行为与学校目标和个人目标结合起来,从而产生激励约束作用。

（五）环境激励约束

环境可分为硬环境与软环境。应用型大学的硬环境是指管理者进行管理工作的现代化设备条件及校园物质环境。软环境包括工作氛围和校园文化。工作氛围方面要通过科学合理的管理体制及人际间的沟通理解,创造出互尊互敬、协调一致、和谐融洽的工作气氛,使管理队伍缓解压力、增强合作,发挥最大的积极性和主动性。校园文化是应用型大学内特有的价值观、教育理念、行为规范等的总和,要体现"应用型"的大学理念、大学精神。和谐向上的校园文化能对管理队伍产生强烈的激励约束作用。

三、管理队伍激励约束的策略

从根本上来说,激励就是激发人的动机,调动人的积极性;约束则相反。人的行为受动机支配,而动机的诱因是人的需要。要研究应用型大学管理队伍的激励约束机制,就必须从满足其需要入手。马斯洛的需要层次理论认为,人的需要从低到高分为五个层次——生理需要、安全需要、社交需要、尊重需要和自我实现需要。应用型大学里,管理队伍需要的层次性决定了其追求目标的层次性,应针对管理队伍的特点及其需要层次和目标层次的不同,采取相应的激励约束策略。（见表8-1）

表8-1　管理队伍需要层次和激励约束策略分析表

需要层次	追求目标	激励约束策略
生理需要	①薪酬 ②福利	①薪酬制度 ②医疗保险制度 ③工作时间 ④其他福利

需要层次	追求目标	激励约束策略
安全需要	①职业保障 ②意外伤害保险 ③环境保障	①合同管理制度 ②养老保险制度 ③工伤保险制度 ④安全的工作环境
友谊需要	①人际关系 ②部门协作	①工作氛围 ②内部沟通制度 ③工会组织和活动
尊重需要	①职业社会地位 ②被人尊重、自尊 ③名誉、地位、权力与责任 ④受到公平的待遇	①职务聘任制度 ②招聘晋升制度 ③奖惩制度 ④绩效管理制度 ⑤和谐的工作环境
自我实现需要	①发挥个人专长 ②个人成就感	①培训进修制度 ②岗位轮换制度 ③招聘聘任制度 ④绩效管理制度

（一）加强物质激励，完善薪酬制度

物质需求是人最基本的需求，"经济人"属性是人性中最基本的属性。应用型大学要对管理人员实施"以人为本"的激励约束机制，就首先要尊重和满足管理人员的物质需求，最大限度地运用物质激励来调动管理人员的积极性。目前薪酬激励是物质激励最主要的体现，是最根本、最基础的激励方式。薪酬的激励作用，首先体现为科学合理的薪酬制度可以保证应用型大学具有竞争力，能够吸引优秀的应用型管理队伍；其次，科学合理的薪酬制度会增加管理队伍工作的安全感，保证现有队伍的稳定性并留住人才，发展人才；最后，不能把薪酬仅仅看做物质和金钱的问题，它也是管理队伍价值体现的一个方面。因此，在应用型大学首先应建立科学合理的薪酬制度。薪酬设计要注重"对内的公平性"和"对外的竞争性"。如果管理人员个人的报酬与贡献的比率与他人的报酬与贡献的比率相等，就会认为报酬公平合理，从而心情舒畅，努力工作；否则，就会感到不公平而影响其工作积极性。同自己的历史收入的比较也会产生同样的效果。当前公办应用型大学的岗位工资、薪级工资受政府统一管理，但学校对于校内绩效薪酬发放有自主权，应当公平、合理地运用好，使其发挥好激励作用。

（二）促进管理专业化，健全进修培训制度和岗位轮换制度

针对应用型大学管理人员的工作特点，要充分发挥激励约束的作用。

1. 加强进修培训，增强管理人员的管理专业知识。对于非管理专业的管理人员，加强管理知识的系统培训，要分层次、分类型、有针对性、有计划地进行，也可以鼓励他们参加专业进修和继续深造，全面提高其管理专业化水平。

2. 加强岗位轮换和岗位流动制度建设，提高管理水平。具备资格条件的管理人员向教学岗的轮换，可以增强管理人员对教学过程和教学环节的了解，提升其从事教育管理的专业化能力；教学人员向管理岗的流动，可以让教师体会管理工作的特点，从而对管理人员的付出给予充分的理解与认同；管理岗位之间的定期轮换，则可以增加管理人员的工作热情，防止职业枯竭和心理枯竭的出现。

3. 做好思想引导，转变人们对管理工作的认识。首先，引导管理队伍本身深化对管理工作的认识。管理工作看似简单，实际上需要管理者具备较强的计划、组织、协调、沟通、控制能力，较强的语言和文字表达能力，处理复杂状况的应急或应变能力，对应用型办学模式的整体把握能力等。可通过适当授权增强管理工作的挑战性，通过成就激励激发管理队伍的工作热情。其次，还要引导全体教职工认识到管理工作是事关应用型大学发展全局的重要环节，以提高管理队伍的职业社会地位，充分发挥职业激励作用。

（三）强化绩效管理，严格奖惩制度

要强化绩效全程管理观念，严格管理队伍绩效考核制度。通过对应用型大学各管理岗位的细致深入的岗位分析，制定出合理有效的考核指标，确定具体明确的考核内容，选择合适得当的考核方法，以获得客观公正的考核结果，根据考核结果，适当予以奖惩。

要注意对部门奖惩和对个人奖惩相结合。奖惩部门可以强化部门内合作意识，奖惩个人有利于激励管理队伍个体潜能的最充分发挥，二者结合才能有效消除矛盾，并有效刺激竞争。在奖励过程中，要注意物质奖励和精神奖励相结合。在重视满足管理队伍物质需要的同时，更需关注他

们对尊重、友情、成就和自我实现等精神需要的满足,只有这样才能增进奖励激励效果。奖励中还要注意公平,奖励是基于对管理人员行为或社会影响在一定范围内的比较和选择而做出的评定或评价,奖励对象要有代表性和典型性。否则,不仅起不到激励的作用,反而会起到反作用。

(四)树立竞争意识,完善职务聘任和合同管理制度

优胜劣汰的法则是普遍存在的,竞争可以创造一种优胜劣汰的环境,使管理队伍感到压力的约束,激发其工作积极性。目前在应用型大学,"因人设岗"时有发生,教育的公益性和市场法则之间的矛盾,使得应用型大学里大多没有建立真正的聘任制。为切实实现聘用中的"能上能下",促进管理队伍的合理流动,就必须强化竞争意识和危机意识,使管理人员在竞争中求发展。要根据"应用型"办学目标的需要,完善管理人员的职务聘任制度和聘用合同制度,实行管理聘用竞争上岗,建立人员流动制度,遵循"按需设岗、公开招聘、平等竞争、择优聘任、严格考核、合同管理"的原则,由身份管理转为岗位管理,由论资排辈转向竞争激励。

在职务聘任制度和合同管理制度的实施中,要注意处理好管理人员之间竞争和协作的关系,即在加强管理队伍竞争意识的同时,还要加强协作意识,增强团队合作精神;要使竞争尽可能在公平合理的基础上进行;要合理调整管理队伍结构,包括管理队伍的年龄结构、学历结构、职称结构、性格结构、专业结构等,形成合理的队伍梯度,减少竞争中可能产生的摩擦,形成良性循环。

(五)发挥领导魅力,营造和谐向上的激励环境

应用型大学在建设过程中,校园文化建设、共同理念培养普遍还有待进一步加强。应用型大学可以通过组织运动会等各种大型活动,加强校园文化和团队精神建设,培养良好的校风、教风、学风,统一管理队伍的思想、信念和追求,明确激励目标,提高管理队伍理念上的同一。具有应用性特点的浓厚的校园文化是应用型大学发展必不可少的精神支柱,因此要营造公平公正的用人环境、和谐合作的工作氛围、积极向上的校园文化,通过激励环境的整体优化,使精神激励和物质激励有机结合,文化激励和情感激励有效统一,充分发挥环境激励约束的重要作用。

在营造和谐向上的激励环境的过程中,应用型大学的各级领导工作魅力特别是校院层领导个人人格魅力的发挥具有重要的导向和号召作用。一个好领导能带出一个好班子,一个好班子能带出一支好队伍,一支

好队伍能建设一所好学校。管理队伍的激励约束环境的建设,很大程度上受到领导者工作魅力和领导风格的熏染。校、院高层领导超前的理念、创新的思维、卓越的才干、过人的胆识、以身作则的工作作风,不仅能对管理人员产生良好的榜样激励作用,更重要的是能够使大家看到希望和光明,在工作中感觉更有奔头,从而在情感上最大限度地激发管理队伍的工作激情。

应用型大学的管理队伍激励约束机制的建立和完善,是一个复杂的长期系统工程。只有通过激励约束机制增进管理队伍的工作绩效,提高管理水平,通过绩效反馈及时制定或修改管理队伍个人职业发展规划,加强职业生涯管理意识,使管理队伍个人目标和应用型大学办学目标相一致,才能实现应用型大学的更好发展。

第五节　管理队伍的职业生涯管理

管理队伍是高等学校人才队伍中的重要组成部分。对应用型大学来说,进一步关注管理队伍的成长,适时导入职业生涯管理,可以实现学校与人才队伍建设的双赢。通过实施管理队伍职业生涯管理,可使管理人员对自身的优势、能力以及职业前景有更为全面的认识,从而进一步提升职业竞争力;学校则可通过职业生涯管理了解管理人员发展的愿望、动机与职业兴趣,在组织设计中结合他们的特点,实现人岗匹配,最大程度提高员工工作效能,提升办学水平。

一、构建管理队伍职业生涯管理的必要性

职业生涯管理是战略性人力资源管理的重要内容之一。所谓职业生涯管理,是指职业生涯管理部门组织成员一起,对职工职业生涯规划所进行的准备、实施和监控。职业生涯管理一般包括两个方面:一是组织职业生涯管理,是指由组织实施的、旨在开发员工的潜力、留住员工、使员工能实现自我价值的一系列管理活动。二是自我职业生涯管理,是指员工对自己职业生命周期的全程制定的一系列发展策略,它一般由职业发展计划、职业策略、职业进入、职业变动和职业位置的一系列变量构成。职业生涯管理的核心在于组织职业生涯管理策略与员工的自我生涯管理策略

相匹配。应用型大学管理队伍职业生涯管理策略,就是指应用型大学在其办学过程中,运用职业生涯管理理念,由应用型大学的组织、人事等部门与管理人员个人一起,按照学校既定的办学目标所构建的每一位管理人员职业发展规划的总称。它涉及到管理人员聘用、培训、绩效、激励、考核等日常管理机制,是人力资源开发与管理的重要组成部分。

(一)职业生涯管理是提升管理水平,促进发展的需要

应用型大学由于各种原因,其管理人员组成较为复杂,管理水平也会受到各种条件的制约。近年来,随着办学环境竞争的激烈化,各个学校日益深化人事制度改革,从传统的人事管理模式向现代人力资源模式转变。而职业生涯管理策略作为现代人力资源管理模式的重要内容,从一种更为长远的视角和组织架构的角度优化人力资源组成结构,将组织的发展与教职工的个人发展有机契合,对于学校提升管理水平,促进发展具有重要意义。

(二)职业生涯管理是优化人力资源配置,提高资源使用效率的需要

职业生涯管理在企业人力资源管理中应用较早,效果也较为明显,但高等学校内部尤其是在应用型高等学校中还缺少其应用经验。应用型大学在管理队伍中实施职业生涯管理策略,可以以科学的方法,认真分析学校发展的目标,较好地解决如人才相对短缺、人才重复引进、梯队建设不合理、职称晋升的"瓶颈效应"和人才外流等问题,也可以激发管理队伍的潜力,进一步优化人力资源配置,最大限度地避免能者不劳,劳者不能的现象。

(三)职业生涯管理是坚持以人为本,提升管理人员发展空间的需要

个人的发展与组织的发展是相辅相成的,实施职业生涯管理策略,坚持以每一位管理人员的发展为本,可以最大程度地发挥组织对每一个人发展的导向作用,通过制定有关的管理制度,给予管理人员必要的帮助与指导,在满足应用型大学对管理队伍的需要的同时,也为管理队伍的个人发展指明了方向,使每一个教职工具有良好的职业发展空间。

二、应用型大学职业生涯管理存在的问题

应用型大学作为一种办学模式,其管理队伍职业生涯规划既面对着高等学校管理人员的共性问题,也面对着应用型大学特有问题。正确认识、分析应用型大学管理队伍面对的问题,对于构建其职业生涯管理策

略,具有十分重要的意义。目前,应用型大学管理队伍职业生涯管理存在的问题主要有:

(一)职业生涯规划及管理缺失

目前,许多应用型大学并无针对教职工的职业生涯规划管理,更没有针对管理队伍的职业生涯管理。主要表现在:无职业生涯管理的意识,无职业生涯管理的机构及人员,无职业生涯管理的目标,无职业生涯管理的途径,也无实施职业生涯管理的标准与步骤等。

(二)专职管理队伍出口窄

在应用型大学管理队伍中,都存在着一定数量的专职管理人员。从现行管理体制来看,这部分人员普遍存在着出口较窄的问题。主要表现在:一是管理人员升职途经窄。按现行高等学校管理人员岗位设置,科级以下人员约占管理人员总数的65%,处级干部约占35%,部分管理岗位人员升职较为困难;二是管理岗位人员难以评聘专业技术职务。从应用型大学政工干部看,由于政工不属于专业技术职务序列,客观上影响着他们评选政工的积极性。同时,按照现有的高等学校岗位设置管理办法,不在专业技术岗位上的管理人员不能评定专业技术职务,这也影响着管理岗位人员的职业发展。再者,对于可以评聘专业技术职务的岗位,由于管理人员长期专注于日常事务,难以同专门的专业技术人员竞争。专职管理人员出口不畅,反映到现实工作中,就导致管理队伍士气低落,在工作中得过且过,长期以往,就会使整个组织效率下降。

专职管理队伍出口较窄还表现为,同教师和其他专业技术队伍相比,管理队伍存在着工作交流机会少,工作平台少等相关问题。

(三)管理人员同专业技术人员之间存在竞争

应用型大学管理人员不仅面对着同管理人员的竞争,同时,也面对着同专业技术人员的竞争。目前,随着应用型大学之间的竞争激烈,提升教学质量成为每一所学校的核心任务。这种竞争,反映到学校管理人员队伍建设中,就对管理队伍建设提出了更高的要求。在专业技术性较强的高校,为了避免"外行领导内行"的情况,一般会选聘一些具有较强的专业技术能力,也具有一定的管理水平的人员充实管理队伍,同时,也会把一些不符合专业技术岗位要求的人员放入管理干部队伍。这种"夹生饭"的尴尬,往往会使专职管理队伍陷入十分为难的境地:一方面,管理队伍要把大量精力放在对"淘汰的专业技术人员"的处理上,同时,又难于抽出时间和精力同"具有管理水平的专业技术人员"竞争。这种现象,如若处理不善,客观上会引起影响原有管理岗位人员的积极性的问题。

三、高等学校管理队伍职业生涯管理策略

(一)建立完善的管理队伍职业生涯管理制度

制定应用型大学管理队伍职业生涯管理策略,首要是建立完善的管理队伍职业生涯管理制度,形成从聘用、培训、激励到考核的职业生涯管理链条,并通过制度的规划使管理队伍达成共识,形成高等学校管理队伍的价值观。同时,通过制度建设,把应用型大学的目标与管理链条有机结合,形成应用型大学管理队伍的独有体系。例如,在管理队伍招聘中,可以通过对具有应用学科背景人才的关注,进一步突出应用型大学管理队伍职业生涯管理的特点。在管理队伍培训中,在培训资金分配、培训方式方法等方面,体现应用性的特色,等等。总之,应用型大学管理队伍职业生涯管理策略,必须要有相应的职业生涯管理制度做后盾,这是应用型大学管理队伍职业生涯管理策略的制度保障。

(二)调整管理机制,使个人职业发展与学校发展目标相统一

职业生涯管理的本质问题,是组织和个人的关系问题。个人是组织的组成基础,个人的发展,会推动组织的发展。问题在于,组织如何对个人发展施加影响,如何通过促进个人的发展来推动组织的发展呢?问题的本质在于组织选择,即在人人都优秀的情况下,组织把机会给予谁?另一个问题是,组织如何保障这种选择机制是公平的,是能够引导大家具有积极健康向上的精神的。应用型大学管理队伍职业生涯管理就是通过对组织机制与个人关系的调整,达到管理人员个人职业发展与学校发展目标的统一。具体来说,也就是在尊重管理人员个人职业生涯发展策略的基础上,引入聘用、培训、考核机制及淘汰机制,达到管理人员个人职业发展策略与学校发展目标的统一。

管理队伍开展的自我职业生涯管理如果与学校开展的职业生涯管理相互配合,其结果就会相得益彰,在促进个人发展的同时,推动学校总体目标的实现,如果二者不一致,则必有一方或双方蒙受损失。假如学校仅仅是根据学校的目标,而不考虑管理人员个人的感受,则管理人员就会缺乏自主性和主动性,其创造力就难以被激发,学校可能只是在短期内受益,从长期来看,会缺乏发展后劲。如果管理队伍的职业生涯管理同组织

的总体目标不吻合,则会导致员工时间、经济压力大,一方面影响工作效率,另一方面也会使管理人员对组织没有感情,一有发展机会,他们就会离开,选择更好的组织。许多研究成果已经证明,自我职业生涯管理与组织职业生涯管理的和谐发展是保证职业生涯管理有效的关键。

(三)为管理队伍个人发展创造良好的机制和人事环境

创造良好的育人机制和环境是应用型大学管理队伍职业生涯管理策略的重要组成部分。创造良好的机制和环境,主要是注重激励机制的建立,形成良好的职业发展导向,并通过进一步改革与完善管理岗位聘任制度等,达到个人职业生涯发展规划与组织发展目标的统一。

建立公平有效的激励机制是应用型大学管理队伍职业生涯管理策略的重要保障。要想建立有效合理的激励机制,学校管理者必须从应用型大学管理岗位的特点入手,运用激励理论,有计划地对管理人员予以有效的刺激、引导与鼓励,从而提高管理队伍工作的积极性和创造性,实现其职业发展目标。在有效合理的激励机制下,学校会形成管理队伍发展的良好竞争环境,管理人员也对学校的发展尽心尽力,最终促成学校和管理人员的共同发展,实现共同的目标。

许多中外学者都通过大量数据分析进行了职业生涯管理因素的研究,例如,NOE 职业生涯管理模型是职业生涯管理领域非常重要的模型之一,该模型把职业生涯管理分为职业生涯规划和职业生涯管理两个阶段,个人和组织在不同的阶段发挥不同的作用;M·Jane Crabtree 在访谈人力资源管理专家、阅读文献的基础上,列出了组织职业生涯管理的 67项措施。他通过探索性因素分析等方法,最后得出了四因素(18 项措施)的员工对组织职业生涯管理措施认知的测量方法。同时,他认为,组织的职业生涯措施不是影响员工心理和行为的关键,而员工对组织职业生涯管理措施的认知才是研究者真正需要关注的。无论组织职业生涯管理措施多么丰富,如果不被员工感知并给予积极评价,其效果是值得怀疑的;我国学者余琛在综合国内外学者专家研究的基础上,制定了职业成功影响因素汇总表(见表 8 - 2):①

---

① 余琛.外国学者对职业生涯管理的研究[J].科技和产业.

表8－2　职业成功影响因素汇总

个体相关因素	和职业满意的关系	组织相关因素	和职业满意的关系
组织年限	负相关	组织支持认知	正相关
岗位年限	负相关	培训机会认知	正相关
身体状况	正相关	职业规划认知	正相关
Proactive	正相关	具有挑战性的工作	正相关
成就需求	正相关	组织保留意愿认知	正相关
内部控制点	正相关	职业高原	负相关
自我效能	正相关	职业管理行为	正相关
大五模型个性	正或负相关	组织对职业生涯的支持	正相关

　　上述职业生涯因素分析,是基于职业生涯管理的一般特征进行的。
应用型大学管理队伍职业生涯影响因素中,与高等学校以及应用性相关
的因素较为重要,例如,从个体因素来说,由于高等学校知识聚焦的特点,
成就需求、自我效能等成为重要因素;从组织相关因素来说,组织支持认
知、培训机会认知、工作的挑战性等成为重要因素。另外,一些应用型大
学选择产学研结合的办学思路,同其他组织相比,其管理队伍对于专业背
景的认知可能显得更为重要一些。

　　在建立激励机制的同时,要辅之公平合理的绩效评估体系。这是因
为,从职业生涯管理的流程来看,绩效考核的结果是管理队伍职业发展的
重要参考依据,因此公平的管理人员绩效评估体制的建立显得异常重要。
应用型大学建立绩效评估体系,也应当十分注重考核在管理人员职业生
涯管理中的重要作用,在考核体系设计中突出应用型大学的特色。例如,
学校考评目标与标准的设定、考评方法的应用、考评结果的反馈等都要与
职业生涯管理相结合。但是,其难点在于,目前高等学校管理人员的绩效
考核标准很难准确计量,需要更为深入的探讨和研究。

　　另外,建立良好的育人机制和环境必须重视和切实进行聘任制度改
革。高等学校人才聘任制是在高等学校和应聘人员双向选择的基础上,
以聘任合同的形式把岗位设置、任职条件、聘用管理、争议处理等环节,同
高等学校和管理人员双方的责任、权利、义务组合形成的聘用和管理制度
体系,属于职业生涯规划机制的重要组成部分。管理人员是应用型大学
发展的重要资源,其成长、成才和个人综合素质的增强,是队伍整体水平

提高的重要保证。重视聘任制度改革,实质上也就是重视应用型大学各类人群包括每一个管理人员的职业生涯发展规划。同时,值得注意的是,应用型大学管理队伍属于知识型员工,因此帮助他们规划和发展他们的事业是最具长期效应的激励措施。学校管理者必须帮助每一个管理人员制定独特的发展计划,明确每一个阶段发展的主要任务,确定需要达到的水平等等。而且更重要的是,学校要承诺帮助他们中的每一个人实现规划。

总之,当今社会,信息技术突飞猛进,竞争全球化,新的知识和技术正在以更短的周期成倍地增加,同时也对应用型大学和其中的管理者提出了更高的要求;同时,我国高等学校人事制度改革正如火如荼地进行着,行业竞争压力加大,在这种外部环境的压力下,每一位管理人员都应当充分注重提高自己的竞争力,积极主动制定适合自身的职业生涯规划,并及时采取行动以使自己的职业发展道路顺畅。

第六节　应用型大学管理队伍建设
——以北京联合大学为例

案例:健全四项机制,促进管理队伍能力素质提升

北京联合大学致力于建设成一所高水平有特色的应用型大学。近几年来,学校党委认真学习贯彻党中央关于干部工作的一系列方针政策,深入实践科学发展观,结合学校分散办学、干部管理权限交叉、干部数量较多的实际,努力健全用人机制、交流机制、锻炼机制、培训机制,不断提升党政管理队伍的能力素质,为学校党的建设和事业发展提供了坚实的政治和组织保障。

(一)健全用人机制:确立重能力素质的用人导向

北京联合大学的干部管理工作具有一定的特殊性。一是分散办学,管理权限交叉。除了本部学院外,还有6个具有副处级干部任用权的副局级法人学院;二是处级干部多,全校共有处级干部400多名。在近几年来的干部队伍建设工作中,校党委努力探索适合学校实际的干部竞争上岗机制,逐步增加通过竞争上岗的干部的比例,提高了选人用人的公信度

和准确性,确立了重能力素质的用人导向。

从 2009 年到 2012 年上半年,学校先后 6 次开展干部竞争上岗工作,共设置 87 个处级岗位,累计有 279 名教职工参加了面试答辩,最终 84 名干部走上了领导岗位。

每次竞争上岗工作,校党委都要制定《竞争上岗工作实施方案》,方案对工作任职资格、竞争上岗实施步骤、日程安排等做出明确规定。任职资格的规定很详细、很具体,对报名者的年龄、学历、职称、学科背景、工作经历、工作表现和业绩等都有明确的规定,体现出对应用型大学的党政管理干部在知识、技能、品质上的要求。在具体工作进行中,公开、公平、公正。一是在推荐和提名环节上扩大民主。机关行政岗位公开竞聘一般采用组织推荐和个人自荐相结合的报名方式,只要符合条件,都可报名参加。科研和教学单位的干部选任采取民主推荐的方式,他们尽可能扩大参加民主推荐人员的范围,如 2011 年底对本校北京市信息服务工程重点实验室副主任兼办公室主任的选任工作中,他们先后在校实验实训基地、网络中心、信息学院、自动化学院等组织了民主推荐,参加推荐的教职工共有 100 多人;二是在答辩环节上扩大民主。参加答辩评分的评委来自包括校院领导、教代会代表、教授代表、老干部代表等不同人群,具有广泛的代表性。如在 2009 年处级干部重新聘任答辩中,校机关和非直属教学单位正处级干部答辩时,每一场的评委都达到 45 人以上,副处级干部答辩时,每一个场次的评委都超过 20 人,且不同评委的评分占不同的权重;三是在考察环节上扩大民主。除了注意扩大民主测评和谈话的范围外,提倡进行差额考察。在 2010 年面向北京市公开招聘校教务处长的工作中,对 4 位参加答辩者全部进行考察,最终从中选择引进 2 位,一人被任命为校教务处长,一名被任命为自动化学院院长。在 2011 年上半年五个处级干部岗位的竞争工作中,每一个岗位都确定 3 个考察对象。扩大干部考察的范围,既保证了聘任干部的准确性和公正性,又甄选了一批后备干部。

(二)健全交流机制:发掘干部潜在能力素质

2009 年以前,北京联合大学法人学院的干部任用具有相对的封闭性,一般仅在自己的学院内调配使用干部,法人学院与校本部干部聘任工作从建校以来就没有统一过。近年来,校党委一直在深化学校管理体制改革,努力拆除校、院之间,学院与学院之间干部任用上的壁垒。

在 2009 年上半年学习实践科学发展观活动过程中,校党委开展了部分二级法人学院的院级领导与校本部学院的院级领导的轮岗交流任职工作。安排 3 名法人学院的院级领导到校本部学院任职,1 名校本部学院院级领导到法人学院任职,4 名二级法人学院的组织部长交流任职,3 名校机关部(处)的处级干部到学院任职等,在拆除壁垒、增强融合方面进行了初步尝试。

2009 年新一轮干部重新聘任过程中,校党委对干部轮岗交流的条件和原则进行了规范:在重要岗位(涉及人、才、物的)任职满 6 年、在一般岗位任职满 8 年的处级干部必须轮岗交流;坚持全方位轮岗交流,既有校、院机关部门干部之间的轮岗交流,也有校机关部门干部和学院领导班子成员之间的轮岗交流,同时也有机关部门和直属非教学单位或直属教学单位干部之间的轮岗交流;坚持交叉交流,如党务部门的干部到行政部门任职。院(系)班子配备时应考虑到性别、年龄、学科的匹配,充分发挥每一个干部的长处,扩大干部的工作视野。在这次聘任过程中,轮岗交流的干部共 75 人,占聘任干部总数的 18.56%,其中安排 5 名校机关干部,包括人事处长、科研处长、财务处长等重要岗位干部到二级学院任班子成员,上调 5 名二级学院处级干部到校机关任职。2010 年校党委在全校范围内轮岗交流处级干部 31 名,2011 年 33 名,2012 年上半年 12 名。多层次、全方位的干部交流给干部提供了多岗位锻炼的机会,激发出了新的工作潜能,同时,增强了干部的责任感和危机意识,加强了党风廉政建设,提升了学校干部队伍整体的生机与活力。

(三)健全锻炼机制:扩大干部工作视野

北京联合大学作为一所普通市属院校,干部素质和能力、管理经验和水平,在客观上都与兄弟院校存在着一定的差距,本着"请进来,走出去"的方针,除上级要求外派和接收的挂职干部外,自 2008 年开始,学校主动与兄弟院校联系,分批向首都师范大学、北京工业大学和北京科技大学等兄弟院校的相应岗位或部门累计派出了 18 名优秀干部进行岗位培训和挂职锻炼。每次选派的挂职干部,都是经组织充分甄酌,在全校范围内择优遴选的;干部挂职结束后,校组织部都要组织挂职干部、派出干部单位分管领导和相应部门负责人召开汇报会,听取挂职干部挂职期间的学习成果,学习兄弟院校先进的管理方法和经验。

校外挂职的良好效果启发了学校开始启动校内干部挂职工作,校党委制定了《北京联合大学干部校内挂职锻炼实施办法(试行)》,主要目的是加强校院之间、行政单位与教学单位之间的干部挂职交流,此办法于2012 年正式实施。这一新举措对于进一步加强学校干部队伍建设,提高干部管理能力和政策理论水平,丰富其工作经历,拓展其工作视野,增加其工作经验,并促进学校机关部门、直属单位与学院之间的工作交流,都将起到积极的促进作用。

(四)健全培训机制:提升干部能力素质

由于分散办学,北京联合大学的干部,特别是副局级二级学院的干部,独自对外联系的渠道和机会较少,学院之间的工作交流也不多,对干部的创新意识、开拓能力、理教水平、发展后劲都产生了制约,强化对干部的培训已成为加快学校改革与发展步伐的当务之急。鉴于这种情况,2009 年,北京联合大学成立了干部培训学校。干部培训学校一成立,就举办了第一期专题培训班——全校教务管理干部培训班。全校各学院分管教学工作的院领导以及校、院教务部门负责人总计 51 名教务管理干部参加了本次培训班。2010 年 3 月至 5 月,干部培训学校举办了第二期专题培训班——新任职干部专题培训班,重点培训新一轮干部重新聘任工作中提任和交流的 140 多名处级干部。2011 年 4 月至 6 月,干部培训学校举办了第三期专题培训班——党务政工和工会干部专题培训班,全校111 名党务政工和工会干部参加了培训。

举办这些培训班的主要目的是以学习理论促观念转变、以参观考察促思路开阔、以集体研讨促增进了解、以撰写论文促能力提高。办班之前,学校党委组织部就联合有关部门对学校管理中存在的急需解决的问题进行了调研,列出了研讨论文参考题目,使干部培训学校带着问题教学,学员们带着问题学习,带着问题参观,带着问题研讨。每次培训班都持续近两个月,在这段时间里,学员不脱产进行学习,经过了听取报告、参观考察、小组讨论、撰写研讨论文和心得体会、结业答辩等学习环节,取得了实实在在的效果。在 2009 年北京高校党校协作组年会上北京联合大学代表做了典型发言。

专题化培训干部最大的好处就是针对性和实效性强。以后,学校还将陆续举办全校学生管理干部、财务管理干部、后勤管理干部等各类专题培训班,经过持续的专题培训,不断提高各个岗位干部的综合素质和业务能力,为学习型党组织建设提供人力保障。

通过健全以上四项机制,北京联合大学在提升中层党政管理队伍能力素质上取得了明显成效：

一是干部队伍结构更加优化。竞争上岗、轮岗交流等工作,拓宽了选任干部的渠道,使更多的高学历、高职称以及优秀的年轻干部脱颖而出,学校的处级干部队伍结构得到持续优化。截至 2012 年 6 月,全校处级干部平均年龄 45.12 岁,比 2009 年 9 月的处级干部平均年龄下降了 1.15 岁;从学历结构看,现有 401 名处级干部中,博士为 48 人,比 2009 年 9 月增加了 14 人,硕士为 175 人,增加了 46 人。目前具有博士和硕士学位的处级干部占干部总数的比例达到 55.61%,比 2009 年 9 月提高了 15.66 个百分点。干部结构的优化为进一步提升学校的管理水平,实现管理工作的专业化、干部队伍的专家化创造了条件。

二是干部能力素质进一步提高。通过竞争上岗工作,培养了干部的竞争意识,提高了干部参与竞争的能力和水平。通过轮岗交流、挂职、培训等工作,使干部在多个岗位及岗位竞争中得到了锻炼,拓展了视野,丰富了阅历,挖掘了潜能,提升了综合素质,促进了实际工作,带动了学校整体管理水平的提升和效能的优化。同时,强化了党风廉政建设,预防了腐败现象的出现。

三是干部工作更加科学并具有活力。校党委打破论资排辈、平衡照顾的观念,开展轮岗交流和竞争上岗,变"伯乐相马"为"赛场竞马",有效激发了干部工作的活力;干部工作的建章立制有步骤、健康有序地进行,防止了干部工作中出现的人为干扰问题,营造了干部工作风清气正的环境,促进了校党委识人、选人、用人、管人的科学化水平不断提高,也促进了学校各项事业的发展。

第九章 应用型大学人才管理的制度建构

党中央下发的《深化干部人事制度改革纲要》和《关于进一步加强人才工作的决定》都明确提出,事业单位人事制度改革要以推行聘用制度和岗位管理制度为重点,促进由固定用人向合同用人、由身份管理向岗位管理的转变。

第一节 应用型大学人才队伍的聘用制度

一、聘用合同制的内涵和特点

高等学校用人制度实行的是聘用合同制。聘用合同制是高等学校与受聘人员依照国家有关的法律、法规、规章和政策,在平等自愿、协商一致的基础上,通过签订聘用合同书,确定聘用关系,明确双方的权利和义务的人事管理制度。实行聘用合同制的目的是要破除干部身份终身制和人员学校所有制,实现用人上的公开、公平、公正,促进学校自主用人,保障教职工自主择业,维护学校和受聘人员双方的合法权益,建立人员能进能出、职务能上能下、待遇能高能低的充满生机与活力的新型用人机制。应用型大学也不例外,用人制度同样实行的是聘用合同制。

二、实行聘用合同制的原则

(一)按编制聘用原则。根据上级机构编制部门核定的编制、学校工作任务及岗位设置等情况,在本校编制数额内聘用。

(二)坚持公开、平等、竞争、择优的原则。实现学校自主用人,择优聘用,受聘人员自主择业。

(三)坚持平等自愿、双方协商一致的原则。通过订立聘用合同,确定学校与受聘人员个人的聘用关系,明确双方的权利义务时,聘用双方必须遵守国家法律、法规,在本人自愿、双方协商一致的基础上,签订聘用合同。

(四)坚持"严格考核、合同管理"的原则。从工作实际出发,全面考察受聘人员的思想政治素质、业务水平、工作能力、健康状况。

三、聘用合同制的关键特征

(一)强调编制管理

高等学校的编制应遵循高校的办学规律、办学定位和管理特点,按照教育部对不同类别学校的要求合理确定。根据《全国普通高等学校编制管理规则》的规定,高等学校基本教育规模编制标准的指标是生员比(学生与全体教职员工之比)和生师比。生师比的合格标准如教育部教发〔2004〕2 号文件所示,见表 9-1。各高校的生员比可依据本校的生师比和学校内部不同类型人员的比例调整确定。学校内部不同类型人员的比例要依据学校的社会功能、职责任务、工作性质和人员结构特点等因素综合确定。高等学校工作人员具体比例是:专业技术人员占 70%,其中,教师一般不低于 55%,高水平大学中为教学科研服务的辅助性专业技术人员的比例可适当提高。管理人员一般不超过 20%。按照后勤社会化的改革方向,要逐步减少工勤技能岗位的比例,一般应低于 10%。

表 9-1　普通高等学校基本办学条件指标合格标准

指　　标＼学校类别	综合、师范、民族院校	工科、农、林院校	语文、财经政法院校	医学院校	体育院校	艺术院校
生师比	18	18	18	16	11	11

(二)坚持平等竞争,择优聘用

1.高等学校聘用人员应按照公开招聘、竞聘上岗的有关规定择优聘用。高等学校应分别按照管理岗位、专业技术岗位、工勤技能岗位的职责任务和任职条件,在核定的结构比例内聘用人员,聘用条件不得低于国家规定的基本条件。

2.规范聘用程序:

(1)公开公布岗位及其职责、聘用条件、聘期、工资待遇等事项。

(2)采取个人申请、民主推荐、公开招聘等形式产生拟聘人选。

（3）根据应聘人员的资格、条件，学校聘委会集体讨论确定聘用人选。

（4）公示人员聘用结果，公示期不少于 7 天。

（5）签约上岗。所有应聘人员上岗前须签订相应的聘用合同。聘用合同包括岗位职责要求、岗位考核指标和由应聘者本人填写的对岗位职责的承诺、完成工作目标的计划等。聘用单位法定代表人或者其委托代理人与受聘人员签订聘用合同。

3. 健全聘用组织。高等学校要成立聘用工作委员会。聘用工作委员会成员由校党政主要领导、学科专家和有关部门负责人组成，负责组织、领导校聘用工作的具体实施。在聘用工作中，学校应充分发挥院（系）聘用组织和专家教授的重要作用，积极建立校内外同行专家学术评价制度。

4. 建立监督与调解机制。学校成立由校领导、人事部门、纪检部门和教代会组成的监督调解委员会，对学校聘用工作履行监督和调解职能，对违反国家有关人事政策、法规的行为予以纠正，对有关责任者提出处理意见，按管理权限进行处理。聘用合同双方当事人因履行聘用合同发生争议，应协商解决，协商无效的，当事人可以向行政主管部门申请调解和处理。要确保岗位聘用工作公开、公平、公正，聘用工作委员会的组成人员、工作程序和聘用结果要公开，接受广大群众的监督。

（三）明确合同书的法律效力

1. 高等学校与受聘人签订的聘用合同书，须经地方人事局进行聘用合同鉴证，一经订立合同即具有法律效力。聘用合同书由高等学校的法定代表人（或其委托的代理人）与受聘人签订，合同书一式 2 份，学校与受聘人本人各执一份。一般讲，在签订聘用合同书的基础上，才可签订岗位聘任合同书。

2. 聘用合同书必须具备的条款：

（1）聘用合同期限

聘用合同具有严格的期限，聘用合同以期限分类可分为三种：即短期合同、中长期合同和以完成一定工作为期限的合同。合同期限根据地方政府的规定、工作需要和双方的约定等三个因素来确定，聘用合同期限按规定为 1~5 年。具体期限的制订可通过各个法人单位按工作需要或双方的约定，在实施细则中来体现。比如：待岗人员为 1 年；聘任上岗人员一般为 2~3 年；已约定服务期的，聘用期限应大于或等于服务期。又如，受聘人员在本校连续工作已满 25 年,或连续工作已满 10 年且距国家规定的退休年龄已不足 10 年的,如本人提出订立聘用期限至退休的合同,学校应当与其签订聘用到退休的合同。

(2)岗位及其职责要求。要明确受聘人应聘的具体岗位,如:管理岗位、专业技术岗位或工勤岗位。根据受聘人所应聘部门的岗位提出岗位职责要求,岗位职责要清晰、范围要明确、任务要具体。

(3)岗位纪律。在聘用合同中必须要有岗位纪律要求条款,这是聘用单位是否可以解除聘用合同的法律依据。例如:连续旷工超过 10 个工作日或者一年内累计旷工超过 20 个工作日的;未经聘用单位同意擅自出国或出国逾期不归的;违反工作规定或操作规程发生责任事故,或者失职、渎职造成严重后果的;严重扰乱工作秩序,致使聘用单位或其他单位工作不能正常进行的等均可解除聘用合同。当然,在合同中也要有受聘人单方可以解除聘用合同的条款。

(4)岗位工作条件、工资待遇、聘用合同变更和终止的条件、违反聘用合同的责任也是合同的重要条款,不可缺少。

(四)注重聘后管理与考核

1. 聘用合同制不仅保护聘用单位的合法权益,同时也保护受聘人的合法权益。学校要树立依法行政的观念,准确领会掌握并科学运用各项法律法规和政策文件,按合同行事、按合同管理,依法保护聘用双方的合法权益。

2. 学校要按照聘用合同,加强对受聘人员的聘后管理和考核工作。考核必须坚持客观、公正原则,实行领导考核和群众评议相结合、考核工作实绩和考核工作态度相统一的方法;考核的内容应当与岗位的实际需要相符合;考核结果分为优秀、合格、基本合格、不合格 4 个等次,考核等次由考核组集体决定。

3. 考核结果是续聘、解聘、调整岗位、职务升降、工资待遇和奖惩的依据。聘用合同期满,岗位需要、本人愿意、考核合格的,可以续订聘用合同。受聘人员考核不合格的,学校可以调整该受聘人员的岗位或者安排其离岗接受必要的培训后调整岗位。岗位变化后,应当相应改变该受聘人员的岗位工资待遇,并对其聘用合同进行相应变更。受聘人员无正当理由不同意变更的,聘用学校有权单方面解除聘用合同。

4. 履行合同约定。为了保障人员聘用制度的实施,聘用合同订立后,学校与受聘人员都应当严格遵守、全面履行合同的约定。高等学校要健全管理制度,应对不能适应用人制度改革的现行规章制度进行重新制订或修改,这项迫在眉睫的工作必须引起重视。受聘人员应当遵守职业道德和学校的规章制度,认真负责地完成岗位工作任务;学校应当保障受聘人员的工作条件,保障受聘人员享受按照国家有关规定和合同约定应当享受的待遇。

5. 聘后日常管理。注重相关资料的记录、收集、整理和保存,加强聘后日常管理是实行聘用合同制的重要方面,也是保证聘用合同制顺利进行的重要环节,还是合同化管理的一个具体体现,因此应增强记录意识,教职工的出勤、奖惩、各种考核情况以及对有些问题的处理意见应反映在纸面上并加以妥善保存;同时在日常管理工作中还应增强送达意识,对受聘人的岗位聘任、调换、考核以及对受聘人的行政纪律处理等情况,都应以书面形式送达当事人,由其签署意见后收回保存。因为这些记录不仅是学校对受聘人综合评价的基础数据,是续聘、解聘或调整工作岗位的依据,也是检验合同履行情况,依法行政的依据。

四、聘用与聘任的关系

高等学校在实施聘用合同制之前,实行的是岗位聘任制。从名称来看,聘用与聘任一字之差,但有着质的不同,要聘任必须先聘用,否则不能聘任,或者说聘用是大合同,而聘任是小合同;从目的来看,聘用合同制要解决能进能出的问题,而聘任是要解决岗位能上能下的矛盾;从性质来看,聘用合同制属于社会的职业聘用制度,而聘任制是学校内部的岗位聘任制度;从内容来看,聘用合同是用人单位与受聘人员之间契约关系的证明,而岗位聘任合同是在已经具有工作关系的基础上,根据工作需要,在高等学校与受聘人之间,就具体的工作岗位、工作内容、工作职责、待遇签订的上岗协议;从管理方式来看,聘用合同按合同规定依法管理聘用双方,聘用具有法律效应,且具有一定的期限,如果合同到期,自然就解除了工作关系,而聘任是指受聘人员在聘期内,聘任在某个岗位上。

在首次实行聘用合同制时,要以人为本,采用全员聘用。实行聘用合同制是具有较大力度的用人制度改革,在启动的初期要考虑受聘人员的承受能力,采用重在更新观念、重在转换机制的过渡办法。但是全员聘用不等于全员聘任,在岗位聘任时,还要按需设岗、择优聘任。

特别要说明的是,高等学校实行聘用合同制后,应逐步过渡到聘用与聘任的统一。

第二节　应用型大学人才队伍的岗位管理制度

一、实施岗位设置管理的现实意义

（一）深化高校人事制度改革的内在要求

高等学校建立岗位管理制度,符合干部人事制度改革的要求,是由身份管理向岗位管理迈出的重要一步,是一项制度创新。这项制度第一次从国家的层面规范了高等学校的岗位设置管理,提出了岗位设置的政策规定;第一次提出了通用的岗位等级,为高等学校的岗位设计了通用的等级关系,为人才成长搭建了通道;第一次阐明了岗位设置与岗位聘用的关系,为实现按岗聘用、合同管理创造了条件;第一次明确了根据所聘岗位确定岗位工资待遇,为"岗变薪变"提供了政策依据。

（二）高校人事制度改革深化的必然结果

按照国家、地方有关文件精神和部署,近几年各高校不断深化人事制度改革:2003 年开始启动聘用合同制,初步实现了"固定用人向合同用人"的转变;2005 年,实行了教师职务聘任制,一定程度上实现了专业技术人员由"身份管理向岗位管理"的转变;2006 年,实行岗位绩效工资制。绩效工资是与岗位结合在一起的,待遇随岗定,但要求完成规范的岗位设置和岗位聘用并经核准后,再按确定的岗位执行相应的岗位工资标准。也就是说,高等学校在没有被认定完成岗位设置和岗位聘用前,专业技术人员的工资只能达到对应岗位工资的最低等级。被认定完成规范的岗位设置和岗位聘用后,才能根据所聘岗位确定相应的岗位工资待遇。可以看出,岗位是聘用的基础,岗位设置直接关系到聘用制度的实现。加强岗位管理,必须从规范岗位设置入手,这是改革不断深化的必然结果。

二、实施岗位设置管理的工作思路

（一）明确岗位设置管理的预期目标

1. 首先确立岗位设置管理的基本制度框架。岗位分为管理岗位、专业技术岗位、工勤技能岗位三种类别,对每个类别岗位确定通用的岗位等级,即在这三类岗位中又分别分出几个级别。高等学校岗位设置管理的预期目标是根据国家、地方的有关规定,现有管理、专业技术、工勤技能岗位的人员按照本人现有的行政职务、专业技术职务或技级聘到相应级别的岗位。

2. 与收入分配制度改革相配套。新建立的岗位设置管理制度,是与收入分配制度改革紧密结合的。不同类别、不同等级的岗位与岗位工资一一对应,岗位设置、岗位聘用与工资待遇紧密结合在一起。可以说,建立岗位设置管理制度,能保证收入分配制度改革的政策落实到位。在各类各级岗位聘用工作结束后,即可按所聘岗位级别对应岗位工资。

3. 与现行政策规定相衔接。管理岗位 3～10 级依次分别对应现行的局级正职到办事员 8 个级别;工勤技能岗位中技术工 5 个等级与现行的工人技术等级相一致;专业技术岗位 13 个等级是在现行专业技术职务框架内划分的。与以往不同的是,在原有专业技术岗位纵向四个档次的基础上,为每个档次横向设计不同级别的职业发展台阶,为解决专业技术人员职业发展台阶过少,平台过大的问题创造了条件。每个台阶升级条件的确定是岗位设置管理工作要考虑的重点内容。

4. 因事设岗原则与尊重人才成长规律相结合。岗位设置管理工作实施过程中,要考虑到历史传统和现实情况,适当兼顾人的因素。因事设岗是岗位管理的基本要求,是根据学校社会功能、职责任务和工作需要进行岗位设置。同时也要按照以人为本的原则,充分考虑管理人员、专业技术人员、工勤技能人员不同的成长规律,考虑各类人才自身的实际情况,拓宽职业发展通道,鼓励人人都能成才。

(二)抓住岗位设置管理的关键环节

1. 吃透精神。认真系统地学习好国家、地方有关岗位设置管理的有关文件,它是高校岗位设置管理工作的依据,具有指导性、强制性和约束性。要认真学习研读上级文件、逐字推敲、吃透精神,力求准确理解和把握高等学校岗位管理制度的特点,思考如何积极稳妥地推进岗位设置管理工作。

2. 摸清家底。要结合高等学校自身的现状,有针对性地开展调研,摸清家底。要对学校的情况进行全面的审视和分析,尤其是对学校的事业发展规划、教职工队伍现状(人员编制、三类岗位人员队伍结构、专业技术人员的教学科研情况等)、人事制度改革的现状等。要对将要面临的困难和问题进行充分预测,努力探索解决问题的应对之策。要通过细致的测算,掌握各级各类人员的结构比例情况,分析研究学校发展对结构比例的需求,为制定本校的实施方案提供充分的依据。

3.制定政策。依据上级文件的精神,制定一套适合本校实际的岗位设置管理政策文件。首先要制定《岗位设置管理实施办法》,它应包括《教师岗位设置管理实施细则》、《其他专业技术岗位设置管理实施细则》、《管理岗位设置管理实施细则》、《工勤技能岗位设置管理实施细则》等以及与上述文件相配套的各类人员公开招聘的办法、聘任办法、考核办法等。在制定政策的过程中,一是要突出分类管理的改革思路和以人为本的改革思想,既要坚持改革的方向,坚持以岗位为主,又要考虑历史和现实情况,适当兼顾人的因素;二是兼顾发展,高等学校人事制度改革的目的就是促进事业的发展,促进人的发展。作为改革的具体措施之一,岗位设置工作应立足当前,着眼长远,充分考虑学校的长远发展规划和人才成长规律,做到既要满足现实需要,又为今后发展留有余地。

4.精心组织。为更好地实施岗位设置管理工作,各高等学校要加强领导,成立校院两级聘用组织机构和人事争议调解委员会,聘用组织机构的办公室设在人事部门,而人事争议调解委员会的办公室设在工会,以便于监督和调解。一个政策文件的出台,需要在学校内部进行广泛的宣传,认真做好思想动员和疏导工作,从学校事业、个人发展的角度引导教职工支持改革、参与改革,使广大教职工深刻认识实施岗位设置管理的重要意义,了解岗位管理制度的特点,为推进改革营造良好的环境。实施过程中,要规范并严格按照聘用程序开展岗位设置管理工作,对于出现的特殊问题,学校应及时召开会议进行专题研究,妥善处理改革中带来的各类问题,维护好教职工的利益,维护好队伍的稳定。

(三)解决好岗位设置中的重要问题

1.岗位设置管理要与学校办学宗旨紧密结合。建设应用型大学,就是在学科专业建设、师资队伍建设等各个方面中体现应用性。一是体现在专业技术职务的结构比例上,应用型大学作为普通高等学校其专业技术岗位应占所有岗位的70%左右,其中教师岗位不低于55%为宜,不能盲目追高;二是岗位设置上,应充分体现应用性的特色要求,比如独立设置实践教学岗位;三是在聘任条件上,增加体现应用性的相关内容,理论研究和应用研究能力并重。

2.确定好岗位总量。高等学校的岗位总量可以根据地方编办核定的编制数确定,也可以以现有人数为依据确定。确定岗位总量的方法是:在不超过地方编办核定的学校编制总数的前提下,根据事业发展规划的要求,考虑到今后面临的形势,利用师生比、学生规模和教师总量综合考虑确定岗位总量。岗位总量依据师生比确定,但各专业的师生比不同,学校总体的平均师生比定为1:16为宜。各类学生(学历教育)计算为"标准生"的折算权数分别为:硕士研究生2;本、专科生1;外国留学生3;夜大生1/3.5。折合标准生数为本专科学生数+硕士研究生数×2+外国留学生数×3+夜大学生数×1/3.5。各类教师计算"标准师"的折算权数分别为:专职教师1;兼职教师1/2。教师的岗位总量为折合"标准师"数的55%。

3.统筹好专业技术人员结构比例、任职条件和人员现状三者的关系。首先摸清三类岗位人员数量和结构、专业技术人员的教学科研和任职情况等,对人员现状进行分析;二是在核定的结构比例范围内,确定出各级各类岗位数量,与人员现状进行对比分析,预测可能出现的矛盾问题;三是在学校以往专业技术职务纵向晋升必备条件的基础上,制定出同一级别横向升级聘用条件,聘用条件要看本人原有的专业技术职务、年资,更要看其教学、科研、社会服务的贡献;四是与其他同类院校的聘用条件进行比较,保持相对平衡。只有这样,应用型大学的岗位聘用条件才能既符合本校实际,又体现出应用型大学应有的水平和特色,实现学校预定的目标,实现岗位聘用的结果与人才队伍建设要求的顺利接轨。

4.管理人员职员制"入轨"问题。担负领导职责或管理任务,从事学校及内设机构的人员组织、管理、协调等事务性的管理工作的人员,包括过去执行专业技术系列工资的人员,原则上应实现制度入轨。岗位设置管理的重点是专业技术的高层次岗位,而难点则是在管理岗位,因为有些难题是高等学校自身无法解决的。一是管理人员是按职员职级晋升和兑现工资待遇的,而职员职级制和专业技术岗位相比较,晋升空间非常有限,同样学历和资历的人从事专业技术岗位工作,其晋升比在管理岗位晋升要快而且机会更多,同等情况下待遇也高,目前还没有相关的配套政策进行调节。这会严重挫伤高校管理岗位人员的积极性,这是在岗位聘用中需要重视的问题。研究制定高等学校中管理人员与专业技术人员岗位之间相互交流的政策已迫在眉睫;二是被提拔到管理岗位或通过努力学习考取专业技术职务的一批工人受身份限制不能得到公正的待遇,在岗位设置管理工作中,对这样的人员应承认其所在岗位的性质,在校内的岗位工资上给予体现,减少聘用工作中的矛盾。

5. 处理好学校统筹协调与聘岗权利下放的关系。岗位设置管理工作是一项政策性很强且工作量很大的任务。高等学校要通过制定政策把握方向,宏观统筹高级岗位指标和聘用条件,同时发挥二级学院的积极性和主动性,在学校宏观政策的指导下结合自身教学科研和队伍建设的需要进行聘岗。校院两级聘用管理模式,可以为学校下一轮的重新聘用工作奠定转换运行机制的基础。

三、应用型大学岗位设置管理的特点

(一)符合应用型大学的办学特征

应用型大学是伴随着我国高等教育大众化的实现而发展起来的,它是由经济社会发展对高等教育培养人才的多元化需求所决定的。高等教育进入大众化后,便从传统的精英教育一元化结构向大众化教育的多元结构发展,应运而生的应用型大学的基本特征一般应有以下几方面:一是以地方或区域经济发展为宗旨,培养适应不同区域经济发展需要的人才;二是以培养应用型人才为目标,培养理论与实际结合能力较强,实践能力见长的人才;三是以经济发展对人才的需求为导向设置专业,不同于研究型大学的以学科为导向设置专业;四是实践教学成为重要培养环节,校内外实验、实训基地的训练和产学研结合被作为应用型人才培养的重要途径。

应用型大学办学的基本特征,折射出人才队伍建设的特征。就教师队伍而言,应用型人才的教师队伍必然是具备较强应用能力的人,他们应当具有"双师"素质,不仅具备较高的学术水平同时还要有丰富的实践经历和较强的实践能力。同时应用型大学还必须有一支由具有丰富实践经验的行业或企业的高级技术人员组成的兼职教师队伍,这样才有利于培养出适应地方区域经济社会发展的应用型人才。

(二)体现设置管理的"应用"特色

1. 总量控制的原则。岗位总量是指管理岗位、专业技术岗位和工勤技能岗位的总和。在确定岗位总量时,要根据当地政府编制部门核定的教职工编制总量和应用型大学的工作实际需要确定,一般不应超出核定总量。由于应用型大学多为地方高校,岗位类别的结构比例和岗位等级的结构比例都应按照实事求是的精神适当控制,比例不在于高,而是在于是否适合应用型大学的办学实际。特别是正高级岗位设置比例要严格控制,宁缺毋滥。

2.双重分类设岗的原则。应用型大学分类设岗应当包括两个层面,第一个层面是事业单位共性的岗位设置分类,即分为管理岗位、专业技术岗位、工勤技能岗位;第二个层面是根据应用型大学教学实际需要在专业技术岗位的主系列即教师岗位中再分出两类岗位,即理论课教学教师岗位,实践课教学教师岗位(含实验、实训课教学人员岗位)。

3.向实践教学倾斜的原则。要考虑到应用型大学由于加强实践教学的需要在岗位设置时必须划出一定比例作为行业、企业科技人员做兼职教师的岗位,在职教师不能用满全部岗位。同时还要预备一定比例的岗位为引进的有行业、企业工作背景的高级技术人才及高水平的学科、专业带头人所用。

4.积极稳妥的原则。岗位设置管理工作重要急迫,但也要稳步推进。应用型大学要结合自己的特点,解放思想、转变观念、锐意创新,不等待别人的经验,不照搬重点大学的模式。要在调查、摸底、论证、研讨等充分准备的前提下将自己的办学理念融入岗位设置管理之中,积极稳步向前推进。

(三)突出应用型大学的岗位设置特点

科学合理设置岗位,即岗位设置既要符合上级要求,又要符合学校的实际,实事求是地把握好尺度设置好岗位,其重点是搞好结构比例的分配。

1.岗位类别比例的分配。应用型大学教师岗位一般应在岗位总量的55%左右,管理岗位一般不超过岗位总量的20%,工勤技能岗位一般不超过学校岗位总量的10%。

2.岗位等级结构比例的分配。专业技术岗位的结构比例中,高、中、初级一般应控制在50:40:10为宜。

3.教师岗位的内部比例的分配。应设置实践教学为主型教师岗位,侧重承担实践教学任务,开展实践教学改革,实践课教学教师岗位(含实验、实训课教学人员岗位)占专业教师岗位的30%左右。

第三节　应用型大学如何实施教师职务聘任制

一、教师职务聘任制改革面临的挑战

（一）思想观念有待进一步更新。教师职务聘任制改革面临的最大困难就是思想观念的转变。教师职务聘任制度作为一种用人制度改革，其重要意义在于引入竞争激励机制，破除教师职务终身制，强调人员能进能出、职务能上能下、待遇能高能低，强调履行岗位职责，强调权责利相统一，以形成有利于优秀人才脱颖而出、人尽其才、充满活力的用人环境，建立起学校自主用人、教师自主择岗、政府依法监督的高校用人制度。而专业技术职务评聘历经几个阶段的发展，在大众观念中已演变成为任职资格，认为是在规定年限和必要的条件达到后所给予的一种待遇，是核定身份的象征，因此一些教师缺乏岗位意识和聘任观念。

（二）聘任制改革有待进一步深化。过去，我国高校教师评价和任用的主要制度是"评聘合一"制度，或为职称评审制度。这一制度实施以来，对我国高校教师队伍建设和学科发展建设起到了较大的促进作用，制度本身有其科学的一面：从评价指标看，体现对教师的全面要求；从评价方式看，体现考核与专家评价相结合的科学性；从评价效果看，具有较高的可信度，可起到积极的导向作用。同时这种评价制度也存在很多的弊端，以至于其积极作用日渐式微：从评价体系看，职称评审导向模糊，功利现象趋于普遍。注重过去取得的成果及贡献，轻视教师的潜在能力和发展后劲，注重科研成果数量，忽视教学能力的考核评价，注重论文的数量，忽视论文的质量；从评聘过程看，重资格评审轻聘任管理，重任职前评审轻聘后管理和考核。高校教师的职称、职务仍旧混为一谈，甚至存在因人设岗、因人聘任的现象。教师岗位意识淡漠，履职观念薄弱。聘后管理流于形式，考核指标明显泛化；从评聘结果看，教师职务能上不能下，实际上的"教师职务终身制"导致待遇终身制，"职务下"和"待遇下"的问题难以得到有效解决。

（三）应用性教育理念有待进一步深入。目前，应用型大学教师的来源主渠道是普通高校的应届毕业生,普通高校毕业生在现有培养模式下,不可能对应用性教育有深刻的理解,因而存在着重理论教学、轻实践教学,重基础理论研究、轻应用研究,重学历背景、轻实践经历的现象。造成这些现象的主要原因是对应用性教育认识上的偏差。建设应用型大学,就要在学校各个办学层次中坚持应用性教育;发展应用性教育,就要根据社会经济发展需要明确应用型人才培养目标;培养应用型人才,就是培养满足生产、建设、管理、服务实际需要的,在企业、事业单位第一线工作的高级应用型人才。可以看出,应用型大学的教师要具有实践应用能力,才能培养出合格的、满足社会需求的应用型人才。理论教学和科研水平的高低、成果的多少可以反映教师水平和能力,但应用型大学的教师还必须在教学和科研上有较强的应用能力。另外,目前多数教师因为没有或者很少经过专业实践的锻炼,实践能力和经验严重不足。由于没有明确的政策导向和推动力,应用型大学的许多专职教师缺乏直接从事实践教学的积极性,这也制约了教师应用能力的提高。要解决应用型大学教师队伍存在的问题,就必须建立新的教师管理模式,实施教师职务聘任制改革,在改革中贯彻应用性,以改革促发展。

二、教师职务聘任制改革的思路

应用型大学教师职务聘任制改革,既要满足高等学校教师职务聘任制改革的共性要求,又要拓展创新满足应用型大学应用性的特色要求。

(一)把握共性原则。不论是何种类型的大学都要实现真正意义上的教师职务聘任制,评聘合一,而不是延用以往评审和聘任分开的评审制。一是要更新思想观念,通过对教师职务聘任制改革特征的理解,让教师充分认识到实施教师职务聘任制对于学校和个人发展的意义和重要性;二是要建立新的聘任体系,在运行模式上保证教师职务聘任制改革的落实和深化;三是要抓住聘任制中的几个关键环节,包括科学合理地设置岗位、严格聘任条件、加强政策导向等,因为这是是否实现真正意义上的教师职务聘任制重点所在。

(二)把握特色原则。应用型大学要实施教师职务聘任制,必须要在达到共性要求的前提下充分体现应用性的特色,能否将应用性的特色要求体现于共性要求之中是应用型大学实施教师职务聘任制是否成功的重要标志。因此,应用型大学实施教师职务聘任制就要将应用性的特色要求充分拓展体现在聘任制中的几个关键环节中。比如在岗位设置上独立设置实践教学岗位;在聘任条件上增加体现应用性的相关内容,理论研究和应用研究能力并重;在倾斜导向上,优先将有实践工作经历和积极参加实践活动的人员聘任到高一级职务等。

总之,应用型大学实施教师职务聘任制必须把握共性和应用性特色两条主线,通过教师职务聘任制改革,努力实现建设一支既有扎实的专业理论基础和丰富的教学经验,又具有较强应用能力,适应应用型人才培养的高水平教师队伍的目标。

三、教师职务聘任制改革的政策杠杆

教师聘任条件的规定可体现出应用型大学在建设教师队伍时的人才评价导向。应用型大学可利用这一有效政策杠杆,引导教师们加强自身能力建设。

(一)实行师德"一票否决制"

在制定聘任条件时,把教师的思想政治素质、从事德育工作的经历和能力作为职务聘任的基本条件,如教师必须担任一定年限的班主任或青年教师的导师工作,方可申请应聘高一级职务。对于那些职业道德差的教师,在申请应聘高一级职务时不予聘任,实行一票否决,发挥良好的导向作用,鼓励教师主动承担班主任和青年导师工作,争做优秀班主任和导师,促进学校德育工作的开展和青年教师的培养、成长。

(二)实行教学质量"一票否决制"

在教师职务评聘工作中,常常把教学视为"软"指标,科研视为"硬"指标。在教师职务聘任工作中,应用型大学要着意纠正过去的偏向,坚持教学与科研并重的标准,从制度层面引导广大教师正确处理教学与科研的关系。在制定聘任条件时,一是要明确教学工作量、教学效果和教学质量要求,同时对教学教法的研究、改革,以及对教材的编写、更新做出硬性规定,对不能履行教育教学职责、教学工作态度不认真及教学效果差的教师实行教学质量一票否决;二是要对教师的科研提出严格的要求,不仅看科研成果数量,更看重考核教师的研究能力和学术水平,尤其是解决实际问题的能力。这一条件可促使广大教师充分发挥主观能动性,

积极用前沿的研究成果充实课堂教学，丰富教学内容，促进教学和科研的紧密结合。

（三）实行应用能力"一票优先制"

应用型大学以人才市场需求为导向，服务地方经济社会发展，着力培养服务经济建设一线的、实践能力较强的高级应用型人才。应用型大学的人才培养目标要求有一支实践、应用能力较强，能够承担培养从事生产、教学、服务、管理等各种工作的实用型、技能型人才任务的教师队伍。目前研究型、教学型大学毕业的教师还不能完全胜任应用型大学的教学和科研工作。在教师职务聘任实施方案中，应该明确提出在同等条件下，优先将有实践工作经历的人员聘任到高一级职务，引导广大教师积极参加专业实践活动和实践技能培训，提高实践应用能力。

（四）独立设置实践教学关键岗位

在岗位设置时能否凸显教师队伍的应用性特色，直接影响到应用型大学人才培养目标的实现。因此，应一方面在校级实践教学中心独立设置实践教学关键岗位；同时在教师队伍中独立设置实践教学岗位，在机制上保证实践教学教师队伍建设，以确保应用型大学的建设落在实处。例如：北京联合大学在开展教师职务聘任时，在每个校级实践教学中心设置2个高级岗位，其中1个为正高级岗位。全校8个校级实践教学中心设置的高级职务数占高级职务总数的14%，从政策导向上促进应用型教师队伍建设。

（五）在岗位职责中充分体现应用性要求

首先在教学科研方面强调教师必须主持本学科实践教学环境建设，指导本科生生产实习或社会实践工作。学校鼓励教师积极承担实践性横向课题，将持有发明专利证书与持有国家级优秀教学成果奖证书或国家级政府奖证书视为同等级别荣誉。第二是明确提出应聘教师和实验技术岗位的人员必须每年参加至少一个月的本专业的专业实践活动，主要是校外的专业实践活动。这种专业实践活动的目的一是开展行业或专业的社会调查，了解自己所从事专业目前的现状和发展趋势，学习最新的管理、技术和规范，不断把行业和管理、技术领域中的最新成果引入课堂。这样可以在教学中及时补充反映生产管理现场的新技能，丰富自己的授课内容和改进授课方法；二是带着教学中的一些与实践有关的疑难问题,到企业去向有丰富实践经验的管理、技术人员请教,在他们的帮助下提高推广和应用新技术的能力;三是通过与企业的经常性沟通与联系,建立友好关系,为"产学研"结合建立纽带,提高应用性教育质量和水平。

四、应用型大学教师职务聘任制改革的创新实践——以北京联合大学为例

(一)构建新的聘任体系

北京联合大学作为应用型大学的典型之一,在实施教师职务聘任制改革中,根据自身实际情况,确立了改革的基本程序,出台了《教师职务聘任工作实施方案》,改革了过去评审中"指标控制——学科评议组评议——学校评审委员会评审"的与岗位脱离的任职资格评审模式,建立了以岗位聘任为核心的"岗位结构比例控制——基层考核组考核——学科评议组评议——学校聘任委员会聘任"四位一体的岗位聘任体系。新的聘任体系的建立,强化了岗位意识,有效地解决了评审和聘任关系,达到了预期的效果。

(二)建立岗位管理模式

岗位是否能做到合理配置,关系到教师职务聘任制改革的成败,所以实施教师职务聘任制必须以科学设岗为前提。

1.合理设置岗位。学校在制定岗位设置方案时,一要明确提出岗位是因事设岗,以岗择人;二要将高级岗位具体分解到每一个二级学科,甚至每一个专业、研究方向,以避免出现不同学科专业岗位相互挤占的现象;三要择优聘任。能否被聘任到相应的岗位,不仅要看应聘者是否具备基本条件,还要看岗位情况、考核情况、同一岗位应聘人员数量等,以实行择优聘任;四要进一步明确岗位数量是有限的、岗位是有聘期的、聘期内是要进行履职考核的,以强化竞争上岗意识。

2.明确岗位职责。以学科建设和教学、科研实际工作任务为基本依据,规定岗位职责,以便于学校在聘期中和聘期结束后对教师进行考核。

3.严格遵循设岗原则。一是合理规划、突出重点。以应用性教育的办学定位、学校事业发展规划、教学科研任务和学科专业建设的需要为依据,在核定的教师编制范围内,科学合理地设置各级岗位,并向创新团队、重点学科、重点建设学科及学校重点发展的学科专业适当倾斜；二是按需设岗，实行结构比例动态管理。根据上级主管部门核定的结构比例标准、学校学科专业布局规划、教学科研和学科专业建设任务和教师队伍现状，按需设岗，建立分类、分层次的教师岗位体系。根据人才需求状况以及学科专业建设发展情况逐年进行调整；三是坚持精简效能、依法管理的原则。以提高工作效率为前提，学校设置岗位时保证岗位的满负荷工作，以发挥岗位的最佳效能。严格按照国家和本地区规定的程序和办法设置岗位，不违反相关的法律、法规。

第十章 应用型大学人才队伍建设中应处理好的关系

第一节 人才队伍建设的基本思路

应用型大学的人才队伍建设要以人才资源能力建设为中心,以调整和优化人才结构为主线,大力营造良好氛围,整合资源配置,抓好人才的吸引、培养和使用三个环节,通过思想观念、工作途径和政策制度三个创新,以课程为基础,以基地为支撑,以项目为纽带,以人才为关键,把重点课程、重点基地、重点项目、重点人才紧密结合,努力造就一批高层次人才和一批优秀团队。

应用型大学的人才队伍建设中,要善于用学校的发展目标凝聚人才、用优良的传统激励人才、用真挚的感情关心人才、用良好的环境吸引人才,全面体现爱才之心、识才之智、容才之量、用才之艺,力争做到谋划发展的同时考虑人才保证,制定计划的同时考虑人才需求,部署工作的同时考虑人才措施,研究政策的同时考虑人才导向。

一、思想观念创新,优化人才成长的氛围和环境

应用型大学的人才队伍建设中,要把传统的人事管理意识和观念转变到人力资源开发、人才资源的优化配置上来,"以人为本",校院各级领导要有识才的慧眼、用才的气魄、爱才的感情、聚才的方法,以博大的胸怀,知人善用,广纳群贤,把建设一流的人才队伍作为办学的第一要务和提高办学水平的关键所在,动员学校各方面的力量,营造尊重劳动、尊重知识、尊重人才、尊重创造的良好氛围,开创人才辈出的良好局面。

在办学思想上要强化"教师是办学主体力量"的理念。人才队伍建

设尤其是教师队伍建设,必须和人才培养紧密结合起来。教师不仅仅要在课堂上传道、授业和解惑,在课堂之外,学生的思想素质、心理健康、道德修养等方面的培养也是其工作的重要内容。强调教师是主体,不能仅仅理解为待遇的提高,而要强调教师在学校发展中的核心作用,因此对教师的要求和定位要有新的更高的认识。在人才的选拔和引进上,要破除论资排辈观念,拓宽渠道,不拘一格,把品德、知识、能力和业绩作为衡量人才的主要标准,既要看学历、职称、资历,又要考察知识运用能力的实际情况,注重"双师"素质人才的引进,在满足教师岗位基本要求的基础上重点考察应聘人员实践应用能力和经历。

二、工作途径创新,搭建人才成长的平台

应用型大学在人才队伍建设中,要根据自身的办学定位、办学传统、办学水平和发展潜能,对人力、物力、财力、信息资源进行整合,构建人才成长和持续发展的平台,即要有海纳百川的胸怀,体现出宽容、大度、以和为贵的美德。同时,调整优化、重组原来不适应社会需求的专业、课程、资源、人员等结构,做到优势集成,亮点聚合,形成群体优势。

在人才队伍建设中,采取"引进与培养相结合,以制度激励人,以学术氛围吸引人,以资源保障人"的工作思路,使人才队伍,尤其是教师队伍创新有机会、干事有舞台、发展有空间。引才要放眼世界,识才要不拘一格,聚才要知人善用,努力完善内部学术和教师管理机制,重才、惜才、用才。另一方面,让教师看到应用性高等教育发展的前景,要充分认识到应用型大学的教师队伍要经历一个由传统高等教育教师队伍向应用型大学教师队伍发展的过程。要鼓励创新,支持冒尖,容忍失败,能进能出,鼓励教师干事业,支持教师干成事业,帮助教师干好事业,形成"尊重教师、尊重创造"的用人软环境。要克服用人上的短视眼光,牢固树立既要使用教师,也要培育教师,既要充分发挥现有教师的作用,又要重视"潜人才"和"准人才"开发的科学观念。教师的职业特点和工作任务,决定了教师的工作是一种创造性的脑力劳动。无论是教书育人,还是知识创新和社会服务、文化传承都需要一个相对自由、宽松、和谐的环境和工作平台。

三、政策制度创新,改革人才队伍管理的体制和机制

人才队伍管理的活力取决于体制和机制。改革人才队伍管理的体制和机制,对人才队伍建设带有根本性、全局性、稳定性和长期性的作用。

要把促进人才的成长、促进人才的创新活动、促进人才队伍建设工作与应用型大学发展相协调,作为深化学校人才队伍建设改革的出发点和落脚点,要坚决破除那些不合时宜、束缚人才成长和发挥作用的政策、制度,努力建立健全科学、合理、高效的人才管理体制和灵活、开放、有序的人才管理机制。

深化人事管理制度改革,要不断完善有利于吸引、稳定优秀人才的政策,充分调动各类人才的积极性,营造良好的政策环境。要建立健全岗位责任制度,科学定编,因需设岗,因事择人;建立健全职务聘任制度,公开选拔,平等竞争,择优上岗;建立健全客观公正的分配制度,定期考核,绩效挂钩,目标管理。要努力从根本上改变近亲繁殖和职务终身制,使各类人才既有工作压力又有前进动力,实现能上能下、能高能低的人才队伍建设工作的动态管理。在人才选拔与任用上,要公开、竞争、择优,按照各类人才成长规律和不同特点,去识别和使用人才,坚持任人唯贤、唯才是举,进一步完善继续教育体系和人才培养制度,建立健全人才保障机制、人才竞争激励机制和人才评价机制。

第二节　人才队伍建设要处理好的关系

应用型大学人才队伍建设是一个复杂的系统工程。面对人才发展变化的新形势、新任务,应用型大学要想在人才发展战略中取得主动,就要正确把握和妥善处理好人才队伍建设中的各种关系。这些关系是应用型大学人才队伍建设中主要矛盾及其矛盾主要方面的展开,主要包括:应用型大学人才队伍建设中质量与数量的关系、高层次人才与一般人才的关系、中青年教师与整体师资队伍建设的关系、人才引进与培育的关系,人才流动与人才稳定的关系等等。

一、人才队伍建设中的质量与数量

人才队伍建设的质量与数量是应用型大学人才队伍建设中最基本的关系。一所大学的人才队伍,需要数量与质量并重,相辅相成,协调发展。

人才数量体现人才队伍存在和发展的规模和程度。一般来说,应用型大学人才数量需要同学校发展需求相适应,过多或过少,都会影响到学校办学目标的实现。从实践来看,目前应用型大学关于人员数量的规定,一般仍以政府编制部门下达的编制数为准。计划经济时代,高等学校用人一般不能超过编制数,但是,随着社会主义市场经济体制的建立,高校人才队伍建设由身份管理向岗位管理转变,岗位设置需要逐渐成为高校人员数量的核定标准。应用型大学一般也是按照一定的师生比确定教职工规模。例如,一般按照1∶16以上的师生比计算教师数量。高级专业技术职务人员比例一般要达到教职工总数的50%,具有硕、博士学位的教师在教师中要达到55%以上,等等。2008年教育部出台了关于高等学校岗位设置管理的指导意见,大多数大学在人才规模、结构与层次设置建设上开始依照新的规范。按照指导意见,大学岗位分为管理岗位、专业技术岗位与工勤技能岗位三大类,其中管理岗位占全校岗位总量的比例不超过20%,专业技术人员岗位不低于75%,工勤技能岗位不超过10%,等等。在具体人员结构和层次上,也做了详细规定。例如,专业技术人员中教师岗位比例不低于55%,其中高级岗位比例不低于50%,同时,对各岗位等级也按比例进行了设置。应当说,教育部关于大学岗位设置的指导意见,为大学人才队伍建设在人才规模、结构与层次上确定了大致框架,具有较强的指导意义。但是,政府职能部门对高校岗位数量的规定,是对各类大学人才队伍建设数量一种共性的规定,应用型大学要办出特色,要结合实际情况确定人才规模,优化人才资源配置,将不同学历层次、职务层次和年龄层次的人才合理分布,使人才总量同应用型大学发展的总体目标相适应,人才层次同各项事业全面发展的需求相适应。同时要紧密结合国家重大发展战略以及地方经济发展的需要,开发和配置资源,促进人才资源和经济社会发展相协调,加快人才结构的调整。在学校内部需要形成合理的多学科相互支持、共同发展的结构体系,对于专业严重萎缩,生源严重不足的学科,其教师必须分流,要以有效的方式改善和优化师资的学缘结构和专业结构,建设一支与经济结构、产业结构、专业发展相适应,规模适度、新老衔接、结构合理的人才队伍。

人才队伍建设质量是关于人才队伍质的规定。在应用型大学人才队伍建设中,质量建设是人才队伍建设的主要方面,一个只有数量而缺乏质量的大学人才队伍是没有多大价值的。但是,在应用型大学人才队伍建设中,目前一般仍沿用传统高校的质量评价体系,比如,评价高层次人才情况,专兼职教师数量、结构和教学科研成果以及特色专业人才队伍建设情况,"双师型"教师情况等等。应用型大学在人才队伍质量方面存在的主要问题:一是应用型大学办学理论还不成熟,人才队伍建设缺乏明晰的参考标准,各高校人才队伍建设大多属于"摸着石头过河",这往往会使我们对应用型大学的人才选拔、培训、考核、评价失真。二是高层次人才数量缺乏。绝大多数应用型大学存在着博士、高级以上专业技术职务人员比例不高,国家和地区人才建设工程入选比例小,争取国家和地区重大科研项目的竞争力不强的情况。三是人才队伍结构不符合社会发展需求。应用型大学学科、专业设置还受许多因素限制,难以满足社会最新发展趋势对高校人才队伍建设的要求。

应用型大学在人才队伍建设中,应当坚持质量为先,兼顾数量,以质量建设来把握数量,确保人才数量与质量建设的统一。以质量为先,就是要在具体原则上,坚持人才队伍建设规模、结构与层次同应用型大学的办学目标和办学定位相适合,人才总量同学校发展的总体目标相适应,人才队伍结构与地方经济结构调整相适应。应用型大学必须牢牢把握为地方区域或行业经济发展服务这一宗旨,专注于社会经济发展需要的新兴专业的培养方向,培养为生产、生活工作服务的应用型人才。在具体做法上,一是要加强培训,在提高全体教职工的思想道德素质、科学文化素质和健康素质的基础上,重点培养教职工的学习能力、实践能力和创新能力。二是要加大对人才队伍建设的投入,促进人才总量、人才结构同应用型大学发展的目标相适应,人才培养机制同应用型大学人才的成长规律相适应,人才素质同社会发展需要相适应。三是要注重加强对教职工的思想政治教育。应用型大学人才队伍建设只有实现了数量与质量的有机统一,才会有高质量的人才队伍,应用型大学才会实现长久发展。

二、高层次人才与一般人才队伍建设

高层次人才一般是指具有优良的素质,较高的学术造诣,在科学研究方面取得国内外同行公认的重要成就,能把握学科的前沿和发展方向,对本学科建设和学术研究工作具有创新构想和创新能力的人才。与高层次人才相对应,一般人才是指相对高层次而言的,在教学科研等活动中还未表现出高层次人才特征的人才群体。

目前,以高层次人才引领人才队伍建设成为各大学发展的共识。应当说,从现实情况来看,高层次人才队伍作为学校人才队伍中的骨干力量,在各大学已经引起了足够的重视,各高校之间关于高层次人才的竞争已白热化。为了吸引和培养高层次人才,各高校纷纷加大资金投入,制定海内外高层次人才引进和培养办法,以引进和培养高层次人才。但是,由于各种原因,应用型大学高层次人才存在着数量少,层次不高等问题。主要表现在:第一,每年引进人才数量太少。第二,学校缺乏引进和培育高层次人才的机制和平台。由于缺乏高层次人才引进的机制和平台,难以充分调动校院两方面的主动性和积极性,使高层次人才的引进流于形式;第三,人才引进的政策优惠力度不够。应用型大学一般为地方高校,由于客观原因,在学科和专业建设平台、师资力量建设机制等方面都难以同传统研究型大学相比,因此,难以拿出具有竞争力的吸引人才政策,就难以吸引到急需的高层次人才;第四,缺乏高层次人才团队。一些应用型大学在极度缺乏高层次人才的情况下,更难以形成高层次人才团队。这些,都构成了应用型大学人才发展的掣肘。

高层次人才与一般人才队伍建设是相辅相成的关系。大学只有单个的高层次人才,缺乏人才团队,个人会很难发挥作用。同样,大学只有一般人才队伍而缺乏高层次人才,整个人才队伍就会缺乏核心竞争力。应用型大学在人才队伍建设中,应在把握人才队伍建设全局的基础上,把高层次人才队伍建设放在十分重要的地位,以加强高层次人才建设为引导,充分发挥高层次人才的领军作用,以此带动整个应用型大学人才队伍建设。目前,应用型大学在建设高层次人才队伍和一般人才队伍中存在的主要问题,一是缺乏与应用型大学发展战略相匹配的人才规划,同时,由于高校之间的激烈竞争,导致应用型大学在建设高层次人才队伍时,主要是追求短期效应,以引进为主,缺乏对高层次人才培养环境的营造。其次,难以形成以高层次人才为引领的高水平学术团队。由于历史和客观原因,应用型大学整体上缺乏一批符合高新技术产业需要的拔尖创新人才,高校师资队伍的国际化程度不高,许多重要学科没有具有应用特色的国内外知名的领军人物,学术梯队不健全,一些学科骨干教师队伍"青黄不接",优秀团队为数不多,学术研究的衔接和传承出现较为严重的问题。此外,在整体人才队伍建设上,应用型大学高层次人才队伍建设缺乏符合应用型大学发展需要的,与地方经济发展紧密相联系的产业的人才培育机制,使得应用型大学人才队伍建设心有余而力不足,难以形成有特色的应用型大学人才队伍建设机制。

高层次专业技术人才是应用型大学的主力,在学校教学科研活动中发挥着重要作用。应用型大学在人才队伍建设中,一是要充分利用地方资源,依靠"大环境"吸引人。目前,各级政府、机构都充分认识到了高层次人才对经济社会发展的作用。应用型大学要利用这一难得的机遇,抓住时机,把学校办成高层次人才的孵化器、蓄水池和充电器,充分利用政策,做好高层次人才的引进工作。二是在高层次人才引进上,应用型大学要准确定位,科学规划对高层次人才的引进工作。为此,学校应结合实际确定合理而明确的办学目标,各学科也要根据社会发展的需要、自身现有的条件和发展的可能,提出符合应用型大学办学思想的学科发展设想,并提供相关的支持以及可用财力,确定引进高层次人才的规模、层次,拟定引进人才的进度,最大限度地发挥学校现有资源,引进高层次人才。三是在人才环境建设上,要在学校软环境上下工夫。要科学处理好行政权力和学术权力之间的关系,形成行政管理和学术自律相互倚重、彼此促进的理念。要大力加强师德教育和学术规范教育,通过制度与机制建设,明确学术道德标准,严惩学术不端行为,创造良好的竞争机制。四是构建符合应用型大学办学需要的高层次人才考核和评价机制。要研究考核内容,把高层次人才考核指标作为人才成长"指挥棒",促进全校整体人才开发。需要注意的是,在对高层次人才的考核和评价系统中,不仅应重视个人考核,还需进行团队考核,并且要把团队考核作为高层次人才考核的重要内容。

三、中青年教师与整体师资队伍建设

中青年教师队伍一般是指45岁以下的教师群体,这是应用型大学人才队伍建设的主体。中青年教师人才队伍建设决定了应用型大学人才队伍发展的潜力,因此在应用型大学人才队伍建设中占有十分重要的地位。

中青年教师是应用型大学人才队伍建设的主体。高校之间的激烈竞争,使应用型大学人才队伍建设的竞争愈演愈烈。各大学在激烈争夺高层次人才的同时,也大量地聘用中青年教师充实人才队伍。在这种情况下,中青年教师迅速成为应用型大学人才队伍的主体。以北京市某一市属大学为例,2012年该校45岁以下中青年教师已占该校专职教职总数的70%以上。但是,中青年教师队伍建设也存在着不容忽视的问题,主要表现在三方面:一是青年教师数量多,工作压力大。目前,青年教师在

各大学都占有相当比例,他们共同的特点是数量多,学历高,但工作经验不足。各高校都把博士作为进入高校师资队伍的最低门槛,大批博士进入高校,带来许多更为现实的问题。比如,发展空间的问题,中青年教师由于入职时间短,在竞争科研项目等方面难以同其他教师相比,出现了申请科研项目较难的情况。同时,高校青年教师之间的竞争比以往更为激烈,评职称、出国经历、教学质量、学术成果都成为中青年头上的无形压力。并且,中青年教师的增多,给学校也提出了更高的要求,中青年教师在入校的初始阶段一般收入比较低,但房子问题、孩子入托入学等等,都会在客观上影响着中青年教师的发展选择,出现中青年教师思想不稳定的状况。二是师德师风建设亟待加强。部分青年教师刚参加工作,抱负很高,但是由于刚从学校出来不久,缺乏实践经验的历练,有时存在眼高手低,好高骛远等现象,心理不平衡,情绪浮躁,难以全心全意投入到学校的工作中。同时,由于缺乏思想政治素质和爱岗敬业精神,在教学实践中难以把育人工作很好地贯穿到教学过程中,因此需要进一步加强师德师风建设。三是教学科研水平有待提高。青年教师刚刚走上讲台,教育理论和教育研究水平相对较低,教育教学经验不足,很难在短时间内把握教育规律和心理规律,且由于受经验、资历等因素的影响,学术地位和知名度不够很高,因此申请科研项目难度较大,这些因素都限制了青年教师教学科研水平的提高。四是流动性较大,人才流失严重。近年来,应用型大学的师资队伍不稳定情况尤为严重。学校重点培养的很多青年骨干教师,不满足于现在的工作生活环境,造成流失,极大地影响了应用型大学师资队伍的稳定。特别是对于欠发达地区的一些大学,由于经济落后、待遇偏低、环境较差等原因,人才流失现象更为严重。

正确处理中青年教师队伍与整体师资队伍建设之间的关系,以整体师资队伍建设来促进中青年教师队伍的成长。整体师资队伍建设是师资队伍建设和发展的基础,没有整体师资队伍的发展就不会有中青年教师队伍的成长。但是,中青年教师队伍作为师资队伍建设的主体,在学校教师队伍的发展建设中具有基础性、关键性的作用,要格外给予关注和重视,在教育教学培训、科研项目申请、职称评定等方面,应给予特殊政策,敦促他们快速成长。应用型大学抓好中青年教师队伍建设,一要把中青年教师放在非常重要的地位。学校的每一个领导干部、每一个部门都要关注中青年教师队伍建设的工作,把中青年教师队伍建设的工作日常化,主动推进中青年教师队伍建设的规划和战略制定。学校职能部门要制定专门针对中青年教师的制度措施,关心他们的成长。二是要重点关注中青年教师的教学能力和学术水平。要创造适合青年教师成长的舞台,比如,中青年教师缺乏教学经验,可以通过为中青年教师遴选"导师",帮助他们提高教学科研水平。再比如,从职称结构来看,青年教师副高级以上职称比例较低。青年教师一般进入高校时间不长,而职称晋升具有年限、教学、科研成果的要求,所以青年教师大多集中在中级职称。可以通过专门设立"博士绿色通道"的办法,拿出一定的指标,鼓励青年教师之间开展竞争,选拔一批优秀的青年教师充实到学术骨干队伍里来,带动整个青年教师队伍的成长。第三,要努力开创中青年教师成长平台。学校领导干部要以爱才之心、容才之量、用才之艺,鼓励中青年教师创造条件,快速成长。针对应用型大学学科平台较少的实际,学校可以主动加强同传统大学的联系,加强同企业的交流,做到充分利用校外资源。同时,要鼓励中青年教师利用机会,到更为广阔的空间接受锻炼,在实践中提高自身水平。

四、人才引进与人才培育

人才引进与人才培育是人才队伍建设的两种方式。应用型大学在人才队伍建设中,必须坚持人才引进与人才培育并重的方针,做好人才队伍建设工作。

人才引进与人才培育是辩证的统一。人才引进和培养都是为了使用人才,人才引进为人才培育发挥引领作用,人才培育为人才成长提供良好的平台。两者之中,重视或忽视哪一方面都是不可取的。应用型大学在人才队伍建设中,既要考虑引才工作,也要考虑自有人才的培养与开发,要充分考虑现有教师的实际情况,做到引进与培养并重,切实改善原校内人才的工作条件,稳定现有队伍。做到引进优秀人才,用好现有人才,留住关键人才,培养未来人才。要坚持引进和培育并重的原则,协调处理好引进、培养、使用的关系。要拓宽渠道,利用海内外、校内外的人才资源,重点吸引选留高层次人才和紧缺人才;注意对引进人才和自己培养的人才在政策上保持一致性和连贯性。人才引进后,学校要通过人力资源的有效整合,使每个教师的潜能和个性在其岗位上得到挖掘和展现,从而实现教师本人的价值,提高教师个体对学校的贡献率,并实现学科建设目标,推进学校的整体建设。同时,立足自主培养开发人才、营造人才尤其是高层次人才成长的环境,关心、理解、爱护和使用好人才,激励人才发挥才智。

应用型大学在人才引进与人才培育中存在的主要问题,一是人才引进难。应用型大学由于受办学实力、制度建设、管理水平、平台建设等因素制约,往往很难引进高层次人才。二是引进的人才不符合应用型大学的需要。由于受到传统办学模式的影响,一些应用型大学对人才的评价标准还很固守于传统的模式,缺乏适合应用型大学办学需要的人才评价标准,导致应用型大学在人才引进中较为随意。三是缺乏独具特色的人才测评与引进体系,一些引进的人才在引进后发现并不能发挥作用,水土不服,难以出成果。四是在人才培育上,缺少资金和培育平台,导致引进的人才留不住。五是在人才类型的引进上,一般较偏重于教学人员的引进,往往忽视对管理人员的引进与培训,结果管理水平上不去,最终也制约着教学水平。六是在人才引进中,一些学校存在着重"外才"轻"内才"的现象,有时会严重挫伤校内人才的积极性。

"应用为本"是应用型大学的办学特色,也是应用型大学人才培养的特色。因此,应用型大学在人才引进与培育中,必须要坚持"应用为本",把"应用为本"贯彻到应用型大学人才队伍建设的全过程中。坚持应用为本,首先是要在人才队伍的选拔、任用、培训、考核与评价中树立应用导向。例如,对于拟引进的人才,要注意考察其科研成果的应用性价值。对于校内教职工,在培训、考核、职称聘任等方面向应用型成果倾斜。谁的应用型成果数量多,价值高,谁就会得到更多的报酬和更好的发展空间。其次,坚持应用为本,必须坚持正确的学科导向。应用型大学依托高新技术类学科专业和应用性学科的发展战略,决定了应用型大学人才队伍建设也必须服从于和服务于区域经济和社会对高新技术专业的需求。应用型大学必须关注社会最新发展领域与最新发展趋势,才能紧跟时代潮流,培养合格的应用型人才。再次,坚持应用为本,需要构建"双师型"素质人才体系。应用型大学的培养目标是培养应用型的"运动员",但是,大学人才队伍建设所需要的,却是应用型的教练员。应用型的教练员首先应是优秀的运动员,同时还须有深厚的理论素养。这要求应用型大学在人才队伍建设中,主要是培养"双师型"素质人才,即具有扎实的理论功底,又具有丰富实践经验的教师。应用型大学要通过建立相对稳定的实践教学基地,加强与企业的产学合作关系,保证教师有计划地分批分期到产学合作单位进行随岗锻炼,提高实践业务能力,从而改善教师队伍结构,构建应用型人才队伍。第四,坚持应用为本,需要重视专业实践在人才队伍发展中的重要作用。人才队伍建设从本质上说是教职工群体对本学科本专业的再认识过程,是认识不断深化的过程。人的认识过程是以实践为基础,从感性认识上升到理性认识,再从理性认识上升到实践的过程。应用型大学人才队伍建设过程中,应当遵循实践、认识、再实践、再认识的路线,真正竖立起应用型大旗,把人才队伍建设好。应用型大学只有坚持以"应用为本"理念,通过多种方式引进和培育人才,注重引才与育才的统一,才会实现学校人才队伍的协调持续发展。

五、人才流动与人才稳定

人才流动与稳定是应用型大学人才队伍建设中需要谨慎和认真把握的两个方面。一方面,人才队伍建设需要稳定。应用型大学没有稳定的人才队伍,其人才队伍建设就是一句空话。同时,人才队伍也需要流动,没有流动的人才队伍就没有生机,其稳定也是机械的,僵化的。

应用型大学人员流动,应当放在整个社会大背景下来看。在市场经济条件下,社会人力资源管理模式正在经历前所未有的变革,呈现出许多新特点:一是素质越高、越稀缺、越热门的人才将获得愈来愈多的工作选择机会,获得的报酬也越高;二是越拥有独特的人才资源优势的组织机构越具有市场竞争力。应用型大学的一个工作人员作为掌握先进科学知识的群体,更加追求物质和精神的双重需要的满足,注重自我价值的实现,这使大学和教职工之间,内在地形成了一种博弈关系。一般情况下,这种博弈是限定在一定范围内的,双方处于一种和谐状态,但是当某一方力量超越了某种限度,或者个人跟不上大学的发展速度,或者大学发展环境不能再给个人更大的发展空间时,原有的默契就会被打破,超越大学发展速度的人可能就会另寻高就,大学就难以吸引优秀人才,导致人才的流失。其次,在市场经济条件下,原有计划体制条件下积累的问题,在市场经济体制条件下暴露得更为充分,矛盾也更为尖锐化。例如,原计划经济体制下国家实行"统包统分、条块分割"指令性就业政策时由大学接收的安置人员,大学在校园建设过程中接收的"农转工",因特殊照顾等原因而进入大学的人员,原有停薪、出国人员,现随着年龄增大而欲重返校园但却无法安置的人员,以及为了解决户口、配偶问题而作为权宜之计进入大学却又不安心工作的人员,部分不能适应体制转变的人员等等都成为应用型大学人才建设中的难题。这些问题在计划经济条件下并不明显,但是在市场经济条件下,会随着利益机制的调整而逐步暴露出来,形成人员流动的障碍。

应用型大学人才队伍建设,必须坚持稳定与流动的统一。一方面,稳定是基础,建设应用型大学不是一蹴而就的事情,必须制定规划逐步实施,对于因历史因素,原有教师队伍中在专业结构等方面同当前学校的办学目标不相适应的人员,需要区分情况,认真对待,通过教职工培训等形式实现教职工结构的转型。其次,要维护人才队伍的良性流动。对于学校急需的人才,可以通过制定有竞争力的人才引进政策,鼓励他们为学校发展服务,满足学校专业发展需要。对于因各种原因流动出去的高层次人才,我们也需要客观分析,理性对待,真正把人才流失看作改进我们工作的动力,为人才队伍建设提供更好的平台和环境。

人才工作的活力取决于学校办学的体制和机制,应用型大学要处理好人才稳定与流动的关系,在人才队伍建设中,就要坚持改革创新,不断完善人才队伍建设机制。首先,必须要认真学习和领会国家和所在地区经济发展规划,把地方经济发展需要同应用型大学人才队伍建设紧密联系。要积极响应高新技术产业发展的需求,调整大学的专业设置,甚至设立专门的产业人才培养中心,进一步提高大学人才队伍建设同地方经济发展需要的契合度,不断提升应用型大学服务社会发展的水平。其次,要遵循人才开发规律,研究应用型大学人才队伍建设规律,把是否有利于促进人才成长和创新作为工作的出发点,鼓励教职工着眼于经济社会发展和学校发展实际,脚踏实地地开展工作。再次,要勇于破除原有体制下那些不合时宜,束缚人才成长和发挥作用的观念、做法,逐步建立以业绩为重点,由品德、知识、能力等要素构成的人才评价指标体系。要鼓励学校教职工参加社会化人才竞争,形成促进人才合理流动的机制。当前,各地区、各单位、各部门对人才竞争日趋激烈,同时大学的工作环境、条件和待遇等,与社会上其他部门或行业相比,差距较大,大多数应用型大学在人才待遇、学术氛围等方面也难以和传统大学相比,这都容易成为人才队伍的不稳定因素。应用型大学在人才队伍建设中,必须克服困难,创造良好条件,以最大决心留住人才。第一,要尊重人才流动规律,在市场经济条件下,人才作为最活跃的生产要素,其流动性更为明显,人才在流动中才能形成最佳组合,发挥最大效益,保持其生命力。人才不流动,死水一潭,就没有生机与活力。应用型大学必须树立人才资源社会所有、社会共用的新观念。在对待人才流动的问题上,学校不怕人才流动,如果人才流动频繁,说明工作中存在问题,应及时对政策进行调整,对工作进行改进,使坏事变好事。绝不能只想着如何来堵住"流出"的口,甚至限制人才合理流动。第二,建立良性人才流动机制。应用型大学应结合实际,遵循开放、流动、竞争、有序的原则,建立动态可控的人才流动机制,形成学校理论性人才与企业实践性人才的合理流动。例如,在用人方式上,可以让聘用的企业人才享受校内人才同等待遇,在人才管理上,建立吐故纳新机制,在人才的考核上,建立淘汰机制,对经考核不能胜任岗位的人员,要通过校内外流动来加以置换。人才良性流动机制,就是用活、活用人才,实现人才共享。对高层次人才,要实行不求所有、但求所用的方针,使人才来源多元化,人才发展多极化,真正使大学成为优秀人才施展才华的舞台,成为各类人才源源不断涌现的孵化器。用活人才,实现人才合理流动和共享的途径很多:可以实行内部轮岗制度;在不影响正常业务的情况下允许社会兼职;可以加强人才和智力的国际国内交流;可以进行人才交换等等,实行人才柔性流动。要为人才发展创造更大的空间,这是留住人才的根本。同时,建立公平的选拔机制,营造宽松、和谐的工作条件和较优裕的生活环境,形成团结合作、富有活力的教学科研集体。最后,要创造人尽其才、才尽其用的按劳分配机制和良好的激励制度,建立健全人才保障机制。要坚持物质激励与精神激励相结合、外在激励与内在激励相结合、组织需要与人才个体需要相结合的原则,激发人才队伍建设应用型大学的责任感,通过改善学校的办学条件,为各类人才创造良好的事业平台,提升他们建设应用型大学的主动性与自觉性。

总之,应用型大学人才队伍建设,是一个长期的过程。我们国家对人才队伍的认识,也经历了一个逐渐深化的过程。应用型大学人才队伍建设与发展的思路,也同国家人才队伍建设思路相契合。2010年6月,《国家中长期人才发展规划纲要》(2010~2020年)颁布,"以用为本"成为人才队伍发展的方针之一,这不仅是一场观念的革新,也是人才思想的一个重大创新。这表明我们对人才的认识更加成熟了。但是,也正如胡锦涛总书记在纪念清华大学建校110周年校庆上所指出的,我国高等教育还不完全适应经济社会发展和人民群众接受良好教育的要求,同国际先进水平相比还有明显差距。不断提高质量,是高等教育的生命线,必须始终贯穿在高等学校人才培养、科学研究、社会服务、文化传承创新各项工作之中。我们必须适应实现经济社会又好又快发展、促进人的全面发展、推动社会和谐进步的要求,坚持走内涵式发展道路,借鉴国际先进理念和经验,全面提高高等教育质量,不断为社会主义现代化建设提供强有力的人才保证和智力支撑。胡锦涛总书记的讲话,对我国高等教育发展提出了新的要求。应用型大学作为我国高等教育的重要组成部分,面临新形势,肩负新使命,应用型大学人才队伍建设任重而道远。这要求我们在人才队伍建设中,要以科学的精神和严谨的态度,客观分析人才队伍建设中的各种因素,认真把握其中的各种关系,搞好人才队伍建设工作。

参考文献

[1][美]马丁·特罗.从精英向大众高等教育转化中的问题[J].王香荔译.外国高等
教育资料,1999,01.

[2]教育部部长周济在 2005 年亚洲教育北京论坛的演讲[N].北京晨报,2005 -
10 - 16

[3]司宏昌.在新规模上发挥更大的社会效应.中国教育报,2007 - 10 - 15.

[4]国际教育标准分类法[J].教育参考资料,1998,18.

[5]江小明,张妙弟.应用型大学有关概念和内涵问题的研究[J].北京教育·高教,
2007,03.

[6]张丹海,曲艺.应用型大学教学质量引论[M].北京:中国计量出版社,2009.

[7]时勘.基于胜任特征模型的人力资源开发[J].心理科学进展,2006,14.

[8]刘道玉.中国高校功能定位刻不容缓[J].高教探索,2007,01.

[9]秦杨勇,杨明广.平衡计分卡与能力素质模型[M].北京:中国经济出版社,
2007,10.

[10]牛端.高校教师胜任特征模型研究[M].广州:中山大学出版社,2009,10.

[11][美]欧内斯特·L·博耶.关于美国教育改革的演讲[M].涂艳国,方彤译.北
京:教育科学出版社,2002,04.

[12]陈锡章等.永恒的主题[M].北京:科学出版社,2000,12.

[13]徐建平.教师胜任力模型与测评研究[D].北京:北京师范大学,2004.

[14]赵庆.美国学术反思运动对高校教师科研绩效评价的影响及启示[J].理工高教
研究,2009,03.

[15]蒋凤英,彭庆文.高校教师职业素质的构成与评价——来自欧内斯特·博耶的
学术报告[J].当代教育论坛,2008,12.

[16]李岚,刘轩.高职院校教师绩效评价体系设计分析——基于胜任力模型和 AHP
法[J].技术与市场,2010,11.

[17]刘贵福,朱俊义.论学科建设与专业建设的辩证关系[J].黑龙江高教研究,
2008,03.

[18]高林.应用性本科教育导论[M].北京:科学出版社,2006,09.

[19]李玉华,林崇德.国内外教师胜任力研究比较及思考[J].辽宁教育研究,

2008,01.

[20]王昱,戴良铁等.高校教师胜任特征的结构维度[J].高教探索,2006,04.

[21]仲理峰.胜任特征研究的新进展[J],浙江工贸职业技术学院学报,2003,06.

[22]滕祥东.谈大学教师新的核心能力结构[J].中国高等教育,2006,21.

[23]彭宁,曾茂林.地方高校教师岗位业绩和能力目标要求的调查与思考[J].中国
大学教学,2008,02.

[24]姜远平等.从工科毕业生就业竞争力看我国的高等工程教育改革[J].复旦教育
论坛,2004,04.

[25]滕祥东,任伟宁,杨冰.应用型大学教师队伍结构模式的构建与优化[J].黑龙江
高教研究,2009,07.

[26]王兴邦.面向开放式创新性实验教学队伍建设与研究[J].实验技术与管理,
2008,07.

[27]任伟宁,范同顺.基于专业团队模式提升教师实践能力路径探究[J].中国职业
技术教育,2012,01.

[28]袁东.高等学校人力资源配置机制与优化[M].北京:经济科学出版社,2009,03.

[29]郭志勇.关于高校教师队伍建设的思考[J].教育与职业,2011,27.

[30]陈惠雄,胡孝德.基于职称–职能配置定位的高校教师分类管理模式研究[J].
高教探索,2007,05.

[31]赵向华.应用型大学实践教学质量保障体系探析[J].技术与市场,2008,09.

[32]马廷奇.高校教学团队建设的目标定位与策略探析[J].中国高等教育,2007,11.

[33]孙丽娜,贺立军.高校基层教学组织改革与教学团队建设[J].河北学刊,
2007,05.

[34]田恩舜.高校教学团队建设初探[J].理工高教研究,2007,08.

[35]曾勇,隋旺华.高校教学团队建设的思考[J].中国地质教育,2007,04.

[36]黄兴帅.论高校教学团队建设[J].皖西学院学报,2008,01.

[37]刘宝存.建设高等学校教学团队促进本科教学质量提高[J].中国高等教育,
2007,05.

[38]李漫.高等院校优秀教学团队的构建模式研究[J].科教文汇,2008,08(中旬
刊).

[39]李尚群.创新团队论—大学科研主体问题的当代阐释[D].武汉:华中科技大
学,2008.

[40]王磊.大学学术创新团队研究[D].上海:华东师范大学,2008.

[41]阎婧伟.大学学术团队绩效评价研究[D].大连:大连理工大学,2006.

[42]邵海翁,王晓林等.地方行业性高校学术创新团队建设的策略探讨[J].北京印
刷学院学报,2009,03.

[43]王怡然,陈士俊等.高校创新团队建设的若干理论问题研究[J].科技进步与对策,2007,8.

[44]肖云龙,舒家捷.高校创新团队建设的三大策略[J].长沙铁道学院学报(社会科学版),2009,01.

[45]张喜爱.高校科研团队绩效评价指标体系的构建研究——基于AHP法[J].科技管理研究,2009,02.

[46]窦剑,陈莉.高校学术创新团队建设应注意的问题[J].合肥学院学报(自然科学版),2005,03.

[47]张卫良.论大学"创新团队"的合规律性建设[J].现代大学教育,2005,01.

[48]常宏建,张体勤,丁荣贵.我国高校学术创新团队价值定位研究[J].山东经济,2008,02.

[49]陆信,陆学艺.毛泽东传[M].北京:中央文献出版社,2003,02.

[50]王艳杰.战略大学创新团队绩效评价研究[D].哈尔滨:哈尔滨理工大学2009.

[51]王洪.高等职业教育教学团队建设标准的研究[J].北京联合大学学报(人文社会科学版),2009,04.

[52]池颖.我国高校科研创新团队的研究[D].吉林:吉林大学,2009.

[53]蒋满秀.我国高校科研创新团队建设的研究[D].长沙:中南大学,2005.

[54]王光彦.大学教师绩效评价研究[D].上海:华东师范大学,2009.

[55]黄悦.地方政府直属机关绩效评估体系指标权重分析——以成都市为例[J].成都大学学报(社科版).2008,4.

[56]刘淑春,张征.层次分析法在教学管理中的应用[J].中国林业教育,第28卷第5期.

[57]张欣欣.我国地方政府绩效评估指标体系研究[D].上海:上海师范大学,2006.

[58]许成鹏.基于层次分析和模糊数学方法的高校教师绩效评价[J].黑龙江教育(高教研究与评估),2007,03.

[59]周济.实施"质量工程"贯彻"2号文件",全面提高高等教育质量[J].中国高等教育,2007,06.

[60]李淑芳.高校教学团队建设探究[J].黑龙江高教研究,2009,06.

[61]刘在云等.应用型大学经管类实践教学中心建设的尝试[J].北京教育(高教版),2006,09.

[62]李英侠,常胜军,顾志良.基于服务平台的电子商务人才培养模式探究[J].计算机教育,2009,01.

[63]董焱,顾志良,刘在云.政产学研合作,拓展开放式实践教学的疆界[J].计算机教育,2009,01.

[64]都光珍.加强教学团队建设的思考[J].国家教育行政学院学报,2009,01.

[65]叶澜,白益民等.教师角色与教师专业发展新探[M].北京:教育科学出版社,2001,10.

[66]程振响.教师职业生涯规划与发展设计[M],南京:南京师范大学出版社,2006,12.

[67]马涛,马晓娜.美国马里兰州教师专业发展标准及其启示[J].中国教师,2007,01.

[68]徐延宇,李政云.美国高校教师发展:概念、变迁与理论探析[J].黑龙江高教研究,2010,12.

[69]熊建辉,陈德云.从教育国际化看教师专业化[J].世界教育信息,2012,04.

[70]董玉琦等.协调发展 共同成长——2011高校教师发展国际研讨会会议综述[J],中国大学教学,2012,05.

[71]宋文红.美国大学的教师专业发展[J].中国海洋大学校报,2011,03,17.

[72]任伟宁,王颖.试论地方高校教师能力素质发展体系的构建[J].广东外语外贸大学学报,2012,01.

[73]任伟宁,杨冰,范同顺.基于博耶学术观的地方高校教师绩效评价探析[J].人力资源管理,2011,11.

[74]方振邦.战略性绩效管理(第二版)[M].北京:中国人民大学出版社,2007,06.

[75]杨酒虹.现代教育管理原理[M].北京:中国人事出版社,2001,03.

[76][美]詹姆斯等.员工激励[M].刘春燕等译.北京:中国标准出版社,2000.

[77]蒋华.博耶学术思想及其对高等教育的意义[J].高教发展与评估,2005,21.

[78]李长华.美国高校教师绩效评价[J].国家教育行政学院学报,2007,05.

[79]李元元,王光彦等.高等学校教师绩效评价指标研究[J].高等教育研究,2007,07.

[80]付亚和,许玉林.绩效考核与绩效管理[M].北京:电子工业出版社,2009,03.

[81]王春玲.美国高校教师发展阶段与维度[J].比较教育研究,2011,04.

[82]王蔚虹,国外教师职业生涯周期研究述评[J].集美大学学报,2008,04.

[83]黄飞凤.如何实施高校教师的职业生涯管理[J].职业圈,2007,01.

[84]李军.高校教师绩效管理体系的构建[J].高等教育研究,2007,01.

[85]赵俊伟等.地方高校构建发展性教师激励机制的探索[J].中国大学教学,2008,11.

[86]罗丹等.美国大学教师发展研究——以八所著名大学为例[J].教育与考试,2007,03.

[87]马健生.美国高校教师教学专业发展探析[J].比较教育研究,2005,10.

[88]王建虹.对教师专业发展与教师职业生涯规划的思考[J],职业教育研究,2007,11.

[89]齐献军.美国高校激励机制对我国高校建设的启示［J］.安阳工学院学报,
2006,06.

[90]刘凤英.基于胜任力的高校教师培训体系[J].技术经济,2007,09.

[91]构建新世纪现代人才管理体制——首都人才发展战略研究报告[M].北京:中国
人民大学出版社,2004,3.

[92]孔繁敏等.建设应用型大学之路[M].北京:北京大学出版社,2006.

[93]李一玲.浅谈民办高校的学生现况与辅导员的素质要求.中国高等教育学生信
息网,2007,03.

[94]孟秀勤、史绍洁主编.北京人才工作报告[M].北京:中国人民大学出版社,
2007,05.

[95]张妙弟、高东等主编.应用型大学建设之路[M].北京:中国人事出版社,
2006,09.

[96]北京联合大学本科评建办公室编.北京联合大学应用性教育应用型人才应用型
大学论文汇编,2007,11.

[97]王丽英主编.应用型管理人才培养研究[M].北京:冶金工业出版社,2006,09.

[98]席文启著.求真集[M].红旗出版社,2007,11.

[99]改革开放30年中国教育改革与发展课题组著.教育大国的崛起(1976－2008)
[M].北京:教育科学出版社,2008,09.

[100]潘懋元著.中国当代教育家文存潘懋元卷[M].上海:华东师范大学出版社,
2006,01.

[101]周远清著.中国当代教育家文存周远清卷[M].上海:华东师范大学出版社,
2006,01.

[102]刘加养.加强高校党政管理队伍建设探析[J].闽西职业技术学院学报,
2009,04.

[103]许青云.论高校党政管理干部队伍的建设[J].决策探索,2010,01.

[104]陈燕.浅谈高校教学管理人员的综合素质的提高[J].中国科教创新导刊,
2008,14.

[105]李萍.浅谈高校教学管理队伍素质的建设[J].商情,2009,29.

[106]张焱.浅议高校学生干部队伍建设的激励机制[J].教育与职业·理论版,
2008,23.

[107]夏焱.对加强高校学生干部队伍建设的几点思考[J].现代企业教育,2010,02.

[108]张祖明.关于高职院校管理干部队伍培养的思考[J].中国职业技术教育,
2010,19.

[109]李华等.高校干部教育培训现状及对策研究[J].重庆大学学报(哲学社会科学
版),2011,04.

[110]蒋述卓.高等学校干部培养问题的几点思考[J].国家教育行政学院学报，2006，11.

[111]杨炳君.毛志远.建立与高水平大学相适应的用人制度[J].中国高等学校师资研究，2004，01.

[112]王雁飞.朱瑜.绩效与薪酬管理实务[M].北京：中国纺织出版社，2005.

[113]尚子扬.关于高等学校教育职员制改革的思考[J].东北大学学报，2006，03.

[114]凤晓明.现代企业人力资源管理[M].大连：东北财经大学出版社，2001.

[115]原葆民.管理学原理[M].北京：中国农业出版社，1997.

[116]冉小明.高等学校干部年度考核工作中的五对关系[J].南京林业大学学报（人文社会科学版），2002，03.

[117]孙芳明.高等学校内在权力冲突分析及其协调机制的构建——以学术权力和行政权力的冲突为基点[J].国家教育行政学院学报，2006，04.

[118]刘文普.现代管理教程[M].海口：海南出版社，1996.

[119]杜嘉伟，郑煜，梁兴国.哈佛模式项目管理[M].北京：人民日报出版社，2007.

[120][美]斯蒂芬·P·罗宾斯著.组织行为学[M].孙健敏，李源等译.北京：中国人民大学出版社，1997.

[121][美]史密瑟，伦敦主编.绩效管理——从研究到实践[M].汪群等译.北京：机械工业出版社，2011.

[122]刘颖，杨文堂.绩效考核制度与设计[M].北京：中国经济出版社，2005.

[123]滕晓丽.事业单位绩效考核与绩效工资设计全案[M].北京：中国劳动社会保障出版社，2010.

[124]韩大勇.知识型员工激励策略[M].北京：中国经济出版社，2007.

[125]阎剑平.约束管理[M].北京：中国纺织出版社，2006.

[126]朱飞.绩效激励与薪酬激励[M].北京：企业管理出版社，2011.

[127]董克用主编.人力资源管理概论[M].北京：中国人民大学出版社，2012.

[128]许玉林主编.组织设计与管理[M].上海：复旦大学出版社，2003.

[129]付亚和主编.工作分析[M].上海：复旦大学出版社，2004.

[130]徐芳主编.培训与开发理论及技术[M].上海：复旦大学出版社，2005.

[131]付亚和，许玉林主编.绩效管理[M].上海：复旦大学出版社，2003.

[132]文跃然主编.薪酬管理原理[M].上海：复旦大学出版社，2004.

[133]周文霞主编.职业生涯管理[M].上海：复旦大学出版社，2004.

[134]刘汉伟.高校高层次人才队伍建设问题的研究[J].辽宁工业大学学报，2010，04.

[135]胡锦涛.在清华大学建校100周年大会上的讲话.中央政府门户网站 www. gov. cn，2011，4.

[136]国家中长期人才发展规划纲要(2010-2020年)[EB/OL].中央政府门户网站 www.gov.cn.

[137]教育部关于全面提高高等教育质量的若干意见(教高〔2012〕4号)[EB/OL]. 中央政府门户网站 www.gov.cn.

[138]曲学利.人才工作指导下的高校中青年教师队伍建设[EB/OL].中国社会科学 网,2011,09.

[139]武浩尉.学校特色发展的感性认识与理性思考[J].教育科学研究,2011,03.

[140]陈文新,周全.试析市属高校高层次人才队伍建设——以北京市为例[J].黑龙 江高教研究,2012,07.

[141]李忠云等.创新机制,实施人才强校战略[J].中国高等教育,2004,03.

[142]中共中央组织部领导干部考试与测评中心.党政领导干部公开选拔和竞争上 岗考试大纲[M].北京:党建读物出版社,2009.

后 记

本书是北京市哲学社会科学规划项目《应用型大学人才队伍建设策略研究》的研究成果。高等教育大众化阶段,需要不同类型、不同层次的高等教育。应用型大学在建设与发展过程中,遇到许多需要研究的新问题,尤其是人才队伍建设遇到了新的挑战。本书作者全部是应用型大学人事部门从事人才队伍建设一线工作的研究者和管理者,他们一方面从理论的视角分析研究应用型大学人才队伍的特征,同时又在实际工作中积极开展实践研究,探索提出了应用型大学人才队伍建设的新理论、新方法和新举措。本书将研究成果编辑成书,展现给读者,一是为了引导我们自己今后的工作实践,使得本单位人才队伍建设能够在科学发展的轨道上前进;二是将我们的成果提供给同行,供大家在工作实践中参考,如若能发挥一点作用,我们当不胜欣慰。

本书的撰写人员主要来自北京联合大学,他们是:滕祥东、孙权、张祖明、任伟宁、仲计水、孔军、杨冰、刘宇霞、张建萍、方新、董焱、顾志良、范同顺、王洪云等。

我们要感谢华夏出版社的编辑,他们为本书的出版提出了许多宝贵的意见。

在本书的写作过程中,参考和引用了大量的研究文献,在此也向这些文献作者表示感谢。

本书对于应用型大学人才队伍建设的研究还是初步的,由于我们的学识、水平有限,书中难免有疏漏、不妥甚至是错误之处,敬请各位专家、同仁、读者批评指正,我们将不胜感激。

著 者

2012 年 10 月于北京

图书在版编目(CIP)数据

应用型大学人才队伍建设的研究与实践/滕祥东等著.—北京:华夏出版社,2013.1

ISBN 978 – 7 – 5080 – 7352 – 1

Ⅰ.①应⋯　Ⅱ.①滕⋯　Ⅲ.①高等学校 – 师资队伍建设 – 研究

Ⅳ.①G645.12

中国版本图书馆 CIP 数据核字(2012)第 300858 号

应用型大学人才队伍建设的研究与实践

著　者	滕祥东等	
责任编辑	覃晓莉	
出版发行	华夏出版社	
经　销	新华书店	
印　刷	北京中献拓方科技发展有限公司	
装　订	北京中献拓方科技发展有限公司	
版　次	2013 年 1 月北京第 1 版	
	2013 年 2 月北京第 1 次印刷	
开　本	670×970　1/16 开	
印　张	17.25	
字　数	274 千字	
定　价	38.00 元	

华夏出版社　地址:北京市东直门外香河园北里 4 号　邮编:100028

网址:www.hxph.com.cn　电话:(010)64663331(转)

若发现本版图书有印装质量问题,请与我社营销中心联系调换。